A Russian Grammar Workbook

Blackwell Reference Grammars
General Editor: Glanville Price

Published:

A Comprehensive French Grammar
Fourth Edition
L. S. R. Byrne and E. L. Churchill
Completely revised and rewritten by Glanville Price

A Comprehensive Russian Grammar
Terence Wade
Edited by Michael J. de K. Holman

A Comprehensive Spanish Grammar
Jacques de Bruyne
Adapted with additional material by Christopher J. Pountain

A Comprehensive Welsh Grammar
David A. Thorne

In preparation:

A Comprehensive German Grammar

A Comprehensive Italian Grammar

A Comprehensive Portuguese Grammar

Grammar Workbooks

A Russian Grammar Workbook
Terence Wade

A Russian Grammar Workbook

Terence Wade

First published 1996

Reprinted 1996, 1997

Blackwell Publishers Ltd
108 Cowley Road
Oxford OX4 1JF, UK

Blackwell Publishers Inc
350 Main Street
Malden, Massachusetts 02148, USA

British Library Cataloguing in Publication Data
A CIP catalogue record for this book is available from the British Library

Library of Congress Cataloging in Publication Data
Library of Congress data has been applied for.

ISBN 0–631–19381–2 (pbk)

Typeset in 11 on 13 pt Times
by Joshua Associates Ltd, Oxford
Printed and bound in Great Britain by Hartnolls Ltd, Bodmin, Cornwall

This book is printed on acid-free paper

Contents

The Pronoun

The Adjective   45

The Long Form of the Adjective

The Short Form of the Adjective

The Comparative Degree of the Adjective

The Superlative Degree of the Adjective

The Numeral   61

Cardinal, Collective and Indefinite Numerals

Reflexive Verbs

The Passive Voice

The Conditional and Subjunctive Moods

Constructions Expressing Obligation, Necessity, Possibility or Potential

Verbs of Motion

Participles

The Use of Prepositions to Denote Action in Relation to Various Time Limits

Other Meanings

Other Important Meanings Expressed by Prepositions

The Conjunction   185

Co-ordinating Conjunctions

Subordinating Conjunctions

Preface

The *Workbook* to accompany the *Comprehensive Russian Grammar* consists of 232 sets of exercises, each keyed to a relevant section or sections of the *Grammar* (section numbers are indicated in brackets after the heading of each exercise). The exercises are, however, of a general nature and can be worked independently, either with or without the use of the *Grammar*. They cover most grammatical problems that pupils and students are likely to encounter in learning Russian.

Types of exercise include multiple choice, substitution drills, quizzes, translations and linguistic commentary. There are revision exercises on noun declension, verb conjugation, aspect, pronouns, short and long adjectives, adjectival declension and other topics.

The *Workbook* also contains a key, for the benefit of those who will be working independently. The key contains correct versions for each exercise, except for those involving translation into English, where it is hoped that use of a dictionary will provide adequate answers.

The author wishes to thank the following for their assistance in writing the *Workbook*: Dr Bivon of the University of Essex, who made many valuable suggestions for improvement; my colleagues at the University of Strathclyde: Mrs Nijolė White, who read and commented on each of the exercises, and Mrs Marina Hepburn, who checked the answers in the key against the *Workbook*; Mr Andrew Quilley, a former student at the University of Leeds, who worked through many of the exercises and suggested improvements; and finally Professor Rimma Teremova of the Herzen State Pedagogical University, whom I was able to consult when putting the finishing touches to the *Workbook* during a visit to St Petersburg in May 1994. Any errors are, of course, entirely the responsibility of the author.

Terence Wade
Glasgow

The Noun

GENDER

1 First and second declensions [30–2, 34]

(1) Tick the correct gender in the appropriate column: **он, она́, оно́**:

	он	она́	оно́
(a) дере́вня	…	…	…
(b) дом	…	…	…
(c) зда́ние	…	…	…
(d) зна́мя	…	…	…
(e) ка́рта	…	…	…
(f) ме́сто	…	…	…
(g) мо́ре	…	…	…
(h) музе́й.	…	…	…

(2) Masculines in **-а/-я**. Put the verbs into the **past tense**:

(a) Ва́ня **слу́шает** ра́дио.   Ва́ня …………………… ра́дио.

(b) Де́душка **пла́тит** за биле́ты.   Де́душка ………… за биле́ты.

(c) Дя́дя **чита́ет** кни́гу.   Дя́дя …………………… кни́гу.

(d) Мужчи́на **покупа́ет** сигаре́ты.   Мужчи́на ………… сигаре́ты.

(e) Па́па **понима́ет** по-ру́сски.   Па́па …………… по-ру́сски.

(f) Ю́ноша **слу́жит** в а́рмии.   Ю́ноша ……………… в а́рмии.

(3) Nouns in **-а/-я**. Mark the following nouns, m., f. or n., to indicate gender:

(a) вре́мя   (b) доми́на

(c) дя́дя   (d) жена́

(e) и́мя   (f) карти́на

(g) неде́ля   (h) ня́ня

(i) семья́   (j) слуга́

(k) Фома́.

2 Soft-sign nouns [33]

(1) Natural gender

(i) Qualify the nouns with **добрый** or **добрая**:

(a) Добр. . . . мать (b) Добр . . . па́рень

(ii) **Мой** or **моя́**? Tick the columns as appropriate:

	мой	моя́
(a) гость	…	…
(b) де́верь	…	…
(c) дочь	…	…
(d) зять	…	…
(e) мать	…	…
(f) свекро́вь	…	…
(g) тесть.	…	…

(2) Gender indicated by **noun endings**. Add the correct endings (m. **-ый/ -ий**, f. **-ая**) to the adjectives, to show gender:

(a) Жёлт . . . рожь (b) Ру́сск . . . речь
(c) Вели́к . . . ра́дость (d) Ма́леньк . . . мышь
(e) Профессиона́льн . . . води́тель (f) Интере́сн . . . вещь
(g) Опа́сн . . . боле́знь (h) Ста́р . . . ру́копись
(i) Желе́зн . . . цепь (j) Хоро́ш . . . пе́карь
(k) Све́ж . . . зе́лень (l) Но́в . . . выключа́тель.

(3) Miscellaneous. Mark the following nouns m. or f., to show gender:

(a) автомоби́ль . . . (b) гвоздь . . .
(c) грязь . . . (d) дверь . . .
(e) крова́ть . . . (f) кровь . . .
(g) ло́шадь . . . (h) пло́щадь . . .
(i) слова́рь . . . (j) тетра́дь . . .
(k) янва́рь . . . .

3 Common gender [35]

Which of the following nouns is **not** of common gender? What is its gender?
(a) глава́ (b) колле́га (c) пья́ница (d) сирота́ (e) слуга́ (f) уби́йца.

4 Indeclinable nouns of foreign origin (36)

Tick the appropriate column to show gender:

	masc.	fem.	neut.	common
(a) бюро́	…	…	…	…
(b) депо́	…	…	…	…

(c) кафе́   ...   .
(d) кино́   ...   .
(e) ко́фе   ...   .
(f) меню́   ...   .
(g) пальто́   ...   .
(h) пари́   ...   .
(i) рагу́   ...   .
(j) ре́фери   ...   .
(k) саля́ми   ...   .
(l) такси́   ...   .
(m) хи́нди   ...   .
(n) шасси́   ...   .
(o) шимпанзе́   ...   .
(p) шоссе́.   ...   .

5 Differentiation of gender through suffixes. Professions [43–4]

(1) Substitute **feminine** for the following masculine nouns, making consequential gender changes to adjectives and verb forms:

(a) **Англича́нин** пое́хал в Аме́рику. ....
(b) **Бегу́н** бежа́л на сто ме́тров. ....
(c) **Конькобе́жец** наде́л коньки́. ....
(d) **Медбра́т** дежу́рил всю ночь. ....
(e) **Перево́дчик** переводи́л речь президе́нта. ....
(f) Америка́нский **пловец́** получи́л золоту́ю меда́ль. ....
(g) **Учени́к** по́днял ру́ку. ....
(h) **Учи́тель** писа́л на доске́. ....

(2) Which of the following nouns does not have a feminine counterpart in **-ка**?

(a) гитари́ст (b) коммуни́ст (c) машини́ст (d) тенниси́ст (e) трактори́ст

(3) Put the verbs in the masculine or feminine past, as appropriate:

(a) Дире́ктор шко́лы Никола́йНики́тич Чу́ркин **рабо́тает** над расписа́нием.

....

(b) Экскурсово́д Вале́рии Миха́йлович Ко́лосов **во́дит** тури́стов по го́роду.

....

(c) Касси́р Людми́ла Григо́рьевна Максиме́нко **счита́ет** де́ньги.

....

(d) Врач А́нна Петро́вна Ковалёва **принима́ет** больно́го.

....

(e) Библиоте́карь Алекса́ндра Ива́новна Тимо́хина **чита́ет** катало́г.

....

6 Animals [45]

Make sentences, in each case giving the **opposite sex** of the species:

Examples: Э́то не **волчи́ца**, а **волк**. Э́то не **лев**, а **льви́ца**.

(i)
(a) Э́то не льви́ца, а ....
(b) Э́то не коза́, ...
(c) Э́то не коро́ва, а ....
(d) Э́то не медве́дица, а ....

(ii)
(a) Э́то не слон, а ....
(b) Э́то не пету́х, а ....
(c) Э́то не бара́н, а ....
(d) Э́то не тигр, а ....

DECLENSION

7 Animacy [47]

(1) Complete the sentences, putting the nouns in brackets in the **accusative**:

Я ви́жу   (a) [оте́ц и сын]
(c) [бара́н и овца́]
(e) [офице́р и солда́т]
(g) [кот и ко́шка]

(b) [муж и жена́]
(d) [лев и тигр]
(f) [учи́тель и учени́к]
(h) [Ива́н и Ма́ша].

(2) Animate accusative in the **plural**

Examples:

(i) Ма́льчики и де́вочки. Она́ зна́ет **ма́льчиков** и **де́вочек**.

Она́ зна́ет   (a) [бра́тья и сёстры] ....
(b) [не́мцы и не́мки] ....
(c) [отцы́ и де́ти] ....
(d) [студе́нты и студе́нтки] ....
(e) [ученики́ и учени́цы]. ....

(ii) Медве́ди и ли́сы. Сотру́дник зоопа́рка ко́рмит **медве́дей** и **лис**.

Сотру́дник зоопа́рка **ко́рмит:**

(a) [ти́гры] ....
(b) [слоны́] ....
(c) [крокоди́лы] ....
(d) [львы] ....
(e) [ослы́] ....
(f) [во́лки] ....
(g) [оле́ни] ....
(h) [ле́беди] ....
(i) [го́луби] ....
(j) [ло́шади] ....
(k) [обезья́ны] ....
(l) [ко́зы]. ....

8 Nouns which have a plural form only [49]

Select appropriate nouns **in the relevant case** to fill the gaps in the sentences:

**бу́дни де́ньги кани́кулы но́жницы очки́
са́нки су́тки ша́хматы**

(a) Он ре́зал бума́гу ....
(b) Прекра́сно е́здить по сне́гу на ....
(c) Она́ наде́ла ...., что́бы чита́ть газе́ту.
(d) Она́ рабо́тает по ...., а отдыха́ет по пра́здникам.
(e) На тре́тьи .... мы дошли́ до по́люса.
(f) Шахмати́сты сыгра́ли па́ртию в ....
(g) Иду́ в сберка́ссу за .... Ни копе́йки не оста́лось!
(h) Во вре́мя .... мы отдыха́ли на Чёрном мо́ре.

9 First declension: masculine nouns [50–2]

(1) Insert the correct case of **теа́тр** in the following phrases:

Acc.: Я иду́ в ....
Gen.: В го́роде два ....
Dat.: Я подхожу́ к ....
Instr.: Го́род с ....
Prep.: Неда́вно я был(а́) в ....

Repeat the pattern with: (a) **банк** (b) **музе́й** (c) **университе́т**.

(2) Repeat the exercise, using **plural** forms of **теа́тр**:

Acc.: Я ча́сто посеща́ю .... на́шего го́рода.
Gen.: В го́роде пять ....
Dat.: Она́ хо́дит по ....
Instr.: Го́род с пятью́ ....
Prep.: Я ча́сто быва́ю в .... на́шего го́рода.

Repeat the pattern with: (a) **ба́нки** (b) **музе́и** (c) **университе́ты**.

(3) Give the nominative **plurals** of:

(a) **воробе́й** (b) **врач** (c) **каранда́ш** (d) **нож** (e) **това́рищ** (f) **уро́к**

(4) Instrumental singular of nouns in **ж ч ш щ ц**. Put the following nouns in the correct form of the instrumental case:

(a) У меня́ нет карандаща́.　Я хочу́ писа́ть ....
(b) Она́ лю́бит му́жа.　Она́ та́нцует с ....
(c) Она́ лю́бит отца́.　Она́ игра́ет в ша́хматы с ....
(d) В ва́нной есть душ.　Он стои́т под ....
(e) При до́ме нет гаража́.　Мне ну́жен дом с ....
(f) В ваго́н сел не́мец.　Она́ ста́ла говори́ть с ....
(g) Он был у врача́.　Он говори́л с ....

(h) У меня нет ножа.   Я хочу резать хлеб ....
(i) Пассажир без багажа.   Пассажир с ....
(j) У него есть хороший товарищ. Он беседовал со своим ....

(5) Put the nouns in brackets in the **genitive plural**:

(a) В новом городе много [**театр, собор, сквер, парк, музей и магазин**], широких [**бульвар, проспект и мост**].

....

(b) В зоопарке пять [**тигр**], восемь [**крокодил**], шесть [**слон**], несколько [**медведь, олень и волк**], но нет ни [**орёл**], ни [**павлин**].

....

(c) В поликлинике работает пять [**врач**] и несколько [**санитар**].

....

(d) В самолёте было несколько [**китаец, японец**], но не было ни [**испанец**], ни [**бельгиец**].

....

(e) В шкафу лежало несколько [**словарь**] и [**календарь**].

....

(6) Mobile vowel. Tick to show which nouns have a **mobile vowel** in declension, and give the **genitive singular** of each noun:

	Mobile vowel		Gen. sing.	
	Yes	No		
(a) близнец	...	...	...	...
(b) ветер	...	...	...	...
(c) день	...	...	...	...
(d) игрок	...	...	...	...
(e) ковёр	...	...	...	...
(f) конец	...	...	...	...
(g) палец	...	...	...	...
(h) посол	...	...	...	...
(i) рынок	...	...	...	...
(j) урок	...	...	...	...
(k) японец.	...	...	...	...

10 Partitive genitive in -у/-ю [53]

Insert appropriate nouns in the gaps provided, using **partitive genitives** in -у/-ю or -а/-я:

народ   сахар   суп   сыр   табак   хлеб   чай

(a) На площади было много ....
(b) Она положила в чай два куска ....

(c) Официа́нтка принесла́ таре́лку ....
(d) Нали́ть Вам ещё .... ?
(e) Он купи́л .... и закури́л.
(f) Возьми́те ещё .... Э́то камембе́р!
(g) Она́ наре́зала .... и нама́зала его́ ма́слом.

11 Prepositional/locative singular in -у́/-ю́ [54]

Select appropriate nouns and place them in the gaps provided:

бе́рег бой Дон Крым лес мост пол полк сад
у́гол шкаф

(a) Де́ти игра́ли на .... реки́.
(b) Садо́вник рабо́тает в ....
(c) Авто́бус останови́лся на .... через ре́ку.
(d) Таре́лки нахо́дятся в ....
(e) Газе́та лежа́ла на ....
(f) Севасто́поль нахо́дится в ....
(g) Э́то па́мятник солда́там, кото́рые па́ли в ....
(h) Э́ти солда́ты служи́ли в одно́м ....
(i) Росто́в, э́то го́род на ....
(j) Она́ ждала́ подру́гу на .... у́лицы.
(k) В .... расту́т колоко́льчики.

12 Special masculine plural forms [55]

(1) Plural **-а́/-я́** or **-ы́/-и́**. Give the **nominative plurals** of the following:

(a) бе́рег .... (b) ве́чер ....
(c) глаз .... (d) го́лос ....
(e) го́род .... (f) дом ....
(g) лес .... (h) па́спорт ....
(i) профе́ссор .... (j) рука́в ....
(k) сад .... (l) стол ....
(m) учи́тель ....

(2) Select appropriate nouns with plural **-а́/-я́** to fill the gaps:

а́дрес век луг но́мер о́стров по́езд про́вод учи́тель

(a) XIX и XX .... — эпо́ха вели́ких переме́н в Росси́и.
(b) .... простира́ются вдоль реки́ на не́сколько киломе́тров.
(c) Миллионе́ры е́здят отдыха́ть на Бага́мские ....
(d) Мѐжду Москво́й и Санкт-Петербу́ргом хо́дят ско́рые ....
(e) Пти́цы се́ли на телегра́фные ....
(f) Она́ записа́ла .... и телефо́нные .... свои́х но́вых друзе́й.
(g) .... проверя́ли тетра́ди ученико́в.

(3) **Цветы́** 'flowers', **цвета́** 'colours'. Tick as appropriate:

	цветы́	цвета́
(a) кра́сный и зелёный	…	…
(b) тюльпа́ны и ро́зы	…	…
(c) жёлтый и голубо́й	…	…
(d) а́стры и гера́нь	…	…
(e) си́ний и бе́лый.	…	…

(4) **Листы́** or **ли́стья**? (a) …………… зелене́ют на дере́вьях.
(b) На столе́ лежа́ли ………… бума́ги.

(5) Plurals in **-ья/-ьев** or **-ья́/-е́й**. Tick as appropriate, then write in the **nominative** and **genitive plurals**:

	-ья/-ьев	-ья́/-е́й	Nom./gen. pl.
(a) брат	…………	………	……………
(b) друг	…………	………	……………
(c) лист ('leaf')	…………	………	……………
(d) муж	…………	………	……………
(e) стул	…………	………	……………
(f) сын.	…………	………	……………

(6) Nouns in **-анин/-янин**, pl.: **-ане/-яне**. Fill the gaps as appropriate.
англича́не горожа́не датча́не египтя́не израильтя́не
Example: В А́нглии живу́т **англича́не**.
(a) В Да́нии живу́т …………… .   (b) В го́роде живу́т …………… .
(c) В Изра́иле живу́т ………… .   (d) В Еги́пте живу́т …………… .

(7) Give the nominative plural forms of the following nouns:
(a) болга́рин ………………   (b) господи́н ………………
(c) котёнок ………………   (d) медвежо́нок ………………
(e) ребёнок ………………   (f) сосе́д ………………
(g) хозя́ин ………………   (h) щено́к ………………

13 First declension: neuter nouns in **-o** [58]

(1) Indicate with a tick whether the following nouns have a mobile vowel and give the **genitive plural**:

	Mobile vowel Yes	No	Genitive plural
(a) кре́сло	…	…	…………
(b) окно́	…	…	…………
(c) письмо́	…	…	…………
(d) пятно́	…	…	…………
(e) стекло́	…	…	…………

(f) чу́вство   ...   .
(g) яйцо́.   ...   .

(2) Fill the gaps with appropriate plurals in the correct case:

дере́вья кры́лья пе́рья

(a) По реке́ Неве́ плыву́т суда́ на подво́дных ....
(b) Обезья́ны ла́зят по ....
(c) У челове́ка во́лосы, а у пти́цы ....

(3) Plurals in **-и/-а**. Give the **nominative plurals** of the following nouns:

(a) ве́ко ....   (b) коле́но ....
(c) о́блако ....   (d) око́шко ....
(e) очко́ ....   (f) плечо́ ....
(g) у́хо ....   (h) я́блоко ....

14 First declension: nouns in -e, -ье, -ё, -ьё [59]

(1) Fill the gaps with nouns **in the correct case**:

бельё мо́ре пла́тье побере́жье по́ле ружьё

(a) Севасто́поль — го́род на Чёрном ....
(b) Он хорошо́ стреля́ет из ....
(c) Казаки́ е́хали по́ ....
(d) Она́ наде́ла одно́ из свои́х но́вых ....
(e) Он ходи́л по кварти́ре в одно́м ....
(f) Таганро́г — порт на се́веро-восто́чном .... Азо́вского мо́ря.

(2) Tick to show the **genitive plural** ending of the following nouns:

	-ей	-ий	-ьев	zero	Genitive plural
(a) кла́дбище	...	...	...	...	....
(b) мо́ре	...	...	...	...	....
(c) пла́тье	...	...	...	...	....
(d) по́ле	...	...	...	...	....
(e) полоте́нце	...	...	...	...	....
(f) ружьё.	...	...	...	...	....

15 Second declension: nouns in -а/-я [61]

(1) Insert the **correct case form** of the noun **ка́рта**:

	Singular		Plural
Acc.	Я смотрю́ на		....
Gen.	На стене́ две	пять	....
Dat.	Он подхо́дит к		....
Instr.	Она́ рабо́тает над		....
Prep.	Э́той реки́ нет на		....

(2) **-ы/-и** in the genitive singular and nominative plural. Tick as appropriate:

	и	ы
(a) грани́ца	...	...
(b) да́ча	...	...
(c) кни́га	...	...
(d) кры́ша	...	...
(e) му́ха	...	...
(f) таре́лка	...	...
(g) у́лица.	...	...

(3) **-ой/-ей/-ёй** in the instrumental singular. Tick as appropriate:

	-ой	-ей	-ёй
(a) госпожа́	...	...	...
(b) грани́ца	...	...	...
(c) ды́ня	...	...	...
(d) душа́	...	...	...
(e) земля́	...	...	...
(f) ко́жа	...	...	...
(g) кры́ша	...	...	...
(h) са́жа	...	...	...
(i) свеча́	...	...	...
(j) семья́	...	...	...
(k) у́лица.	...	...	...

(4) **Zero genitive plural**. Give the **plurals** of the following nouns:

Examples: карти́на: **карти́н**/неде́ля: **неде́ль**

(a) берёза: .... (b) бу́ква: .... (c) ка́рта: ....

(d) кварти́ра: .... (e) кни́га: .... (f) ко́мната: ....

(g) ла́мпа: .... (h) река́: .... (i) рука́: ....

(j) ды́ня: .... (k) пусты́ня: ....

(5) **Zero genitive plural** with mobile vowel **-е/-о**. Put the bracketed nouns in the **genitive plural**:

(a) Он купи́л де́сять [**бу́лка**].

....

(b) На столе́ бы́ло не́сколько [**ви́лка, таре́лка и ло́жка**].

....

(c) В э́том райо́не нет [**дере́вня**].

....

(d) Она́ купи́ла шесть [**ма́рка**].

....

(e) В я́щике пять [руба́шка].

....

(f) В на́шем саду́ семь [сосна́].

....

(g) В на́шем до́ме пять [спа́льня].

....

(h) В идеа́льном о́бществе не бу́дет [тюрьма́].

....

(i) У бе́рега о́зера бы́ло пять [ло́дка].

....

(j) В библиоте́ке есть не́сколько [чита́льня].

....

(6) Animate accusative plural = genitive plural. Complete the sentences:
Example: **Сестра́**: Я люблю́ **сестёр**.
(a) Ба́бочка: Я люблю́ ....
(b) Бе́лка: Я люблю́ ....
(c) Ко́шка: Я люблю́ ....
(d) Пти́ца: Я люблю́ ....

16 Third declension: soft-sign feminine nouns [63]

(1) Fill the gaps with appropriate case forms of **пло́щадь**:

	Singular	Plural
Acc.	Лю́ди выхо́дят на	Рабо́чие украша́ют ....
Gen.	В го́роде две	В го́роде пять ....
Dat.	Иду́ по	Хожу́ по ....
Instr.	Самолёт лети́т над	Самолёт лети́т над ....
Prep.	Орке́стр игра́ет на	Орке́стры игра́ют на ....

(2) Mobile -o-. Fill the gaps with appropriate forms of **рожь, любо́вь/
Любо́вь, це́рковь**:

	Genitive	Instrumental
(a) рожь:	Желте́ют поля́	Украи́на бога́та ..... .
(b) любо́вь: Любо́вь:	Он вздыха́ет от	Он разгова́ривал с ....
(c) це́рковь:	В го́роде две	Наш дом ря́дом с ....

17 Declension of neuter nouns in -мя [64]

(1) Fill the gaps with the correct forms of:

(i) **время**

(a) во .... войны́

(b) .... от ....

(c) ско́лько сейча́с .... ?

(d) кри́зис пройдёт со ....

(ii) **и́мя**

(a) говорю́ от .... ма́тери

(b) во .... дру́жбы

(c) теа́тр .... Пу́шкина

(2) **Plurals.** Tick the appropriate column:

	-ена́/-ён	-ёна/-ён	-ена́/ -ян	no plural
(a) бре́мя	... ...	... ...	... ...	...
(b) вре́мя	... ...	... ...	... ...	...
(c) зна́мя	... ...	... ...	... ...	...
(d) и́мя	... ...	... ...	... ...	...
(e) пла́мя	... ...	... ...	... ...	...
(f) пле́мя	... ...	... ...	... ...	...
(g) се́мя.	... ...	... ...	... ...	...

18 Declension of nouns in -ия/-ие [65]

Fill the gaps with appropriate nouns **in the correct cases**:

биоло́гия Герма́ния зда́ние ста́нция тради́ция фотогра́фия Фра́нция

(a) Францу́зы живу́т во ....

(b) По́езд отхо́дит со ....

(c) А́нглия — страна́ со ста́рыми ....

(d) Био́лог — специали́ст по ....

(e) В альбо́ме мно́го ....

(f) Шла война́ мѐжду СССР и ....

(g) Жи́тели мно́гих городо́в живу́т в высо́тных ....

19 Де́ти and лю́ди [68]

(1) Use the correct form of **лю́ди**:

(a) Я не зна́ю э́тих ....

(b) Де́ти помога́ют ста́рым ....

(c) Молодёжь не лю́бит разгова́ривать со ста́рыми ....

(d) О .... не ду́мали.

(2) Многоде́тная семья́ — э́то семья́ со мно́гими ....

20 Declension of first names/surnames [69–70]

(1) Tick to show which of these types of surname **decline**:

	Declines	Does not decline	How declined
(a) Вильсон (male)	. . .	. . .	. . .
(b) Вильсон (female)	. . .	. . .	. . .
(c) Гёте	. . .	. . .	. . .
(d) Гранин	. . .	. . .	. . .
(e) Достоевский	. . .	. . .	. . .
(f) Максименко	. . .	. . .	. . .
(g) Окуджава	. . .	. . .	. . .
(h) Панов	. . .	. . .	. . .
(i) Черёмных.	. . .	. . .	. . .

(2) Instrumental singular of names in **-ев/-ёв/-ин/-ов/-ын**:
    -ева/-ёва/-ина/-ова/-ына:

Example: Я горжусь **Алексеем Лёвиным/Александрой Лёвиной**.

Я горжусь (a) [Дмитрии Лосев]   (b) [Павел Лысаков]
....

    (c) [Иван Трубачёв]   (d) [Наталья Лосева]
....

    (e) [Людмила Лысакова]   (f) [Марина Трубачёва]
....

(3) Plural surnames in **-евы/-ёвы/-ины/-овы/-ыны**
Fill the gaps with appropriate forms of **Ивановы**:

(a) Я знаю ....   (b) Я завидую ....
(c) Я интересуюсь ....   (d) Я думаю об ....

21 Apposition in the names of publications, towns etc. [72]

(1) **Omission** of the name of the genre:
Example: Я читаю газету **«Правда»**. Я читаю **«Правду»**

(a) Я читаю роман **«Анна Каренина»**.   Я читаю ....
(b) Я читаю поэму **«Полтава»**.   Я читаю ....
(c) Я читаю пьесу **«Чайка»**.   Я читаю ....
(d) Я читаю повесть **«Барышня-крестьянка»**. Я читаю ....
(e) Я читаю стихотворение **«Зимняя дорога»**. Я читаю ....

(2) Rewrite, **omitting** the generic term and **declining** the place names:
Example: Альпинисты поднимались **на гору Эльбрус**.
        Альпинисты поднимались **на Эльбрус**.

(a) **В деревне Сосновка** была свадьба.

....

(b) Мы плы́ли **по о́зеру Балха́ш**.

....

(c) Мы плы́ли **к о́строву Но́вая земля́**.

....

(d) Мы лете́ли **над вулка́ном Ключе́вская со́пка**.

....

(e) Александрия — **в шта́те Вирги́ния**.

....

(f) Петропа́вловск-Камча́тский **на полуо́строве Камча́тка**.

....

22 Agreement of **ряд, большинство́** etc. [75]

Put the **verb** into the correct form:

(a) Большинство́ книг лежа́ло/-и на полу́.
(b) Большинство́ карти́н уже́ про́дано/-ы.
(c) Большинство́ ученико́в эвакуи́ровано/-ы.
(d) Большинство́ голосова́ло/-и за предложе́ние.
(e) Большинсто́ депута́тов протесто́вало/-и про̀тив предложе́ния.

CASE USAGE

23 The nominative [77]

(1) Give the **feminine opposites** in the following sentences:

Example: Э́то **был мой муж**. Э́то **была́ моя́ жена́**.

(a) Э́то был **мой брат** ....
(b) Э́то был **мой оте́ц** ....
(c) Э́то был **мой сын** ....
(d) Э́то бы́ли **мои́ сыновья́** ....

(2) Use of the nominative in constructions denoting **possession**.

Example: Я купи́л **маши́ну**. У меня́ есть **маши́на**.

(a) Она́ купи́ла **ку́клу**. ....
(b) Он купи́л **ка́рту**. ....
(c) Мы купи́ли **карти́ну**. ....
(d) Они́ купи́ли **да́чу**. ....
(e) Я купи́л **кни́гу**. ....
(f) Ты купи́ла **ру́чку**. ....

24 The accusative [79]

(1) Use the **accusative** of appropriate nouns to complete the sentences.

Example: **Маша**. Он лю́бит **Ма́шу**.

авто́бус де́ньги зада́ча ка́рта кни́га пра́вда ры́ба учи́тель

(a) Он ло́вит ....
(b) Он во́дит ....
(c) Он зна́ет всю ....
(d) Он счита́ет свой ....
(e) Он реша́ет арифмети́ческую ....
(f) Он слу́шает своего́ ....
(g) Он чита́ет интере́сную ....
(h) Она́ смо́трит на физи́ческую .... Росси́и.

(2)

(i) Combine the **accusative** of **весь**, **вся**, **всё** with the nouns to complete the sentences:

Examples: **Весь год** гото́вились к экза́мену.

Всю зи́му бы́ло хо́лодно.

(a) [**Вся весна́**] .... шёл дождь.
(b) [**Всё ле́то**] .... он лежа́л на пля́же.
(c) [**Вся неде́ля**] .... он сиде́л перед телеви́зором.
(d) [**Вся ночь**] .... они́ слу́шали ра́дио.
(e) [**Вся о́сень**] .... он отдыха́л в ла́гере.

(ii) Combine the **accusative** of **ка́ждый**, **ка́ждая**, **ка́ждое** with the nouns, as appropriate:

(a) [**Ка́ждый год**] .... он покупа́ет но́вый костю́м.
(b) [**Ка́ждая зима́**] .... идёт снег.
(c) [**Ка́ждая неде́ля**] .... передаю́т репорта́жи из парла́мента.
(d) [**Ка́ждая среда́**] .... встреча́емся в моём до́ме.
(e) [**Ка́ждая суббо́та**] .... игра́ем в футбо́л.

25 The genitive [80–2]

(1) **Possession**. Put the noun in brackets in the **genitive case**.

Example: **Чей** э́то дом? Э́то дом **бра́та**.

(a) Чья э́то кни́га? [**оте́ц**] Э́то кни́га ....
(b) Чьё э́то кре́сло? [**мать**] Э́то кре́сло ....
(c) Чьи э́то де́ньги? [**сёстры**] Э́то де́ньги ....
(d) Чей э́то компью́тер? [**учи́тель**] Э́то компью́тер ....

(2) Genitive of **quantity**. Put the bracketed nouns in the genitive singular or plural:

(a)   У меня́ мно́го [**рабо́та**] сейча́с, и ма́ло [**вре́мя**] для о́тдыха.

....

(b)   На пло́щади стоя́ло не́сколько [**мотоци́кл**] и [**маши́на**].

....

(c)   Ско́лько [**мужчи́на**], [**же́нщина**] и [**де́ти**] поги́бло в катастро́фе?

....

(d)   [**Де́ньги**] хва́тит до понеде́льника.

....

(e)   В конце́ ле́кции студе́нты за́дали преподава́телю нема́ло [**вопро́с**].

....

(f)   Ему́ недостава́ло [**о́пыт**] и [**зна́ния**].

....

26   The partitive genitive [83–4]

(1)   Indicate which of these verbs can take a **partitive genitive**:

	Partitive genitive	
	Yes	No
есть	. . .	. . .
съесть	. . .	. . .
пить	. . .	. . .
вы́пить	. . .	. . .
проси́ть	. . .	. . .
попроси́ть	. . .	. . .
хоте́ть	. . .	. . .
захоте́ть.	. . .	. . .

(2)   Fill the gaps with a suitable noun in the **partitive genitive**.

де́ньги   дрова́   конья́к   са́хар   суп   цветы́   чай

(a)   Она́ завари́ла ....

(b)   Она́ вы́слала ему́ .... на биле́т.

(c)   Она́ наруби́ла ....

(d)   Он доста́л буты́лку ....

(e)   Ей да́ли таре́лку ....

(f)   Он положи́л кусо́к .... в чай.

(g)   Мы нарва́ли ....

(3)   'Some'. Translate into Russian:

(a)   There is **some** bread on the table.

(b)   He ate **some** bread.

....

(c) He asked for **some** bread.   (d) He is eating **some** bread.

....

(e) He cut **some** bread.   (f) He was cutting **some** bread.

....

27 Genitive and negative [86]

(1) **Negate** the following statements.

Examples: (i) Сего́дня **снег**. Сего́дня **нет сне́га**.

(a) **Сестра́** до́ма ....   (b) **Друзья́** здесь ....
(c) При до́ме **гара́ж** ....   (d) За́втра **экза́мен** ....
(e) Сего́дня **со́лнце** ....   (f) На столе́ **ла́мпа** ....

(ii) У нас **бы́ли де́ти**, а у них **не́ было дете́й**.

(a) У нас **была́ маши́на**, а у них ....
(b) У нас **был компью́тер**, а у них ....
(c) У нас **бы́ло кре́сло**, а у них ....
(d) У нас **бы́ли де́ньги**, а у них ....

(2) Answer in the **negative**.

Examples: (i) У вас **есть де́ньги**? Нет, у нас **нет де́нег**.

(a) У вас есть **маши́на?** ....   (b) У вас **есть компью́тер**? ....
(c) У вас есть **вре́мя**? ....   (d) У вас **есть сын**? ....

(ii) У вас **не бу́дет телефо́на**? Нет, **телефо́н бу́дет**.

(a) У вас **не бу́дет кварти́ры**? Нет, ...
(b) У вас **не бу́дет книг**? Нет, ...
(c) У вас **не бу́дет телеви́зора**? Нет, ...
(d) У вас **не бу́дет кре́сла**?/ Нет, ...

28 Genitive and accusative after negated verbs [87]

(1) **Negate** the following statements, placing the object noun in the genitive **or** accusative case, as appropriate:

Example: Я чита́ю **рома́н**. Я не чита́ю **рома́н/рома́на**.

(a) Я чита́ю **рома́н**, кото́рый взял в библиоте́ке.

....

(b) Она́ принима́ет **уча́стие** в конфере́нции.

....

(c) Он зна́ет **мою́ жену́**.

....

(d) Она́ обраща́ет **внима́ние** на мои́ слова́.

....

(e) Я хочу́ смотре́ть **телеви́зор**.

....

(f) Я чита́ю **э́ту кни́гу**.

....

(g) Я ви́жу **стол**.

....

(h) Я счита́ю **э́тот сове́т** поле́зным.

....

(2) Tick the columns to show if the genitive **and/or** accusative of the bracketed nouns is correct, then place the nouns in the correct case:

	Gen.	Acc.	Noun in correct case
(a) Он ушёл, не теря́я [**вре́мя**].	...	...	....
(b) Она́ не получи́ла [**ва́ше письмо́**].	...	...	....
(c) Я не получи́л ни [**одно́ письмо́**].	...	...	....
(d) Я никогда́ не получа́ю [**пи́сьма**].	...	...	....
(e) Мы не по́лностью одобря́ем [**план**].	...	...	....
(f) Он чуть не разби́л [**ва́за**].	...	...	....
(g) Его́ предложе́ние не встре́тило [**подде́ржка**].	...	...	....
(h) Нельзя́ не критикова́ть [**тако́е поведе́ние**].	...	...	....
(i) Вы не име́ете [**пра́во**] протестова́ть.	...	...	....
(j) Не [**кни́га**] я чита́ю, а журна́л.	...	...	....
(k) Он не чита́ет [**газе́та**].	...	...	....
(l) [**Э́то**] я не зна́ю.	...	...	....

29 Verbs that take the genitive [88]

(1) In the following examples, place the object noun in the **accusative** or **genitive**, as appropriate.

(i) **Иска́ть**

(a) Я иска́л [**доро́га**] домо́й в незнако́мом райо́не.

....

(b) Учителя́ и́щут [**подде́ржка**] дире́ктора шко́лы.

....

(c) Она́ иска́ла [**защи́та**] от своего́ му́жа.

....

(d) Ищу́ [**кни́га, ну́жная**] для шко́льной рабо́ты.

....

(e) Ищу́ [**пра́вда**] о сталини́зме.

....

(f) И́щем [**вы́ход**] из тру́дного положе́ния.

(ii) **Ждать**

(a) Мы до́лго жда́ли [**авто́бус**] No. 5.

....

(b) Ждём [**ваш сове́т**].

....

(c) Жду [**отве́т**] на вопро́с.

....

(d) Он ждёт [**своя́ подру́га**] у вхо́да в теа́тр.

....

(e) Жду [**слу́чай**] проконсульти́роваться с профе́ссором.

(iii) **Проси́ть**

(a) Учени́к про́сит [**каранда́ш**] у учи́теля.

....

(b) Дире́ктор про́сит [**де́ньги**], кото́рые ему́ обеща́ли.

....

(c) Гость про́сит [**хлеб**] у официа́нта.

....

(d) Мать про́сит [**до́чка**] закры́ть окно́.

....

(e) Ма́льчик про́сит [**де́ньги**] у отца́.

....

(f) Больно́й про́сит [**сове́т**] у врача́.

(iv) **Тре́бовать**

(a) Милиционе́р тре́бует [**на́ши докуме́нты**].

....

(b) Рабо́чие тре́буют [**повыше́ние**] зарпла́ты.

....

(c) Мой коллéга трéбует обрáтно [**кни́га**], котóрую он мне дал.

....

(v) **Хотéть**
(a) Хочý [**чáшка**] чáю.

....

(b) Все нарóды хотя́т [**мир**].

....

(c) Молодёжь хóчет [**внимáние**] и [**понимáние**].

....

(2) Translate into Russian, using an **accusative** or **genitive** object, as appropriate:
(a) I am looking for **my glasses**.

....

(b) I am looking for **an opportunity** to study abroad.

....

(c) He is afraid of **the dark**.

....

(d) He was waiting for **his wife**.

....

(e) If possible, we want to avoid **trouble**.

....

(f) I wish you **success** in your work.

....

(g) She asked **her sister** to sign the document.

....

(h) He asked **my advice**.

....

(i) She asked **the waiter** to bring some water.

....

(j) He has achieved **his aim**.

....

(k) I would like **another roll**.

....

(l) We want **peace** in all countries.

....

(m) This proposal deserves **our attention**.

....

(n) The population of that country has been deprived of **their human rights**.

....

30 The dative as indirect object of a verb [89]

Place the recipient or beneficiary in the **dative** case:

(a) Дире́ктор дикту́ет письмо́ [**секрета́рша**].

....

(b) Он заплати́л [**продаве́ц**] за маши́ну.

....

(c) Оте́ц купи́л [**де́ти**] конфе́т.

....

(d) Она́ написа́ла [**муж**] дли́нное письмо́.

....

(e) Учени́к отве́тил [**учи́тель**] на все вопро́сы.

....

(f) Мать подари́ла [**де́вочка**] ку́клу.

....

(g) Он позвони́л [**жена́**] на рабо́ту.

....

(h) Он посла́л [**дире́ктор**] заво́да факс.

....

(i) Я сказа́л [**оте́ц**] всю пра́вду.

....

(j) Тётя сши́ла [**до́чка**] но́вое пла́тье.

....

31 Verbs that take the dative [90]

(1) Select suitable **past-tense verbs** to fill the gaps:

**аккомпани́ровать аплоди́ровать измени́ть меша́ть напо́мнить
позволя́ть помо́чь посове́товать противоре́чить служи́ть**

(a) Пиани́ст . . . . гитари́сту.
(b) Шпио́н . . . . свое́й ро́дине.
(c) Я . . . . своему́ дру́гу о его́ до́лге.
(d) Учи́тель не . . . . ученика́м кури́ть.

(e) Он .... води́телю снять колесо́.

(f) По̀сле конце́рта зри́тели до́лго .... арти́стам.

(g) Врач .... больно́му бо́льше не кури́ть.

(h) Солда́ты .... ро́дине.

(i) Свиде́тели .... дру̀г дру́гу.

(j) Шум .... отцу́ рабо́тать.

(2) Put the bracketed nouns in the **correct case** (accusative or dative):

(a) Оте́ц грози́л [**де́ти**] па́льцем.

....

(b) Я зави́дую [**колле́ги**], кото́рые ушли́ на пе́нсию.

....

(c) ГАИ́ запрети́ла [**обго́н**] на э́той доро́ге.

....

(d) Его́ расска́зы о войне́ надое́ли [**ма́льчики**].

....

(e) Сын отомсти́л [**враг**].

....

(f) Учи́тель пове́рил [**слова́**] ученика́.

....

(g) Нельзя́ не сочу́вствовать [**бе́женцы**].

....

(h) Я удиви́лся её [**тала́нт**].

....

(i) Преподава́тель учи́л [**студе́нты**] [**биоло́гия**].

....

32 Impersonal constructions using the dative [92]

(1) Write impersonal sentences, using the **dative** of the person whose feelings are affected:

Example: Ива́н **смеётся. Ива́ну ве́село**.

    гру́стно   ду́шно   жа́рко   лу́чше   ску́чно   сты́дно   хо́лодно

(a) У Ма́ши гру́стное настрое́ние. ....

(b) **Студе́нт** ды́шит с трудо́м. ....

(c) **Ма́льчик** дрожи́т от хо́лода. ....

(d) **Ната́ша** скуча́ет. ....

(e) **Пётр** красне́ет от стыда́. ....

(f) **Оте́ц** выздора́вливает. ....

(g) **Спортсме́н** весь в поту́. ....

(2) **Age**. Put the bracketed forms in the **dative case**.

Example: [**Он**] **Ему́** де́сять лет.

(a) [**Я**] два́дцать лет. ....
(b) [**Брат**] два́дцать четы́ре го́да. ....
(c) [**Оте́ц**] пятьдеся́т оди́н год. ....
(d) [**Мать**] со́рок во́семь лет. ....
(e) [**Актёр**] три́дцать три го́да. ....

33 The instrumental of function [94]

(1) Fill the gaps with appropriate nouns in the **instrumental** case:

каранда́ш   лопа́та   мел   мы́ло   нож   топо́р

(a) она́ **ре́жет** хлеб ....   (b) он **пи́шет** на доске́ ....
(c) садо́вник **копа́ет** зе́млю ..... .   (d) он **ру́бит** де́рево ....
(e) она́ **мо́ется** ....   (f) она́ **пи́шет** письмо́ ....

(2) 'With'. Insert or omit the preposition **с**, as arpropriate:

(a) Он пи́шет письмо́ .... карандашо́м.
(b) Секрета́рша сиде́ла ... карандашо́м в руке́.
(c) Лесни́к шёл по тропи́нке ... топоро́м через плечо́.
(d) Он сруби́л де́рево ... топоро́м.
(e) Ему́ да́ли но́мер ... горя́чей водо́й и чи́стым полоте́нцем.
(f) Он умы́лся ... горя́чей водо́й и вы́тер лицо́ и ру́ки ... полоте́нцем.

34 The instrumental in passive constructions [96]

(1) Rewrite the sentences, using **reflexive passives** and agent words in the **instrumental**.

Example: Москвичи́ отмеча́ют пра́здник. Пра́здник **отмеча́ется москвича́ми.**

(a) Орке́стр **исполня́ет** симфо́нию. ....
(b) Со́лнце **освеща́ет** доли́ну. ....
(c) Тури́сты **посеща́ют** э́то ме́сто. ....
(d) Рабо́чие **стро́ят** да́чу. ....
(e) Студе́нты **устра́ивают** встре́чу. ....

(2) Rewrite the following, using **agent instrumentals**.

Example: Лесни́к сруби́л де́рево. Де́рево **сру́блено лесником́.**

(a) **Оте́ц** про́дал дом.   Дом **про́дан** ....
(b) **Сестра́** написа́ла письмо́.   Письмо́ **напи́сано** ....
(c) **Судья́** реши́л де́ло.   Де́ло **решено́** ....
(d) **Террори́ст** уби́л солда́та.   Солда́т **уби́т** ....
(e) **Ученики́** прочита́ли рома́н. Рома́н **прочи́тан** ....

35 Verbs that take the instrumental [99]

(1) Fill the gaps with appropriate **present-tense** verb forms from the following infinitives:

**дирижи́ровать   заве́довать   кома́ндовать   по́льзоваться
пра́вить   располага́ть   руководи́ть   управля́ть**

(a) Дирижёр .... орке́стром.
(b) Генера́л .... а́рмией.
(c) Царь .... страно́й.
(d) Команди́р .... 10 та́нками.
(e) Сове́т директоро́в .... заво́дом.
(f) Профе́ссор .... ка́федрой.
(g) Го́сти .... ли́фтом.
(h) Преподава́тель .... рабо́той студе́нта.

(2) Put the bracketed nouns in the **instrumental case**:

(a) Роди́тели гордя́тся свои́ми [**де́ти**].

....

(b) Наро́д дорожи́т свое́й [**свобо́да**].

....

(c) Его́ сын интересу́ется [**нау́ка**].

....

(d) Пассажи́ры любу́ются [**мо́ре**].

....

(e) Семья́ обхо́дится [**хлеб**] и [**карто́фель**].

....

(f) Э́тот арти́ст отлича́ется [**свой тала́нт**].

....

(g) Он увлека́ется [**велосипе́дный спорт**].

....

36 The instrumental of dimension [101]

Use dimensions in the **instrumental** to describe Lake Baikal:
Specifics

Width: 48km.   Length: 636km.
Area: 31,500 sq.km.   Depth: 1620 m.

глубина́/длина́/пло́щадь/ширина́

Example: Óзеро Байкáл **длинóй** 636 km.

. . . .

. . . .

37 The instrumental as predicate [102]

(1) Tick to show **which case** of the bracketed noun, nominative or instrumental (or **either**) is appropriate in the following sentences:

	Nom.	Instr.
(a) Когдá я был [**мáльчик**], нáша семья́ жилá в Ки́еве.	. . .	. . .
(b) Пу́шкин был [**вели́кий поэ́т**].	. . .	. . .
(c) Натáлья Гончарóва былá [**женá**] Пу́шкина.	. . .	. . .
(d) Он рабóтал [**механик**] на завóде.	. . .	. . .
(e) Сми́тсон был [**англичáнин**].	. . .	. . .
(f) В 20-е гóды онá былá [**актри́са**] во Фрáнции.	. . .	. . .
(g) По профéссии Бороди́н был [**хи́мик**].	. . .	. . .
(h) Он служи́л [**сержáнт**] в Тамáнской диви́зии.	. . .	. . .
(i) Онá состои́т [**член**] совéта.	. . .	. . .
(j) Егó назнáчили [**дирéктор**] шкóлы.	. . .	. . .

(2) Replace the dash in the following sentences:

 (i) by **явля́ется**

(ii) by the **past tense of быть**, using the **instrumental case** as appropriate:

Example: Результáт переговóров — подписáние договóра.

(i) **Результáтом** переговóров **явля́ется** подписáние договóра.

(ii) **Результáтом** переговóров **бы́ло** подписáние договóра.

(a) Равноправие — оснóва нáшего óбщества.

. . . .

(b) Переми́рие — цель переговóров.

. . . .

(c) Вы́сший óрган влáсти — парлáмент.

. . . .

(d) Еди́нственное решéние проблéмы — раздéл óстрова.

. . . .

(e) Социали́зм — рабóчая идеолóгия.

. . . .

(f) Однá из нáших проблéм — трáнспорт.

. . . .

(g) Ключ к успе́ху — вы́сшее образова́ние.

....

(h) Рабо́чий язы́к конфере́нции — ру́сский.

....

(3) **Rewrite** the following sentences, using an appropriate verb with the **instrumental**:

Example: Назва́ние по́льского парла́мента — сейм.

         По́льский парла́мент **называ́ется се́ймом.**

            вы́глядеть   оста́ться   роди́ться
         стать   счита́ться   чу́вствовать себя́

(a) У него́ уста́лый вид. Он ....
(b) Он продолжа́л служи́ть солда́том. Он ....
(c) Она́ была́ дочь музыка́нта. Она́ ....
(d) Ра́ньше она́ была́ медсестро́й, но сейча́с она́ врач. Она́ ....
(e) Все счита́ют, что он геро́й. Он ....
(f) Я чу́вствую, что я трус. Я ....

38 Nouns in apposition [103]

Put the bracketed words in the appropriate case.

Example: Вы зна́ете её тётю, **Ната́лью Влади́мировну Си́дорову, ста́ршую мѐдсестру́** в ме́стной больни́це?

(a) Тури́сты ходи́ли по Кремлю́, [**бы́вшая цитаде́ль**] го́рода Москвы́.

....

(b) Мы отдыха́ли недалеко́ от Во́лги, [**са́мая дли́нная река́**] в Евро́пе.

....

(c) Это па́мятник Михаи́лу Ломоно́сову, [**сын беломо́рского рыбака́**].

....

(d) Я разгова́ривал с её отцо́м [**профе́ссор хи́мии в МГУ́**].

....

Revision Exercises: Case Usage

(1) Direct and indirect objects. Place the nouns in the **accusative** or **dative**, as appropriate:

(a) Он да́рит [**кни́га**] [**ма́льчик**].

....

(b) Она́ пи́шет [**письмо́**] [**оте́ц**].

....

(c) Она́ звони́т [**муж**] на рабо́ту.

. . . .

(d) Он расска́зывает [**анекдо́т**] [**друзья́**].

. . . .

(e) Она́ шьёт [**ю́бка**] [**до́чка**].

. . . .

(f) Он купи́л [**де́вочка**] [**ку́кла**].

. . . .

(g) Она́ присла́ла [**жени́х**] [**откры́тка**].

. . . .

(h) Он пла́тит [**продаве́ц**] [**ты́сяча рубле́й**].

. . . .

(2) Expressions of time and space. Use the **accusative** or **instrumental**, as appropriate:

(a) [**У́тро**] он занима́лся в библиоте́ке, а [**ве́чер**] он ходи́л в теа́тр.

. . . .

(b) [**Вся зима́**] снег лежа́л на поля́х.

. . . .

(c) [**Весна́**] про́шлого го́да мы е́здили в Аме́рику.

. . . .

(d) [**Ка́ждое ле́то**] мы отдыха́ем на мо́ре.

. . . .

(e) [**Ночь**] разрази́лась бу́ря.

. . . .

(f) [**Вся ночь**] она́ дежу́рила у посте́ли больно́го.

. . . .

(g) [**Вся доро́га**] он расска́зывал интере́сные анекдо́ты.

. . . .

(h) [**О́сень**] перелётные пти́цы летя́т на юг.

. . . .

(3) Use of cases after adjectives. Use the **genitive**, **dative** or **instrumental**, as appropriate:

(a) Учи́тель дово́лен [**ученики́**].

. . . .

(b) Ива́н ве́рен [**жена́**].

....

(c) Ма́льчик благода́рен [**роди́тели**].

....

(d) Его́ рабо́та досто́йна [**награ́да**].

....

(e) Он изве́стен [**расска́зы**] о приро́де.

....

(f) Я обя́зан [**дире́ктор**] [**свой успе́х**].

....

(g) Авто́бус по́лон [**пассажи́ры**].

....

(h) Сиби́рь бога́та [**нефть**].

....

(i) Он лишён [**тала́нт**].

....

(j) Его́ и́мя изве́стно [все **ра̀диослу́шатели**] и [**тѐлезри́тели**].

....

(k) Мы всегда́ ра́ды [**го́сти**].

....

(4) Miscellaneous usages. Place the nouns in the **correct case**:
(a) Она́ пи́шет письмо́ [**ру́чка**].

....

(b) Маши́на [**оте́ц**] нае́хала на де́рево.

....

(c) Э́та гора́ [**высота́**] в 2 000 ме́тров.

....

(d) Она́ намно́го моло́же [**подру́га**].

....

(e) Э́то письмо́ бы́ло напи́сано [**брат**].

....

(f) Она́ предложи́ла мне стака́н [**вода́**].

....

(g) Что [**роди́тели**] де́лать?

....

(h) Он ре́жет хлеб [**нож**].

....

(5) Usage with verbs

(i) Verbs denoting attitude. Place the nouns in the **correct case**:

(a) Она́ бои́тся [**вода́**].

(b) Он грози́т [**враг**].

....

(c) Она́ ве́рит [**друг**].

(d) Она́ сочу́вствует [**брат**].

....

(e) Он хва́стается [**успе́хи**].

(f) Он избега́ет [**неприя́тности**].

....

(g) Он льстит [**дире́ктор**].

(h) Она́ интересу́ется [**иску́сство**].

....

(i) Он увлека́ется [**спорт**].

(j) Он ра́дуется [**весна́**].

....

(k) Она́ удиви́лась [**результа́т**].

(l) Он зави́дует [**спортсме́н**].

....

(m) Она́ горди́тся [**де́ти**].

(n) Он дорожи́т [**её мне́ние**].

....

(o) Она́ любу́ется [**приро́да**].

(p) Он остерега́ется [**просту́да**].

....

(ii) Insert suitable verb forms in the gaps:

вреди́ть жела́ть кома́ндовать косну́ться
обменя́ться ограни́читься па́хнуть сто́ить

(a) На ку́хне ....
пирога́ми.

(b) Куре́ние ....
здоро́вью.

(c) Капита́н .... ро́той.

(d) .... вам всего́
хоро́шего.

(e) Мы ....
телегра́ммами.

(f) Он .... вы́говором.

(g) Он .... но́вой те́мы.

(h) Э́тот вопро́с ....
на́шего внима́ния.

(iii) Verbs denoting movements. Use the **accusative** or **instrumental**, as appropriate:

(a) Он дви́нул [**стол**].

(b) Она́ дви́нула [**рука́**].

....

(c) Он пожа́л мне [**рука́**].

(d) Он пожа́л [**пле́чи**].

....

(e) Хулига́н уда́рил [**стари́к**].

(f) Она́ уда́рилась [**голова́**] о потоло́к.

....

(g) Он хло́пнул [**дверь**].

(h) Оте́ц хло́пнул [**ма́льчик**] по плечу́.

....

(i) Она́ кача́ет [**голова́**].

(j) Она́ кача́ет [**ребёнок**] на каче́лях.

....

(6) Miscellaneous

(i) Put the nouns in the correct case:

(a) Он достига́ет [**цель**].

(b) [**Стари́к**] изменя́ет па́мять.

....

(c) Она́ помога́ет [**оте́ц**].

(d) Он по́льзуется [**лифт**].

....

(e) Она́ у́чит [**сын**] [**му́зыка**].

(f) Дом принадлежи́т [**мать**].

....

(g) Не могу́ рискова́ть [**де́ти**].

(h) Он отлича́ется [**хра́брость**].

....

(ii) Fill the gaps with suitable **past-tense** forms of verbs:

же́ртвовать   изоби́ловать   лиши́ться   разреши́ть
сле́довать   служи́ть   сове́товать   управля́ть

(a) Он .... ма́льчикам кури́ть.

(b) Она́ .... созна́ния.

(c) О́зеро .... рыбо́й.

(d) Он .... здоро́вьем.

(e) Он .... сове́ту врача́.

(f) Дире́ктор .... заво́дом.

(g) Солда́ты .... ро́дине.

(h) Врач .... больно́му отдыха́ть.

The Pronoun

(1) Declension of personal pronouns. **Rewrite** the sentences, using **plural** forms:

Example: Он уважа́ет **меня́ и тебя́**. Он уважа́ет **нас**.

(a) Он лю́бит **меня́ и тебя́**. Он лю́бит ....
(b) Она́ ве́рит **мне и тебе́**. Она́ ве́рит ....
(c) Она́ дово́льна **мной и тобо́й**. Она́ дово́льна ....
(d) Он бои́тся **тебя́ и твоего́ дру́га**. Он бои́тся ....
(e) Она́ меша́ет **тебе́ и твое́й подру́ге**. Она́ меша́ет ....
(f) Они́ дово́льны **тобо́й и твои́м дру́гом**. Они́ дово́льны ....
(g) Он расска́зывает **о тебе́ и о твое́й подру́ге**. Он расска́зывает о ... .
(h) Я уважа́ю **его́ и её**. Я уважа́ю ....
(i) Я ве́рю **ему́ и ей**. Я ве́рю.............................. .
(j) Я интересу́юсь **им и ей**. Я интересу́юсь ....

(2) **н-** with oblique cases of **он**, **она́**, **оно́**, **они́** when governed by a preposition.

Example: Я помо́г **ему́, ей, им**
        Я зашёл **к нему́, к ней, к ним**

(a) **Студе́нт** хорошо́ занима́ется. Профе́ссор дово́лен ....
(b) За до́мом расту́т **две берёзы**. Мѐжду .... стои́т скаме́йка.
(c) Сего́дня **у неё** день рожде́ния. Мы купи́ли .... велосипе́д.
(d) Она́ позвони́ла **друзья́м** и сказа́ла, что не мо́жет прийти́ к ....
(e) **Мой друг** в Австра́лии. Я давно́ не ви́дел ...., но вчера́ я получи́л письмо́ от ....
(f) На стене́ висе́ла **ка́рта**. Мы подошли́ к .... и посмотре́ли на ....
(g) **Его́ брат** изве́стный писа́тель. Вы слы́шали о .... ?
(h) Ско́ро бу́дет **экза́мен**, но мы ещё не подгото́вились к ....

40   The pronoun я [113]

(1) Rewrite, changing the gender of **я**:

(a) Он сказа́л: «**Я был за́нят**, но я **прие́хал** и **гото́в** тебе́
                  помо́чь.»

Она́ сказа́ла: «...»

(b) Она́ отве́тила: «Я тебе́ **благода́рна**. Я **написа́ла** тебе́, так как
                     зна́ла, что ты **оди́н** мо́жешь мне помо́чь.»

Он отве́тил: «..

....»

(2) Replace the two pronouns by a prepositional construction:

Example: **Ты и я** разгова́риваем. **Мы с тобо́й** разгова́риваем.

(a) **Вы и я** пойдём вме́сте на конце́рт ....

(b) **Он и я** ча́сто говори́м о поли́тике ....

(c) **Она́ и я** из одного́ се́верного го́рода ....

41   The pronouns ты and вы [115]

(1) **Rewrite**, changing the **gender** of **ты**:

(a) «Ах, Ва́ня, как жаль, что ты **оди́н пришёл**!»
    «Ах, Ка́тя, как жаль, что ты ....!»

(b) «Ма́ша, э́то ты **забы́ла** запере́ть дверь?»
    «Ми́ша, э́то ты ....?»

(2) Replace **ты** by **вы**, making consequential changes.

Example: Ты о́чень **добр/добра́**. Вы о́чень **добры́**.

(a) Ты **гото́в**? Вы .... ?

(b) Ты **согла́сна**? Вы .... ?

(c) Ты о́чень **любе́зен**. Вы о́чень ....

(d) Ты не **голодна́**? Вы не .... ?

(3) In the following dialogue between two lovers from I. Melezh's *Свида́ние
за́ го́родом* explain why you think Alya changes from **ты** to **вы** at the end of
the conversation:

— Леони́д ... Скажи́, **ты** меня́ **лю́бишь**?

— Вот ещё! Что э́то **ты**? Коне́чно. Ра́зве не **зна́ешь**?

— А почему́ же **ты не хо́чешь** жени́ться на мне?

— А́ля, **ты** не ма́ленькая, **ты пойми́**. Э́то не так про́сто ... **Ду́маешь**,
мне прия́тен э́тот обма́н?

— Но ... **вы** его́ всё же **те́рпите**?

— Всё э́то тру́дно, сло́жно, А́ля!

— **Вам** тяжело́! **Вам** одному́!

42 The third-person pronouns (он, онá, онó, они́) [116]

Use the correct pronoun: **он, онá** or **онó**:

(a) Я нашёл бумáжник.   ... был в кармáне моегó другóго
                                     пиджакá.
(b) У меня́ нóвая кварти́ра   ... нахóдится на у́лице Плехáнова.
(c) Вот окнó моéй кварти́ры.   ... ря́дом с водостóчной трубóй.
(d) Где твоя́ тетрáдь?   ... лежи́т на столé.

(2) Insert or omit the pronoun **они́**, as appropriate, in the following
sentences:

Examples: Иди́ к двéри! Тебя́ **спрáшивают**.
          Не мешáй **сантéхникам. Они́ ремонти́руют** трубу́.

(a) Здесь óчень шу́мно. Ря́дом [**стрóят**] гости́ницу.

....

(b) Онá довóльна свои́ми ученикáми. [**Говоря́т**] по-рýсски почти́ без
акцéнта.

....

(c) [**Говоря́т**], что он из Росси́и.

....

(d) В библиотéчном зáле [**не кýрят**].

....

(e) В э́той семьé трóе детéй. Сейчáс [**игрáют**] в садý.

....

43 The reflexive pronoun себя́ [117]

(1) Insert the correct form of the pronoun **себя́**:

(a) Ви́жу .... в зéркале. (b) Онá идёт к ....
(c) Мы довóльны .... (d) Вы думáете тóлько о ....
(e) Он увéрен в ....

(2) Insert the correct form of the reflexive **or** personal pronoun:

(a) Он смóтрит на .... в зéркало.
(b) Он взял меня́ с ....
(c) Они́ зáперли дверь за ....
(d) Дéти вы́шли, и их роди́тели зáперли дверь за ....
(e) Онá постáвила тарéлку перед ....
(f) Бýдем рáды ви́деть вас у ....
(g) Онá посади́ла гóстя ря́дом с ....
(h) Пришлá Мáша, и мать посади́ла Волóдю ря́дом с ....
(i) Они́ разговáривали мèжду ....

44 The possessive pronouns **мой, твой, наш, ваш** [118]

(1) Insert the correct forms of:

(i) **мой**

(a) Запиши́те а́дрес . . . . до́ма.
(b) Го́сти подошли́ к . . . . до́му.
(c) Все мои́ друзья́ любова́лись . . . . до́мом.
(d) Я предложи́л ба́бушке жить в . . . . до́ме.

(ii) **моя**

(a) Э́то дом . . . . ма́тери.
(b) Она́ подари́ла брасле́т . . . . ма́тери.
(c) Он разгова́ривал с . . . . ма́терью.
(d) Все ученики́ уважа́ют . . . . мать.
(e) Он рассказа́л анекдо́т о . . . . ма́тери.

(2) Insert the correct form of **на́ша семья́**:

(a) В . . . . тро́е дете́й.
(b) Нельзя́ не зави́довать . . . .
(c) Сча́стье . . . . зави́сит от вас.
(d) Оте́ц отвеча́л за . . . .
(e) Перед . . . . стои́т тру́дная зада́ча.

(3) Insert the correct forms of **ва́ши де́ти**:

(a) Тре́нер учи́л . . . . пла́вать.
(b) Учи́тель помога́л . . . .
(c) Ня́ня пошла́ в кино́ с . . . .
(d) Ба́бушка ду́мает о . . . .

45 The possessive pronouns **его́, её, их** [119]

(1) Insert the possessive pronouns **его́, её, их** in the gaps provided:

(a) **Мой брат** прие́хал в го́сти. Я понёс . . . . чемода́ны в дом.
(b) Мой сын дру́жит с **Ви́ктором и Васи́лием Во́лковыми**. Он жени́лся на . . . . сестре́.
(c) **Ва́ша сестра́** вы́ступила по ра́дио. Мы все дово́льны . . . . выступле́нием.

(2) Use personal or possessive pronouns, as appropriate:
Example: Я э́то сде́лала ра́ди **него́** и **его́** дру́га.

(a) **Он и его́ колле́га** депута́ты парла́мента. Я голосова́ла за . . . . и за . . . . колле́гу.
(b) Я дружу́ с **Ма́шей**. Я был в гостя́х у . . . . и у . . . . подру́ги.
(c) Э́то **де́ти моего́ бра́та**. Я купи́л биле́ты в цирк для . . . . и для . . . . друзе́й.

46 The reflexive possessive pronouns свой, своя, своё, свои [120]

(1) Fill the gaps with его, её, их or the relevant form of свой, своя, своё, свои:

(a) Вчера́ ве́чером Соколо́вы води́ли . . . . дете́й в цирк.

(b) Ла́рины уе́хали в о́тпуск. Соколо́вы обеща́ли смотре́ть за . . . . детьми́.

(c) А́ня привела́ . . . . подру́гу на ве́чер. . . . . подру́га всем понра́вилась.

(d) А́ня и . . . . подру́га пошли́ вме́сте на о́перу.

(e) Она́ говори́т, что . . . . дома́шние дела́ отнима́ют мно́го вре́мени.

(f) Она́ ещё не зако́нчила . . . . дома́шние дела́.

(g) Ма́ша уви́дела И́ру в . . . . но́вом зелёном пла́тье.

(h) Она́ рассказа́ла об инциде́нте . . . . слова́ми.

(2) Use possessive constructions with свой.

Example: Он владе́ет до́мом. У него́ свой дом.

ко́мната   маши́на   маши́нка   мне́ние

(a) Не ну́жно его́ подвози́ть. У него́ . . . .

(b) Меня́ не интересу́ют её взгля́ды. У меня́ . . . .

(c) Я ре́дко быва́ю в учи́тельской. У меня́ . . . .

(d) Ей не ну́жно проси́ть по́мощи у машини́стки. У неё . . . .

47 Кто, что, како́й, кото́рый, чей as interrogative pronouns [121–2]

(1) Insert the correct forms of кто in the gaps:

(a) . . . . он ви́дит?

(b) . . . . он ве́рит?

(c) . . . . он хо́чет быть?

(d) На . . . . он жени́лся?

(2) Insert the appropriate forms in the gaps:

боя́ться   дово́лен   ду́мать   смея́ться

(a) Чего́ она́ . . . . ?

(b) Чему́ они́ . . . . ?

(c) Чем он . . . . ?

(d) О чём он . . . . ?

(3) Devise questions in како́й to which the following are possible answers, using the nouns:

ряд   цвет   шко́ла   язы́к

Example: Кака́я у неё маши́на? У неё «Жигули́».

(a) На . . . . они́ говоря́т? Они́ говоря́т по-кита́йски.

(b) В . . . . вы учи́лись? Я учи́лся в шко́ле-интерна́те.

(c) В . . . . они́ сидя́т? Они́ сидя́т в пя́том ряду́.

(d) Како́го . . . . твоя́ маши́на? Моя́ маши́на кра́сная.

(4) Insert **чей, чья, чьё, чьи**, as apprropriate:

(a) . . . . э́то дом? Э́то мой дом.

(b) . . . . э́то маши́на? Э́то моя́ маши́на.

(c) . . . . э́то полоте́нце? Э́то моё полоте́нце.

(d) . . . . э́то де́ньги? Э́то мои́ де́ньги.

48 **Кото́рый, чей, кто** and **что** as relative pronouns [123]

(1) Insert the correct forms of **кото́рый, кото́рая, кото́рое, кото́рые**:

(a) Он чита́л **кни́гу**, ... взял в библиоте́ке.

(b) Она́ подняла́ **програ́мму**, ... он забы́л взять с собо́й.

(c) Она́ дала́ ему́ **паке́т**, за . . . . он пришёл.

(d) Па́влов оди́н из **люде́й**, ... Ильи́н ве́рит.

(e) В за́ле был **стол**, на . . . . стоя́ла ва́за с фру́ктами.

(f) Пётр держа́л в рука́х **коро́бку**, из . . . . он вы́нул котёнка.

(g) О́льга показа́ла му́жу **фотогра́фию**, ... он рассмотре́л с интере́сом.

(h) Э́то **учени́к**, ... я дал уче́бник.

(i) Я подошёл к одному́ из **госте́й**, ... он пригласи́л на ве́чер.

(j) Она́ получи́ла откры́тку от **друзе́й**, с . . . . познако́милась в Ки́еве.

(2) Tick to show which relative pronoun applies:

	кото́рый/кото́рая/кото́рое	кто	что
(a) все,	. . .	. . .	. . .
(b) всё,	. . .	. . .	. . .
(c) окно́,	. . .	. . .	. . .
(d) пе́рвый,	. . .	. . .	. . .
(e) стол,	. . .	. . .	. . .
(f) те,	. . .	. . .	. . .
(g) то,	. . .	. . .	. . .
(h) тот,	. . .	. . .	. . .
(i) шко́ла,	. . .	. . .	. . .

(3) Translate into Russian, using relevant forms of **кото́рый**:

Example: The camp we were holidaying in was on a river bank.

Ла́герь, **в кото́ром** мы отдыха́ли, находи́лся на берегу́ реки́.

(a) The woman **he married** is from Kiev.

. . . .

(b) She puts the things **she has paid for** in her basket.

. . . .

(c) We walked through a wood, **in which** wild flowers grew.

....

(d) The man **she is married to** is from Russia.

....

(e) He has five brothers, one **of whom** is a doctor.

....

(f) That is the boy **she was kind to**.

....

(g) He is one of the pupils **I am pleased with**.

....

(h) This is the car **I bought** for my son.

....

(4) Replace **чей**, etc., by **кото́рого, кото́рой** or **кото́рых**:

(a) Э́то дом, **чья цена́** вы́росла на 20 проце́нтов.

....

(b) Я познако́мился с же́нщиной, **чей муж** неда́вно у́мер от ра́ка.

....

(c) Роди́тели, **чьи де́ти** заболе́ли гри́ппом, пожа́ловались дире́ктору
   шко́лы.

....

(5) Insert **что** or appropriate forms of **кото́рый**:

Example: Она́ вы́мыла о́кна, **кото́рые** ста́ли гря́зными по̀сле дождя́.
          Она́ вы́мыла о́кна, **что** должна́ была́ сде́лать давно́.

(a) Он провали́лся на экза́мене, ... нас всех удивля́ет.
(b) Он провали́лся на экза́мене, ... наде́ялся сдать.
(c) Он купи́л маши́ну, ... ему́ понра́вилась.
(d) Он купи́л маши́ну, ... обра́дует его́ жену́.

(6) Link the clauses with the relevant form of **то, что**:

Example: Она́ привлекла́ внима́ние **к тому́, что** он сказа́л.

(a) Я поздра́вил её с ...., что она́ сдала́ экза́мен.
(b) Она́ привы́кла к ...., что все её уважа́ют.
(c) Офице́р на́чал с ...., что успоко́ил солда́т.
(d) Его́ обвини́ли в ...., что он укра́л часы́.
(e) Я поблагодари́л её за ...., что она́ мне помогла́.
(f) Она́ горди́тся .... что она́ ру́сская.
(g) Он отказа́лся от .... что ему́ предложи́ли.

49 The demonstrative pronouns э́тот and тот [125–6]

(1) Insert relevant forms of **э́тот** or **тот** in the gaps, as appropriate:

Example: **Э́ту** кни́гу я чита́л, а **ту** — **нет.**

Э́тот авто́бус ме́стный, а **тот** — за́городный.

(a) Вы записа́ли э́ти адреса́? .... я записа́л, а ....
— нет.

(b) .... зда́ние высо́кое, а .... ещё вы́ше.

(c) Я знако́м с .... людьми́, а не с ....

(d) Да́йте мне .... карти́ну, а .... оста́вьте у себя́.

(2) Use **э́то** or **э́тот/э́та/э́то/э́ти**, as arpropriate:

Example: **Э́то** оди́н из мои́х лу́чших друзе́й.

Э́тот челове́к мой лу́чший друг.

(a) Посмотри́те! .... дом, о кото́ром я вам расска́зывал.

(b) .... дом принадлежи́т на́шей семье́.

(c) Вы зна́ете .... дете́й? .... де́ти капита́на Фроло́ва.

(d) Посмотри́те на .... ка́рту. .... ка́рта, кото́рую я
купи́л на аукцио́не.

(e) .... ма́рки — мои́. Филатели́я — .... моё хо́бби.

(f) Вам нра́вится .... по́черк? .... по́черк мое́й
до́чери.

50 Сам and са́мый [131]

(1) Supplement the noun or pronoun with the correct form of **сам**:

Example: Обрати́тесь к нему́ **самому́.**

(a) Не спра́шивайте меня́. Спроси́те **её** ....

(b) Иногда́ я не понима́ю .... **себя́.**

(c) Таки́е вопро́сы лу́чше обсужда́ть с .... **роди́телями.**

(d) Они́ посмотре́ли фильм о медве́дях, а пото́м уви́дели ....
медве́дей.

(e) Не сто́ит ей помога́ть. **Она́** .... спра́вится.

(f) Обрати́тесь к .... **дире́ктору.**

(g) Мы разгова́ривали с .... **нача́льником.**

(2) **Сам/са́мый.** Indicate the place of the stress in the determinative pronouns:

Example: Я подошла́ к нему́ **самому́.**

Я шла по **са́мому** кра́ю про́пасти.

(a) Мы с ним дру́жим с **самого** де́тства.

(b) Наш дом нахо́дится в **самом** це́нтре го́рода.

(c) Ему́ **самому** не удало́сь реши́ть э́ту зада́чу.

(d) С **самого** нача́ла я по́нял, что бу́дет тру́дно.

(e) Расскажи́те мне о **са́мом** нача́льнике.

(f) Доро́га шла по **са́мому** кра́ю овра́га.

(g) Ей **само́й** тру́дно бу́дет спра́виться.

(h) Мы верну́лись той же **са́мой** доро́гой.

51 **Весь**, **це́лый**, **вся́кий**, **ка́ждый**, **любо́й** [132]

(1) Insert the relevant form of **це́лый** or **весь** in the gaps provided:

(a) Он был так го́лоден, что съел . . . . кусо́к пирога́.

(b) Оди́н депута́т по́днял . . . . ряд вопро́сов. Мини́стр отве́тил
   на . . . . его́ вопро́сы.

(c) И́мя э́того челове́ка изве́стно по . . . . ми́ру.

(d) Медсестра́ сиде́ла у посте́ли больно́го . . . . ночь.

(e) Она́ приняла́сь за рабо́ту со . . . . свое́й эне́ргией.

(f) Таба́к . . . . ко́нчился. Придётся купи́ть ещё.

(2) **Ка́ждый** or **вся́кий**? Insert forms in the correct number and case:

(a) Она́ навеща́ет больно́го ребёнка . . . . два дня.

(b) . . . . учени́к получи́л биле́т в теа́тр.

(c) Моря́к рассказа́л . . . . анекдо́ты.

(d) . . . . раз, когда́ я захожу́ к нему́, он говори́т, что за́нят.

(3) **Ка́ждый**, **вся́кий** or **любо́й**?

(a) Зайди́те ко мне в . . . . вре́мя.

(b) В ме́стной библиоте́ке мо́жно взять . . . . кни́ги.

(c) Поезда́ в Санкт-Петербу́рг остана́вливаются на . . . . ста́н-
   ции.

(d) Зайди́те в . . . . апте́ку и уви́дите э́то лека́рство.

(e) Он реши́л зада́чу без . . . . труда́.

(f) Я взял зо́нтик на . . . . слу́чай.

(g) Напиши́те . . . . число́ бо́льше ста.

52 **Никто́** [134]

(1) Answer the questions in the **negative** following the examples given:

(i) **Кого́** вы ви́дите? Я **никого́ не** ви́жу.

(a) **Кем** она́ дово́льна? Она́ . . . .

(b) **Кому́** вы помога́ете? Я . . . .

(c) **Кого́** он спроси́л? Он . . . .

(ii) **В кого́** вы влюби́лись? Я **ни в кого́ не** влюби́лся/влюби́лась

(a) **За кого́** вы голосова́ли? Я . . . .

(b) **К кому́** она́ добра́? Она́ . . . .

(c) **С кем** он танцева́л? Он . . . .

(d) **На ком** он жени́лся? Он ....
(e) **От кого́** вы получи́ли письмо́? ....

(2) Give the **opposites** of the following:

Examples: **Все** зна́ют об э́том. **Никто́ не** зна́ет об э́том.
             Он **у всех** быва́ет. Он **ни у кого́** не быва́ет.

(a) Я **всем** скажу́ об э́том. ....
(b) **У всех** есть э́та кни́га ....
(c) Она́ обрати́лась **ко всем** за по́мощью ....
(d) Он разгова́ривал **со все́ми** ....
(e) **Все** забы́ли об э́том. ....
(f) Он **всех** уважа́ет. ....

(3) Translate into Russian:

(a) I **never** meet **anyone** or trust **anyone**.

....

(b) She **never** gets letters from **anyone**.

....

(c) We **never** converse with **anyone**.

....

(d) We **never** talk about **anyone**.

....

(e) He **never** looks at **anyone**.

....

53 **Ничто́** [135]

(1) Give the **opposites** of the following:

Example: Я **всё зна́ю** об аэрона́втике. Я **ничего́ не зна́ю** об аэрона́втике.

(a) **Всё** его интересу́ет. ....
(b) Она́ **всего́** бои́тся. ....
(c) Она́ **всем** дово́льна. ....
(d) Я ве́рю **всему́**. ....
(e) Он **обо всём** спра́шивал. ....

(2) Translate into Russian:

(a) She is **never** surprised **at anything**.

....

(b) He is **never** interested **in anything**.

....

(c) He is **not** prepared **for anything**.

....

(d) He believes **nothing** and believes **in nothing**.

....

(e) She **never** does **anything**.

....

54 **Никако́й** and **ниче́й** [136]

(1) **Qualify** the nouns in bold with relevant forms of **никако́й**:

Example: Сего́дня **нет пи́сем**. Сего́дня **нет никаки́х пи́сем**.

(a) Нет .... **сомне́ния**, что он вы́играет матч.
(b) Она́ никогда́ не боя́лась .... **тру́дностей**.
(c) .... **слова́ми** нельзя́ переда́ть мой у́жас.
(d) Не́ было .... **возмо́жности** э́то предви́деть.

(2) Replace the **demonstrative pronouns** with relevant forms of **никако́й**:

Example: Он не отве́тил на **э́ти** вопро́сы.
          Он не отве́тил **ни на каки́е** вопро́сы.

(a) **Э́ти** пробле́мы его́ не беспоко́ят. ....
(b) **Э́ти** табле́тки не помога́ют от мигре́ни. ....
(c) Он не слу́шает **э́тих** сове́тов. ....
(d) Она́ не годи́тся для **э́той** ро́ли. ....
(e) Он не согла́сен на **э́ти** усло́вия. ....

(3) Replace **никако́й** by the relevant form of **ниче́й**:

Example: **Никаки́е** угро́зы их не пуга́ют. **Ничьи́** угро́зы их не пуга́ют.

(a) Лётчикам не ну́жно **никако́й** по́мощи. ....
(b) Я никогда́ **никаки́х** книг не брал. ....
(c) Она́ **ни на каки́е** сове́ты не обраща́ла внима́ния. ....

55 The 'potential' negative pronouns **не́кого**, **не́чего** [137]

(1) Replace forms in **ни-** with equivalent forms in **не́-**:

(i) Examples: **Я никого́ не** спроси́л. **Мне не́кого бы́ло** спроси́ть.
              Мы ничего́ не бои́мся. **Нам не́чего** боя́ться.

(a) **Я никого́ не** посла́л за багажо́м.   Мне ....
(b) **Она́ ничему́** не смеётся.   Ей ....
(c) **Он ниче́м** не горди́тся.   Ему́ ....
(d) **Мы ничего́** не де́лаем.   Нам ....
(e) **Я никого́** не люблю́.   Мне ....
(f) **Она́ никому́** не писа́ла.   Ей ....

(ii) Examples: **Он ни на что** не жа́луется. **Ему́ не́ на что** жа́ловаться.
Я ни у кого́ не спроси́л доро́гу. **Мне не́ у кого** бы́ло
спроси́ть доро́гу.

(a) **Она́ ни с кем** не танцу́ет.	Ей ....
(b) **Мы ни с кем** не консульти́ровались.	Нам ....
(c) **Ма́льчик ни о чём** не ду́мает.	Ма́льчику ....
(d) **Он ни в чём** не признаётся.	Ему́ ....
(e) **Он ни к кому́** не обраща́ется.	Ему́ ....
(f) **Я ни на кого́** не смотре́л.	Мне ....

(2) Negate the following sentences:

Examples: **Есть во что** заверну́ть поку́пки. **Не во что** заверну́ть
поку́пки.
Бы́ло что де́лать. **Не́чего** бы́ло де́лать.
Бу́дет на что жа́ловаться. **Не́ на что** бу́дет жа́ловаться.

(a) **Есть чему́** смея́ться. ....
(b) **Есть чем** писа́ть. ....
(c) Ей **есть что** чита́ть. ....
(d) **Бы́ло с кем** оста́вить дете́й. ....
(e) Нам **бы́ло чем** занима́ться. ....
(f) Нам **бы́ло из чего** пить. ....
(g) **Бу́дет о чём** рассказа́ть. ....
(h) Им **бу́дет от кого** получа́ть пи́сьма. ....

(3) **Не́кому**. Continue the pattern as shown:

Example: **Никто́ не** руководи́т его рабо́той, потому́ что **не́кому** ей
руководи́ть.

(a) **Никто́ не смо́трит** за детьми́, потому́ что ....
(b) **Никто́ не убира́ет** ко́мнату, потому́ что ....
(c) **Никто́ не идёт** за по́чтой, потому́ что ....
(d) **Никто́ не вёл** маши́ну, потому́ что ....
(e) **Никто́ не расплати́лся** с официа́нтом, потому́ что ....
(f) **Никто́ не мо́ет** посу́ду, потому́ что ....

56 Indefinite pronouns with the particles -то, -нибудь [138]

(1) Tick **-то** or **-нибудь** as appropriate, then attach the particle to the pronoun:

	то	нибудь
(a) Если не зна́ешь, спроси́ **кого-**	...	...
(b) Мо́жет быть, я обращу́сь к **кому-**	...	...
(c) Не зна́я доро́гу, я подошёл к **кому-**	...	...
(d) Не зна́я, что де́лать, я реши́л посове́товаться с **кем-**	...	...
(e) Вы зна́ете, спроси́л ли он **кого-**	...	...

(f) Éсли бы я мог, я спроси́л бы **кого-** ... ...

(g) Я хочу́, что́бы вы написа́ли об э́том **кому-** ... ...

(h) Когда́ я не зна́ю, я всегда́ спра́шиваю **кого-** ... ...

(2) Insert **что́-то** or **что́-нибудь**, as appropriate, in the gaps provided:

(a) Дай мне .... почита́ть.

(b) Я хочу́, что́бы ты рассказа́ла .... о себе́.

(c) Éсли .... бу́дет не так, дай мне знать.

(d) Она́ всегда́ гото́вила .... вку́сное на обе́д.

(e) Она́ сказа́ла ...., но я не расслы́шал, что и́менно.

(f) Дарю́ тебе́ не ...., а швейца́рские часы́!

(g) .... с шу́мом упа́ло на́ пол в сосе́дней ко́мнате.

(3) 'Any'. Translate into Russian, using forms in **-то**, **-нибудь**, or other appropriate forms:

(a) Have you **any** cheese?

....

(b) Do you know **any** of these boys?

....

(c) No, I don't know **any** of them.

....

(d) Has **anything** happened?

....

(e) I do not have **any** bread.

....

(f) Is **anybody** absent?

....

(g) I haven't asked **anybody**.

....

(4) **Како́й-то/-нибудь/-либо; чей-то/-нибудь/-либо**

Insert correct forms in the gaps provided:

(a) Мы предложи́ли ему́ рассказа́ть .... анекдо́т.

(b) Он по оши́бке за́нял .... ме́сто, не своё.

(c) С .... Алекса́ндром Ча́цким я когда́-то был знако́м.

(d) Возьми́ .... маши́ну и поезжа́й в больни́цу.

(e) Я сам спра́влюсь, без .... по́мощи.

(f) Жена́ хо́чет, что́бы я вы́брал .... из э́тих га́лстуков.

(g) Он изуча́ет .... язы́к в шко́ле перево́дчиков.

57 Не́который [141]

Не́который or **не́сколько**. Insert forms in an appropriate case and number:
(a) В . . . . о́кнах горе́л свет.
(b) Артиллери́сты попа́ли в танк одни́м и́ли . . . . снаря́дами.
(c) На шоссе́ уже́ появи́лось . . . . уха́бов.
(d) . . . . вре́мя они́ шли мо́лча.
(e) До . . . . сте́пени он, коне́чно, прав.
(f) К сожале́нию, учени́к сде́лал . . . . серьёзных оши́бок.
(g) . . . . из его́ оши́бок я отме́тил кра́сным карандашо́м.
(h) В . . . . слу́чаях сам води́тель винова́т.
(i) Компью́теры доста́влены пря́мо с заво́да в . . . . больши́х я́щиках.
(j) В . . . . отноше́ниях мы похо́жи дру̀г на дру́га.

58 Other parts of speech which can also function as pronouns [143]

Дру̀г дру́га. Use the correct forms.
(i) without a preposition:
(a) Они́ лю́бят . . . .
(b) Мы ве́рим . . . .
(c) Они́ дово́льны . . . .
(d) Мы помога́ем . . . .
(e) Мы исправля́ем оши́бки . . . .
(ii) with a preposition:
(a) Мы ча́сто хо́дим . . . .
(b) Они́ занима́ют де́ньги . . . .
(c) Они́ смею́тся . . . .
(d) Мы ду́маем . . . .
(e) Мы смо́трим . . . .

The Adjective

THE LONG FORM OF THE ADJECTIVE

59 'Mixed' declension [146]

Place the adjectives in the **correct cases**, in the gaps provided:

(a) И́щем .... перево́дчика. [**хоро́ший ру́сский**]

(b) Он уме́ет переводи́ть с .... на .... [**ру́сский, англи́йский**]

(c) Орло́в — специали́ст по .... языку́. [**кита́йский**]

(d) Жела́ем тебе́ .... и .... успе́ха в жи́зни и рабо́те. [**всё хоро́шее**] [**большо́й**]

(e) Положи́те яйцо́ в .... во́ду. [**горя́чая**]

(f) Оста́вьте его́ в .... воде́ на 3–4 мину́ты. [**горя́чая**]

(g) Мать дала́ де́тям по .... бу́лочке. [**све́жая**].

60 Soft-ending adjectives [147]

-ный or **-ний**. Tick to show the correct ending:

	-ий	-ый	
(a) ве́рхн-	...	...	эта́ж
(b) вече́рн-	...	...	по́езд
(c) да́льн-	...	...	ро́дственник
(d) за́дн-	...	...	план
(e) ле́тн-	...	...	дождь
(f) ме́стн-	...	...	нарко́з
(g) после́дн-	...	...	день
(h) се́верн-	...	...	край
(i) си́н-	...	...	цвет
(j) ю́жн-	...	...	ве́тер.

61   Formation of adjectives from nouns: the suffixes -н-, -ск- and -ов-/-ев- [148]

(1) Adjectives in **-ный/-нóй** with consonant mutation. Replace the definitions by **adjective + noun** phrases.

Example: Знак на дорóге: **Дорóжный** знак

(a) Шкаф **для книг**: ....
(b) Вéтер **с востóка**: ....
(c) Порт **на рекé**: ....
(d) Растéние, котóрое растёт **в теплицe**: ....
(e) Плáтье, котóрое надевáют, когдá идýт **на бал**: ....
(f) Пóле, на котóром игрáют **в футбóл**: ....
(g) Фонáрь **на ýлице**: ....

(2) Form adjectives in **-ский/-скóй**.

Example: Жизнь **гóрода**: **Городскáя** жизнь

(a) Кóмната **для детéй**: .... кóмната
(b) Плáтье **для жéнщины**: .... плáтье
(c) Пéсня **с Кýбы**: .... пéсня
(d) Достóинство **человéка**: .... достóинство
(e) Ýлицы **Москвы́**: .... ýлицы
(f) Здáние **завóда**: .... здáние
(g) Вéтры **мáрта**: .... вéтры
(h) Гóлос **мужчи́ны**: .... гóлос.

(3) Form adjectives in **-вый/-вóй** from the bracketed nouns and combine them with the second noun:

Example: [**сад**] скамéйка: **садóвая** скамéйка

(a) [**абрикóс**] сок: ....
(b) [**берёза**] рóща: ....
(c) [**дуб**] стол: ....
(d) [**клён**] лист: ....
(e) [**соснá**] лес: ....
(f) [**пи́ки**] дáма: ....
(g) [**пóле**] цветы́: ....
(h) [**язы́к**] барьéр: ....

62   Attributive use of the long adjective [155]

(1) Put the adjectives and nouns in the **correct cases**:

(i) **нóвый дом**

(a) На нáшей ýлице **нет ни одногó** ....
(b) Онá подошлá **к нáшему** ....

(c) Вся семья́ дово́льна **на́шим** ....
(d) Молодожёны хоте́ли бы жить **в** ....

(ii) **больша́я ка́рта**

(a) Гео́граф посмотре́л **на** ....
(b) Офице́р отошёл **от** ....
(c) Учи́тель подошёл **к** ....
(d) Экскурсово́д стоя́л **перед** ....
(e) На́шего го́рода нет да́же **на э́той** ....

(iii) **све́жие цветы́**

(a) Пе́тя принёс ма́ме буке́т ....
(b) Она́ обра́довалась ....
(c) Ма́ша поста́вила на стол ва́зу со ....
(d) Зимо́й она́ ча́сто ду́мает о ....

(2) Fill the gaps with the relevant forms of **краси́вый**:

(a) Все смотре́ли на .... ю́ношу.
(b) По́ля получи́ла письмо́ от .... ю́ноши.
(c) Зри́тели аплоди́ровали .... ю́ноше.
(d) Ка́тя разгова́ривала с .... ю́ношей.
(e) Са́ша ду́мала то́лько о .... ю́ноше.

(3) Put the bracketed adjectives in the **correct case**.

Example: Де́ти шли по **ле́су**, **прохла́дному** по̀сле дождя́.

(a) Тури́сты любова́лись не́бом, [**кра́сное**] от после́дних луче́й со́лнца.

....

(b) Он говори́л с на́ми на га́лльском языке́, [**изве́стный**] всем жи́телям
того́ о́строва.

....

(c) Она́ пригласи́ла в дом госте́й, [**уста́лые**] с доро́ги.

....

(d) Ветера́ны слу́шали курс ле́кций на те́му, [**интере́сная**] вся́кому, кто
был на фро́нте.

....

(e) На его́ лице́, [**тёмное**] от ю́жного со́лнца, появи́лась улы́бка.

....

63 Use of the long adjective with predicative meaning [156]

Fill the gaps with appropriate adjectives (or participles) in the **instrumental** case of the correct gender:

государственный   невыносимый   нетронутый
открытый   спящий   усталый

(a) После бессонной ночи она **выглядела** ....
(b) Её **нашли** .... рядом с матерью.
(c) Жара **оказалась** ....
(d) Солдаты **оставили** город ....
(e) Дверь **осталась** ....
(f) Эта фирма уже не **является** .... Её приватизировали.

Revision exercises: declension of adjectives

Add the correct endings to the adjectival stems:
(i) Singular adjectives:

НОВАЯ КВАРТИРА

(a) Мы получили **нов**............. квартиру. Наша квартира находится в **нов**............. доме на **широк**............. и **зелён**............. улице, в **нов**............. районе города.

(b) Для **нов**............. квартиры мы купили и **нов**............. мебель.

(c) У меня в **нов**............. квартире небольш............. комната с **прекрасн**............. видом на **широк**............. улицу. У окна стоит мой **письменн**............. стол. У **письменн**............. стола я поставил кресло. Я часто сижу за **письменн**............. столом. На **письменн**............. столе у меня стоит лампа с **зелён**............. абажуром.

(d) На **письменн**............. столе можно часто увидеть **пишущ**............. машинку: я переводчик, перевожу с **английск**............. языка на **русск**............. На **маленьк**............. столике стоит радиоприёмник. Около дивана на **низк**............. **кругл**............. столике обычно лежит книга.

(e) Против дивана стоит **книжн**............. шкаф. На полках **книжн**............. шкафа находятся произведения **русск**............. литературы. У меня больш............. интерес к **современн**............. искусству и **современн**............. литературе. В **книжн**............. шкафу почти все полки уже заняты.

(ii) Singular and plural adjectives:

ДВОРЕ́Ц НАУ́КИ

(a) На **высо́к**.......... **берегу́** Москвы́-реки́ располо́жен Дворе́ц
Нау́ки. Это це́лый городо́к **Моско́вск**...........
госуда́рственн.......... **университе́та**. На **обши́рн**...........
террито́рии Дворца́ Нау́ки не́сколько деся́тков
прекра́сн.......... **зда́ний**.

(b) На **бо́льш**.......... **пло́щади**, кото́рая нахо́дится перед
Гла́вн.......... **зда́нием**, сквер с **краси́в**...........
фонта́нами. В скве́ре — па́мятник **вели́к**.......... **Ломоно́сову**,
основа́телю **пе́рв**.......... **ру́сск**.......... **университе́та**.

(c) В **бро́нзов**.......... **фигу́рах**, кото́рые стоя́т перед зда́нием
физи́ческ.......... **факульте́та**, мы узнаём **изве́стн**...........
ру́сск.......... **фи́зиков** Ле́бедева и Столе́това, а в
ка́менн.......... **ста́туях** перед **хими́ческ**...........
факульте́том — **изве́стн**.......... **ру́сск**.......... **хи́миков**
Менделе́ева и Бу́тлерова.

(d) С **се́верн**.......... **стороны́** перед **Гла́вн**.......... **зда́нием**
бо́льш.......... **пло́шадь**.

(e) Перед **центра́льн**.......... **вхо́дом** мно́жество
высо́к.......... **флагшто́ков**, на **котор**.......... развева́ются
фла́ги **мно́г**.......... стран. Они́ говоря́т о
междунаро́дн.......... **нау́чн**.......... **съе́здах**, кото́рые
происхо́дят в **Моско́вск**.......... **университе́те** по
актуа́льн.......... **вопро́сам совреме́нн**.......... **нау́ки**. На
съе́здах мо́жно услы́шать докла́ды на **ра́зн**.......... **языка́х**.

THE SHORT FORM OF THE ADJECTIVE

64 Endings of the short form of the adjective [159]

Use the **short form** of the adjective, as shown:

Example: Суро́вый кли́мат.   Кли́мат **суро́в**.
         Суро́вая зима́.   Зима́ **суро́ва**.
         Суро́вые пригово́ры.   Пригово́ры **суро́вы**.

(a) **Краси́вая** де́вушка. Де́вушка ....
(b) **Краси́вые** цветы́. Цветы́ ....
(c) **Здоро́вый** ма́льчик. Ма́льчик ....
(d) **Здоро́вые** де́ти. Де́ти ....
(e) **Бога́тый** челове́к. Челове́к ....
(f) **Бога́тая** же́нщина. Же́нщина ....

65 The mobile vowels -e-, -o- and -ё- in the masculine short form [161]

(1) Mobile **-e-/-ё-**. Put the long adjectives into the **masculine short form**, as shown:

Example: **Больно́й**. Он был **бо́лен** всю неде́лю.

(a) **Бле́дный**. Ма́льчик был . . . .
(b) **Голо́дный**. Я . . . ., как волк.
(c) **Дово́льный**. Он . . . . ученика́ми.
(d) **Ну́жный**. Мне . . . . ваш сове́т.
(e) **Си́льный**. Уда́р был так . . . ., что я упа́л.
(f) **Слы́шный**. Его́ го́лос . . . . издалека́.
(g) **У́мный**. Э́тот шко́льник о́чень . . . .
(h) **Хи́трый**. Он . . . ., как лиса́.

(2) Mobile **-o-**. Fill the gaps with suitable **masculine short forms**:

бли́зок   зол   ни́зок   по́лон   смешо́н   у́зок

(a) Авто́бус был . . . . наро́ду.
(b) Костю́м ему́ . . . . в груди́.
(c) Э́тот анекдо́т о́чень . . . .
(d) Потоло́к был так . . . ., что я уда́рился голово́й.
(e) Э́тот журнали́ст . . . . к парла́ментским круга́м.
(f) Он . . . . на меня́ за то, что я не помо́г ему́.

66 Some special short forms [162]

(1) Replace the short adjectives by their **opposites**:
(a) Э́та шля́па ему́ **велика́**. Э́та шля́па ему́ . . . .
(b) Её но́вые сапо́жки ей **малы́**. Её но́вые сапо́жки ей . . . .

(2) Replace the **masculine** short adjectives by their **feminine** counterparts:
(a) Он **досто́ин** награ́ды. Она́ . . . .
(b) Он всегда́ **рад** вас ви́деть. Она́ . . . .
(c) **Како́в** он собо́й? . . . . она́ собо́й?
(d) Э́тот сви́тер ему́ **вели́к**. Э́та руба́шка ему́ . . . .

67 Short forms: pairs of opposites [168]

(1) Replace the adjectives by their **opposites**, as shown.
Example: Он был **бо́лен**, но сейча́с он здоро́в.
(a) Она́ была́ **голодна́**, но сейча́с она́ . . . .
(b) Сла́ва Бо́гу, она́ **жива́**, а мы боя́лись, что она́ . . . .
(c) И́ли я **права́**, и́ли я . . . .
(d) Снача́ла он был **сча́стлив**, а сейча́с он . . . .
(e) Обы́чно она́ **здоро́ва**, а сейча́с она́ . . . .

(2) Tick to show which of these short adjectives has a long-form counterpart with a **different meaning**, and give that meaning:

	Long form with different meaning		Meaning
	Yes	No	
(a) бо́лен	…	…	……………
(b) го́лоден	…	…	……………
(c) жив	…	…	……………
(d) плох	…	…	……………
(e) прав.	…	…	……………

68 Adjectives of dimension [169]

Use the **short** forms of the adjectives to express excess or inadequate size (in some cases more than one adjective is possible):

большо́й дли́нный коро́ткий ма́ленький те́сный у́зкий

(a) Э́та руба́шка ему́ …………… Она́ для ма́льчика.
(b) Э́то же́нская блу́зка. Она́ ………… для де́вочки.
(c) Ему́ бо́льно ходи́ть. Э́ти но́вые боти́нки ему́ ……………… .
(d) Э́то пла́тье ей ………… Оно́ дохо́дит почти́ до земли́.
(e) Э́та ю́бка ей ………… Она́ едва́ дохо́дит до коле́н.
(f) Э́тот пиджа́к ему́ ………… в плеча́х. Ма́ме пришло́сь помо́чь ему́ наде́ть его́.

69 Delimitation of meaning by the oblique case of a noun or pronoun [170]

(1) Read the sentences. Say why the **long** form of the adjective is used in series (a) and the **short** form in series (b):

 (i) (a) Э́то челове́к, **чу́ждый** за́висти.
    (b) Э́тот челове́к **чужд** ре́вности.
 (ii) (a) Прошёл авто́бус, **по́лный** пассажи́ров.
    (b) Авто́бус **по́лон** шко́льников.
(iii) (a) Э́то учени́к, **досто́йный** награ́ды.
    (b) Э́тот сове́т **досто́ин** на́шего внима́ния.

(2) Fill the gaps with the **short** forms of appropriate adjectives:

ве́рный изве́стный подо́бный прису́щий

(a) Он всегда́ ………… свои́м друзья́м.
(b) Э́той же́нщине ………… подозри́тельность.
(c) Его́ тала́нт ………… тала́нту Пика́ссо.
(d) Он всем ………… свои́ми достиже́ниями.

(3) Translate into Russian, using **long** or **short** adjectives, as appropriate:
(a) Russia is **rich** in oil.

. . . .

(b) Russia is a large country, **rich** in natural resources.

. . . .

(c) I am **obliged** to you for your help.

. . . .

(d) The basket is **full** of apples.

. . . .

(e) On the table stood a basket, **full** of apples.

. . . .

(f) The name of Alla Pugacheva is **known** to lovers of popular music.

. . . .

(g) Alla Pugacheva is a singer **known** for her popular songs.

. . . .

(h) This is a project **worthy** of our attention.

. . . .

(i) This project is **worthy** of our attention.

. . . .

70 Delimitation of meaning by a prepositional phrase [171]

(1) Insert appropriate **short-form** adjectives into the gaps (in the correct gender):

глух   добр   похо́ж   силён   слеп   согла́сен

(a) Она́ . . . . на пра́вый глаз.
(b) Они́ . . . . дру̀г на дру́га.
(c) Она́ . . . . в биоло́гии.
(d) Он не . . . . со мной.
(e) Она́ . . . . к живо́тным.
(f) Она́ . . . . на пра́вое у́хо.

(2) Insert the correct preposition:
(a) Я не знако́м . . . . э́той тео́рией.
(b) Она́ серди́та . . . . своего́ отца́.
(c) Он согла́сен . . . . компроми́сс.
(d) Она́ спосо́бна . . . . языка́м.
(e) Э́то характе́рно . . . . него́.
(f) Он хром . . . . ле́вую но́гу.

Revision exercises: short-form and long-form adjectives

(1) Insert long or short adjectives, as appropriate:

Example: (a) Тако́е поведе́ние **типи́чно/типи́чное**.

(b) Тако́е поведе́ние **типи́чно** для него́.

(c) Тако́е поведе́ние, **типи́чное** для него́, по́ртит всем настрое́ние.

(i) интере́сен/интере́сный

(a) Докла́д был о́чень ....

(b) По своему́ содержа́нию докла́д был о́чень ....

(c) Докла́д, ... как по фо́рме, так и по содержа́нию, встре́тил всео́бщее одобре́ние.

(ii) изве́стен/изве́стный

(a) Э́тот писа́тель о́чень ....

(b) Э́тот писа́тель .... всем люби́телям литерату́ры.

(c) Э́тот писа́тель, ... всем свои́м соте́чественникам, соверше́нно неизве́стен за рубежо́м.

(iii) бога́та/бога́тая

(a) На́ша страна́ .... углём.

(b) На́ша страна́ о́чень ....

(c) На́ша страна́, ... мно́гими ресу́рсами, вывозит у́голь во все стра́ны Евро́пы.

(iv) умён/у́мный

(a) Пётр сли́шком ...., что́бы допусти́ть таку́ю оши́бку.

(b) Пётр, сли́шком ...., что́бы допусти́ть таку́ю оши́бку, доби́лся наконе́ц своего́.

(c) Пётр о́чень ....

(v) ва́жен/ва́жный

(a) Э́тот вопро́с кра́йне ....

(b) Э́тот вопро́с, кра́йне .... для большинства́ гра́ждан, не интересу́ет прави́тельство.

(c) Э́тот вопро́с .... хотя́ бы свое́й злободне́вностью.

(vi) добра́/до́брая

(a) Ната́лья Петро́вна .... к живо́тным.

(b) Ната́лья Петро́вна о́чень ....

(c) О́чень .... к живо́тным, Ната́лья Петро́вна весьма́ стро́го отно́сится к свои́м де́тям.

(2) Permanent and temporary states. Insert long or short forms, as appropriate:

(i) чисты́/чи́стые

(a) Моско́вские у́лицы всегда́ о́чень ....

(b) У́лицы бы́ли .... по́сле дождя́.

(ii) **споко́ен/споко́йный**

(a) Да́же перед экза́меном он был о́чень ....

(b) По хара́ктеру он о́чень ...., никогда́ не теря́ется.

(iii) **угрю́м/угрю́мый**

(a) Пётр Васи́льевич по приро́де весьма́ ....

(b) Он .... сего́дня. Должно́ быть, встал с ле́вой ноги́.

(iv) **весела́/весёлая**

(a) Ната́лья Петро́вна неизме́нно ...., постоя́нно расска́зы-вает заба́вные анекдо́ты.

(b) В тот день она́ была́ о́чень ...., шути́ла всю доро́гу в аэропо́рт.

(v) **рассе́ян/рассе́янный**

(a) Сего́дня он, как никогда́ ра́ньше, ..., наве́рное, чём-то увлёкся.

(b) Он о́чень ...., всегда́ всё забыва́ет!

(vi) **светла́/све́тлая**

(a) Мне нра́вится моя́ кварти́ра. Она́ о́чень ....

(b) Ко́мната опя́ть .... по̀сле генера́льной убо́рки.

(vii) **гру́стен/гру́стный**

(a) По нату́ре он пессими́ст. Вид у него́ постоя́нно ....

(b) Он ....: де́вушка не пришла́ на свида́ние.

(viii) **краси́ва/краси́вая**

(a) Она́ о́чень .... в своём но́вом пла́тье.

(b) Еле́на Кура́гина о́чень ....

(3) Adjectives of dimension. Use long and short forms, as appropriate:

(i) **велика́/больша́я**

(a) Э́та кварти́ра о́чень ....

(b) Э́та кварти́ра .... для однодéтной семьи́.

(ii) **мала́/ма́ленькая**

(a) Э́та кварти́ра .... для многодéтной семьи́.

(b) Э́та кварти́ра о́чень ....

(iii) **узка́/у́зкая**

(a) Э́та у́лица весьма́ ....

(b) Э́та у́лица .... для тако́го интенси́вного движе́ния.

(iv) **длинна́/дли́нная**

(a) Э́та руба́шка ....

(b) Э́та руба́шка .... для ма́ленького ма́льчика.

(v) **коротки́/коро́ткие**

(a) Э́ти брю́ки о́чень ....

(b) Э́ти брю́ки .... для взро́слого мужчи́ны.

(vi) **тяжёл/тяжёлый**

(a) Э́тот чемода́н . . . . для де́вочки. Дай ей чемода́н полегче.

(b) Э́тот чемода́н о́чень . . . . Он ве́сит 8 килогра́ммов.

THE COMPARATIVE DEGREE OF THE ADJECTIVE

71 The attributive comparative with **бо́лее** [177]

(1) Convert the adjectives into **comparatives**, as shown:

Example: Я живу́ в но́вом до́ме. Она́ живёт в **бо́лее** но́вом до́ме.

(a) Он занима́ется **ва́жными** дела́ми. Я занима́юсь . . . .

(b) Он слу́шал **интере́сную** ле́кцию. Я слу́шал . . . .

(c) Я живу́ в **краси́вом** райо́не. Она́ живёт в . . . .

(d) Он ве́рит **о́пытному** учи́телю. Я ве́рю . . . .

(e) Италья́нцы живу́т в **тёплом** кли́мате. Египтя́не живу́т в . . . .

(2) Translate into Russian:

(a) She buys **cheaper** butter and **more expensive** eggs.

. . . .

(b) We are solving a **more difficult** task.

. . . .

(c) Have you ever seen a **dirtier** street?

. . . .

(d) We need a room with a **higher** ceiling.

. . . .

(e) She went into the kitchen for a **sharper** knife.

. . . .

(f) They now live in a more **suitable** area.

. . . .

72 One-word attributive comparatives [178]

Use the **opposites** of the following comparatives:

(a) Ва́ня его **ста́рший** сын, а Ма́ша его . . . . дочь.

(b) Мы живём в **бо́льшей** кварти́ре, а они́ в . . . . кварти́ре.

(c) Мы вы́брали **лу́чший** вариа́нт, а они́ — . . . . вариа́нт.

(d) Фроло́в то́лько **мла́дший** сержа́нт, а я уже́ . . . . лейтена́нт.

(e) Она́ сего́дня в **ху́дшем** настрое́нии, а он в . . . . настрое́нии.

(f) Она́ в **ме́ньшей** сте́пени интересу́ется Росси́ей, а он в . . . .
сте́пени.

73 Predicative comparative forms in -ee- [179]

(1) Compare the following pairs of objects, using appropriate **short comparative** forms:

Example: Удо́бный. Крова́ть **удо́бнее** дива́на.

**длинне́е   краси́вее   светле́е   слабе́е   сильне́е   темне́е
труднее́   тяжеле́е**

(a) Сунду́к/чемода́н.	**Сунду́к** ....
(b) Геоме́трия/арифме́тика.	**Геоме́трия** ....
(c) Ро́зы/маргари́тки.	**Ро́зы** ....
(d) Во́лга/Днепр	**Во́лга** ....
(e) Мужчи́на/же́нщина.	(i) **Мужчи́на** ....
	(ii) **Же́нщина** ....
(f) Ночь/у́тро.	(i) **Ночь** ....
	(ii) **У́тро** ....

(2) Translate into Russian, using comparatives in **бо́лее** or **-ee**, as appropriate:

Example: This is a longer queue.   This queue is longer.
         Э́то **бо́лее дли́нная** о́чередь.   Э́та о́чередь **длинне́е**.

(a) This is a **dirtier** area. This area is **dirtier**.

....

(b) That is a **faster** car. This car is **faster**.

....

(c) He is on a **more interesting** course. This course is **more interesting**.

....

(d) This is a **newer** book. This book is **newer**.

....

(e) This is a **poorer** family. This family is **poorer**.

....

(f) He is reading a **more useful** book. This book is **more useful**.

....

74 Comparative short forms in -e in predicative meaning [180–1]

(1) **к: ч/т: ч.** Use comparative short forms in **-e**, as shown:

Example: Его́ кри́тика **ре́зкая**, а её кри́тика ещё **ре́зче**.
         У него́ **бога́тый** оте́ц, а дя́дя у него́ ещё **бога́че**.

(a) У него́ **гро́мкий** го́лос, а го́лос у неё ещё ....

(b) Вчера́шняя зада́ча была́ **лёгкая**, а сего́дняшняя ещё ....

(c) Эта гора́ **крута́я**, а та ещё ....
(d) Конья́к — **кре́пкий** напи́ток, а во́дка ещё ....
(e) В середи́не реки́ вода́ **ме́лкая**, а о̀коло бе́рега она́ ещё ....
(f) Эта поду́шка **мя́гкая**, а та ещё ....

(2) Replace the comparative adjectives by their **opposites**:

Example: Эта гора́ **вы́ше**. Та гора́ **ни́же**.

(a) Его́ дом **бо́льше**. Мой дом ....
(b) Мото́р мотоци́кла **гро́мче**. Мото́р автомоби́ля ....
(c) Эта у́лица **длинне́е**. Та у́лица ....
(d) Это вино́ **доро́же**. То вино́ ....
(e) Она́ **ста́рше** меня́. Я ....
(f) Моя́ рабо́та **ху́же**. Её рабо́та ....
(g) Эта пло́щадь **ши́ре**. Та пло́щадь ....

(3) Use **short comparatives** in the gaps, as arppropriate:

Example: О́зеро Байка́л о́чень **глубо́кое**. Оно́ **глу́бже** о́зера Балха́ш.

(a) РФ о́чень **больша́я** страна́. Она́ намно́го .... Великобри-
    та́нии.
(b) Эльбру́с о́чень **высо́кая** гора́. Она́ .... Казбе́ка.
(c) *Ру́дин* **коро́ткий** рома́н, а *Капита́нская до́чка* ещё ....
(d) Его́ рабо́та о́чень **плоха́я**. Она́ ...., чем я ожида́л.
(e) «Но́вый мир» дово́льно **то́лстый** журна́л. Он .... «Невы́».
(f) Оне́га дово́льно **чи́стая** река́. Она́ .... Во́лги.

(4) Use **short form comparatives** as shown:

Examples: Пруд [**гла́док**], чем о́зеро. Пруд **гла́же** о́зера.

(a) Лес [**густ**], чем мы ожида́ли.

    ....

(b) Реше́ние пробле́мы бы́ло [**про́сто**], чем я ожида́л.

    ....

(c) Чай [**сла́док**], чем я ожида́л.

    ....

(d) Учи́тель был [**строг**] к ученика́м, чем ну́жно.

    ....

(e) Кли́мат в Крыму́ намно́го [**сух**], чем на се́вере страны́.

    ....

75 Constructions with the comparative [182]

(1) Replace constructions with **чем** by constructions with the **genitive**, as shown:

Example: Во́лга **длинне́е, чем Дон**. Во́лга **длинне́е До́на**.

(a) Мой оте́ц **бога́че, чем я**. ....

(b) Росси́я намно́го **бо́льше, чем Ве́нгрия**. ....

(c) Океа́н **глу́бже, чем мо́ре**. ....

(d) Его́ рабо́та **лу́чше, чем моя́**. ....

(e) Он **моло́же, чем его́ брат**. ....

(f) Алма́з **твёрже, чем грани́т**. ....

Give the **opposites** of the comparative adjectives in the above sentences.

....

....

(2) Translate into Russian:

(a) My salary is **twice as large** as yours.

....

(b) **The darker** the night, **the greater** the danger.

....

(c) Please come **as soon as possible**.

....

(d) The hill got **steeper and steeper**.

....

(e) After the repair the ceiling was **half a metre higher** than before.

....

(f) We visit the theatre **as often as possible.**

....

(g) The river is **three times as deep** at this spot.

....

(h) **The cheaper** the wine, **the better** his mood.

....

(i) She is **five years younger** than me.

....

(j) His work is **much better** than mine.

....

(3) Translate into Russian, using the **чем** construction or the **genitive**, as appropriate:

(a) This is a handsomer car than mine.

....

(b) My husband is taller than hers.

....

(c) Her work is better than yours.

....

(d) America is richer in cotton than Uzbekistan.

....

(e) She has a louder voice than me.

....

(f) He gets more money than I do.

....

(g) I am lightly dressed, and feel colder than you do.

....

(h) She is much younger than me.

....

76 Other functions of the short-form comparative [184]

(1) Convert the introductory words to **comparatives**, as shown:

Example: **Вы́годно** вложи́ть свой капита́л в промы́шленность.
　　　　 Вы́годнее вложи́ть свой капита́л в промы́шленность.

(a) **Ве́село** собра́ться вокру́г костра́. ....
(b) **Интере́сно** самому́ приня́ть уча́стие в диску́ссии. ....
(c) В зи́мнее вре́мя **разу́мно** одева́ться по-тепле́е. ....

(2) Replace the adverbs by **comparatives**:

Example: Он е́дет **бы́стро**. Она́ е́дет **быстре́е**.

(a) Он подошёл **бли́зко** к до́му. Я ....
(b) Вертолёт лети́т **высоко́**. Самолёт ....
(c) Они́ **ти́хо** разгова́ривают. Мы ....
(d) Я **хорошо́** пишу́. Она́ ....
(e) Я **ча́сто** прихожу́ на стадио́н. Он ....

(3) Select suitable **comparatives** to fill the gaps:

　　　 ве́тренее   жа́рче   светле́е   темне́е   тепле́е   холодне́е

(a) У́тром ...., чем но́чью, а но́чью ...., чем у́тром.
(b) Зимо́й ...., чем ле́том, а ле́том .... чем зимо́й.

(c) Сего́дня ну́жно оде́ться по- ....
(d) Вчера́ бы́ло ве́трено, а сего́дня ещё ....

THE SUPERLATIVE DEGREE OF THE ADJECTIVE

77 The superlative degree with **са́мый** [185]

Convert the adjectives to **superlatives**, as shown:

Example: Он живёт в **интере́сном** райо́не. Он живёт в **одно́м из са́мых интере́сных** райо́нов в ми́ре.

(a) Я разгова́ривал с **бога́тым** челове́ком. Я разгова́ривал ....
(b) Мы подняли́сь на верши́ну **высо́кой** горы́. Мы подняли́сь на верши́ну ....
(c) Они́ живу́т в **краси́вом** го́роде. Они́ живу́т ....
(d) Он у́чится в **ста́ром** университе́те. Он у́чится ....
(e) Она́ у́чится в **хоро́шем** институ́те. Она́ у́чится ....

78 **Вы́сший** and **ни́зший** [186]

Вы́сший/ни́зший or **са́мый высо́кий/са́мый ни́зкий**:

Tick the columns as appropriate:

	вы́сший	са́мый высо́кий	ни́зший	са́мый ни́зкий
(a) балл	...	...	...	...
(b) дом	...	...	...	...
(c) матема́тика	...	...	...	...
(d) ме́ра наказа́ния	...	...	...	...
(e) образова́ние	...	...	...	...
(f) сорт.	...	...	...	...

The Numeral

CARDINAL, COLLECTIVE AND INDEFINITE NUMERALS

79 The cardinal numeral [190]

(1) **Square** numbers. Read the following:
(a) 2 в квадра́те бу́дет **4**.
(b) 3 в квадра́те бу́дет **9**.
(c) 4 в квадра́те бу́дет **16**.
Continue the series **up to the square of 12** or beyond.

(2) Read the numerals as **words**:
(a) В Москве́ **9** вокза́лов.
(b) В Моско́вском университе́те **14** факлуьте́тов.
(c) В Москве́ **75** ву́зов, **26** профессиона́льных теа́тров и **65** музе́ев, а в Петербу́рге **41** вуз, **16** теа́тров и **47** музе́ев.
(d) Длина́ Во́лго-Донско́го кана́ла — **101** киломе́тр.
(e) От Москвы́ до Санкт-Петербу́рга **649** киломе́тров.
(f) Пассажи́рские самолёты лета́ют со ско́ростью **900** киломе́тров в час.
(g) Мѐжду Москво́й и Ташке́нтом **2 900** киломе́тров.
(h) Мѐжду Москво́й и Владивосто́ком **7 780** киломе́тров.

(3) Answer the following questions, using **cardinal numerals** as appropriate:
(a) Ско́лько дней в неде́ле? ....
(b) Ско́лько неде́ль в ме́сяце? ....
(c) Ско́лько футболи́стов в кома́нде? ....
(d) Ско́лько ме́сяцев в году́? ....
(e) Ско́лько бы́ло респу́блик в бы́вшем СССР? ....
(f) Ско́лько часо́в в су́тках? ....
(g) Ско́лько дней в феврале́, в апре́ле, в ма́е? ....
(h) Ско́лько секу́нд в мину́те? ....
(i) Ско́лько мину́т составля́ют час? ....
(j) Ско́лько дней в году́/в високо́сном году́? ....

80 Declension of cardinal numerals [191]

(i) The **genitive** in square roots. Read the following:

Example: Квадра́тный ко́рень из **64 (шести́десяти четырёх)** бу́дет во́семь.

(a) Квадра́тный ко́рень из **4** бу́дет два.
(b) Квадра́тный ко́рень из **9** бу́дет три.
(c) Квадра́тный ко́рень из **16** бу́дет четы́ре.
(d) Квадра́тный ко́рень из **25** бу́дет пять.
(e) Квадра́тный ко́рень из **36** бу́дет шесть.
(f) Квадра́тный ко́рень из **49** бу́дет семь.

(ii) The **dative** in addition. Read the following:

Example: **5 плюс 3 равня́ется 8 (восьми́).**

(a) 7 плюс 6 равня́ется **13**.
(b) 14 плюс 8 равня́ется **22**.
(c) 20 плюс 15 равня́ется **35**.
(d) 20 плюс 21 равня́ется **41**.
(e) 30 плюс 23 равня́ется **53**.
(f) 50 плюс 47 равня́ется **97**.

(iii) The **instrumental** with **мѐжду**:

Example: **Ра́зность мѐжду 40 (сорока́) и 25 (двадцатью́ пятью́) бу́дет 15**.

(a) ра́зность мѐжду 53 и 22 бу́дет 31.
(b) ра́зность мѐжду 97 и 64 бу́дет 33.
(c) ра́зность мѐжду 76 и 37 бу́дет 39.
(d) ра́зность мѐжду 242 и 115 бу́дет 127.

81 The numeral оди́н, одна́, одно́, одни́ [193]

(i) Replace the figures with the correct forms of **оди́н, одна́, одно́, одни́** or their compounds:

(a) У меня́ в ко́мнате 1 карти́на, 1 стол, 1 окно́ и 1 часы́.

....

(b) На ле́кции был 71 студе́нт.

....

(c) В эксперименте уча́ствовала 41 сре́дняя шко́ла.

....

(d) В телегра́мме бы́ло 31 сло́во.

....

(e) Они́ шли 21 су́тки.

....

(ii) Use **declined** forms of **оди́н**, **одна́**, **одно́**, **одни́**, as appropriate:

(a) Он влюби́лся в 1 из её сестёр, но та вы́шла за́муж за 1 из его́ бра́тьев.

....

(b) Васи́лий был 1 из мои́х лу́чших друзе́й.

....

(c) Он жил на Кунаши́ре, 1 из Кури́льских острово́в.

....

(d) Я ни 1 ра́за не опозда́л на на́ши встре́чи.

....

(e) Все чле́ны семьи́ собрали́сь за 1 столо́м.

....

(f) Они́ пое́хали в о́тпуск с 1 пала́ткой.

....

(g) Сержа́нт вёл в бой 21 солда́та.

....

82 Полтора́/полторы́; два/две, три, четы́ре; о́ба/о́бе [194]

(1) Read the numerals $1\frac{1}{2}$, **2**, **о́ба/о́бе**, selecting appropriate forms:

(a) Путеше́ственники бы́ли $1\frac{1}{2}$ дня в пути́.

(b) Интенси́вные ку́рсы продолжа́ются $1\frac{1}{2}$ неде́ли.

(c) 2 входны́е две́ри бы́ли за́перты.

(d) Тѐлепереда́ча о СПИ́Де начала́сь в 22 часа́.

(e) [**О́ба/о́бе**] сестры́ записа́лись на экску́рсию.

(f) [**О́ба/о́бе**] заво́да произво́дят тра́кторы.

(2) Use the correct form of the figure 2 and put the nouns in the genitive singular:

Examples: 2 [час]: **два часа́**. 2 [мину́та]: **две мину́ты**. 2 [окно́]: **два окна́**.

(a) 2 [стол]

(b) 2 [кни́га]

(c) 2 [ва́за]

(d) 2 [кре́сло]

(e) 2 [дом]

(f) 2 [сло́во]

(g) 2 [ка́рта]

(h) 2 [сестра́].

(3) **Три**, **четы́ре** with the genitive singular of the noun. Select a suitable noun and place it in the correct form:

(a) В треуго́льнике **три** ....
(b) 75% — то же са́мое, как **три** ....
(c) Во взво́де бы́ло **два́дцать три** ....
(d) У соба́ки **четы́ре** ....
(e) В ме́сяце **четы́ре** ....
(f) В су́тках **два́дцать четы́ре** ....
(g) В кома́нде корабля́ **три́дцать два** ....

(4) **2–4 + adjective** and **noun**. Double the number of items indicated:

(i) (a) У меня́ в ко́мнате **большо́е окно́** и **пи́сьменный стол.**

....

(b) Во вре́мя диску́ссии депута́т по́днял **интере́сный вопро́с.**

....

(c) В на́шем институ́те **просто́рная аудито́рия.**

....

(d) На подоко́ннике сиде́ла **краси́вая ко́шка.**

....

(e) Ве́ра купи́ла **но́вую пласти́нку.**

....

(ii) Fill the gaps with suitable **adjectives** in the correct form:

**высо́кий   за́дний   иностра́нный   молодо́й
тру́дный   учени́ческий**

(a) Одна́ из учени́ц реши́ла **три** .... зада́чи.
(b) **Четы́ре** .... ме́ста в авто́бусе бы́ли свобо́дны.
(c) Вдали́ черне́ли **четы́ре** .... го́ры.
(d) Она́ вы́учила **три** .... языка́.
(e) На ку́рсы записа́лись **о́ба** .... лейтена́нта.
(f) Учи́тель положи́л в портфе́ль **о́бе** .... тетра́ди.

83 Numerals five and above [195]

(1) Read the following:

При составле́нии инвентаря́ иму́щества поко́йного отца́ получи́лось сле́дующее перечисле́ние:

20 [стул], 6 [стол], 5 [крова́ть], 5 [ла́мпа], 2 [щётка], 10 [карти́на], 6 [кре́сло], 30 [таре́лка], 12 [ча́шка], 20 [ло́жка], 2 [холоди́льник], 20 [ви́лка], 20 [нож], 5 [дива́н], 2 [телеви́зор], 3 [ра̀диоприёмник], 150 [гра̀мпласти́нка], 2 [телефо́н], 12 [простыня́], 12 [одея́ло].

(2) **Люде́й/челове́к**. Use the correct form of the **genitive plural**:

(a) На ку́рсы записа́лись то́лько пять ....

(b) На пло́щади перед парла́ментом собрало́сь мно́го ....

(c) Неизве́стно, ско́лько .... поги́бло во вре́мя катастро́фы.

(d) Нас провожа́ли шесть незнако́мых ....

(e) Дете́й иска́ли 150 ....

(f) Протестова́ло сли́шком ма́ло ...., что̀бы измени́ть реше́-
ние мини́стра.

84 Agreement of oblique cases of numerals **полтора́/полторы́** to 999 with oblique plural forms of nouns [196]

(1) $1\frac{1}{2}$, 2–4, **о́ба/о́бе**

(i) Put the numerals in the correct form, altering the nouns as appropriate:

(a) Она́ провела́ о̀коло [$1\frac{1}{2}$ **неде́ли**] на Ку́бе.

....

(b) Он верну́лся о̀коло [**2 часа́**].

....

(c) К [**2 часа́**] все бу́дут уже́ на свои́х места́х.

....

(d) Уро́к начина́ется где́-то мѐжду [**2 часа́**] и [**3 часа́**].

....

(e) Москва́ нахо́дится в [**3 часа́**] лёта от Ло́ндона.

....

(f) Он владе́ет [**4**] дома́ми.

....

(g) На вечери́нке я познако́мился с [**о́ба бра́та**] и [**о́бе сестры́**].

....

(h) В [**о́ба гнезда́**] сиде́ли птенцы́.

....

(ii) **Animate accusative**. Translate into Russian:

(a) My brothers love **two sisters**.

....

(b) I invited **3** or **4** friends to the party.

....

(c) He punished **both boys** and **both girls**.

. . . .

(d) The police arrested, not **3 students**, but **23 students**.

. . . .

(2) Read the numerals as **words**:

(i) **5–20, 30**

(a) Вижу четырёх кошек и **5** собак.
(b) Сейчас без **10** минут одиннадцать.
(c) Они вернутся к **8** часам.
(d) Командир располагал только **25** танками.
(e) Эпидемия началась в **15** из **20** городов нашего района.
(f) Есть люди, которые говорят на **20** языках.
(g) Мы встретимся между **9** и **11** часами.

(ii) **50–80**

(a) Экскурсовод приехала в музей с **50–60** туристами.
(b) Депутат обратилсая к **60–70** избирателям.
(c) Извлечь квадратный корень из **64**, будет 8.
(d) Предложение было принято **75** голосами против **4**.

(iii) **40, 90, 100**. Read the following sums and supply the answers:

(a) От **90** отнять 40, будет . . . .
(b) От **100** отнять 90, будет . . . .
(c) К **43** прибавить 57, будет . . . .
(d) Извлечь квадратный корень из **49**, будет . . . .
(e) Извлечь квадратный корень из **100**, будет . . . .

(iv) **200–900**. Read, giving the correct form of the numerals:

(a) Москве более **800** лет, а Петербургу менее **300** лет.
(b) В Московском университете более **200** кафедр.
(c) В **300** деревнях голодали.
(d) Немцы располагали **400–500** танками, а советские командиры —
     800.
(e) В **982** случаях из тысячи протестовали против предложения
     реабилитировать военных преступников.
(f) Сумма равняется **900** рублям.
(g) Председатель обратился к **200** депутатам.

85 Declension of compound numerals [198]

Read the numerals:

(a) Инженер приехал на завод без **25** минут 6.
(b) Делегаты из **92** стран участвовали в конференции.

(c) Он прие́хал в Москву́ со **152** рубля́ми.
(d) Она́ купи́ла ре́дкую кни́гу с **240** иллюстра́циями.
(e) К **336** приба́вить 64, бу́дет **400**.
(f) От **742** отня́ть 112, бу́дет 630.
(g) По́езд прошёл бо́льше **1 500** киломе́тров, от Москвы́ до О́мска.

86 Collective numerals [200]

(1) Plural-only nouns. Give the Russian for:
(a) two stretchers ....
(b) three sledges ....
(c) four gates ....
(d) five clocks ....
(e) six days and nights ....
(f) seven swings ....

(2) Write or read the figures as words:

Example: В сара́е **дво́е** сане́й. Го́сти прие́хали на **двух** саня́х.

(a) В ла́гере 3 воро́т. У 3 воро́т стои́т по часово́му.

....

(b) Путеше́ственники е́хали 2 су́ток. А мы е́дем уже́ бо́льше 4 су́ток.

....

(c) В углу́ стоя́ло 4 носи́лок. Больны́х несли́ на 3 носи́лках.

....

(d) В библиоте́ке 5 часо́в. Он рабо́тает в ко́мнате с 2 часа́ми.

(3) Replace the cardinal numerals by collectives (where possible), making any other necessary alterations:
(a) По доро́ге шли **два** студе́нта. ....
(b) Во дворе́ игра́ли **три** ребёнка. ....
(c) За па́ртами сиде́ли **четы́ре** ученика́. ....
(d) В приёмной жда́ли **три** де́вушки. ....
(e) На корабле́ рабо́тали **пять** матро́сов. ....
(f) На собра́нии бы́ло **семь** инжене́ров. ....

(4) Translate into Russian:
(a) She has **three** children. She raised her **three** children alone.

....

(b) There are **four** clocks at the factory.

....

(c) We **five** were at the meeting.

....

(d) There were **seven** of us.

....

(e) They walked for **three** days and nights.

....

87 Indefinite numerals [201]

(1) (i) Put the bracketed nouns into the **genitive singular** or **plural**, as appropriate:

(a) У детéй бы́ло достáточно [**дéньги**], чтòбы купи́ть билéты в теáтр.

....

(b) Онá ужé нéсколько [**год**] не éздила к роди́телям в Амéрику.

....

(c) Скóлько [**молокó**] остáлось в кувши́не?

....

(d) Он получи́л рóвно стóлько [**очкó**], скóлько нýжно, чтòбы вы́йти в финáл.

....

(e) У них сли́шком мнóго [**ребёнок**], чтòбы ежегóдно отдыхáть на мóре.

....

(ii) **Человéк** or **людéй**?
(a) Скóлько .... рáдуются прихóду весны́!
(b) Скóлько .... записáлись на вечéрние кýрсы?

(iii) **Мáло** or **немнóго**?
(a) Онá так занятá, что остаётся óчень .... врéмени на покýпки.
(b) Врач принимáет больны́х на домý, чтòбы подзарабóтать хоть .... дéнег.

(2) **Нéсколько/нéкоторые**.
Translate into Russian:
(a) **Some** essays were so interesting that the teacher read them aloud.

....

(b) There are **some** pictures in this book. **Some** of them are coloured.

....

(c) They built the factory **a few** kilometres from the town.

....

(d) The author's comments can be seen on **some** pages of the manuscript.

....

(e) **Some** students in the department like to draw.

....

(f) We would like to plant **a few** trees in the garden.

....

(3) **Мно́го** or **мно́гие**? Translate into Russian:
(a) I have collected **many** interesting stamps. **Many** of them are rare.

....

(b) **Many** nations want independence.

....

(c) I have **many** friends. **Many** of them live in St Petersburg.

....

(d) I lived there for **many** years.

....

(4) Declension of **мно́гое/мно́гие** and **не́сколько**. Insert the correct endings:
(i) **мно́гое/мно́гие**
(a) Во мно́г........... слу́чаях сам води́тель винова́т.
(b) Они́ во мно́г........... похо̀жи дру̀г на дру́га.
(c) Он мно́г........... отлича́ется от свои́х бра́тьев.
(d) Она́ мно́г........... научи́лась у свое́й ма́тери.
(e) Он обраща́лся ко мно́г........... специали́стам, но без результа́та.
(ii) **не́сколько**
(a) Он попа́л в цель не́скольк........... пу́лями.
(b) В не́скольк........... аудито́риях ещё горе́л свет.
(c) Она́ обрати́лась за по́мощью к не́скольк........... депута́там.

88 Agreement of the predicate with a subject that contains a numeral [202]

Tick to show the correct form or forms.
(i) **Cardinal** numerals:
(a) В ку́хне **горе́ло/и** две ла́мпы.
(b) В тече́ние двух неде́ль **состоя́лось/ись** де́вять ма́тчей.

(c) **Прошло́/и́** два го́да с тех пор как он уе́хал.

(d) На земле́ **живёт/у́т** бо́лее трёх миллиа́рдов люде́й.

(e) Де́нежные посо́бия **получа́ет/ют** о̀коло 20 семе́й.

(f) Мне неда́вно **испо́лнилось/-ись** 40 лет.

(g) В тече́ние го́да **и́здано/и́зданы** не́сколько но́вых уче́бников.

(h) Три бра́та **жени́лось/ись**.

(i) В 1986 году́ в СССР **издава́лось/ись** 8515 газе́т.

(j) О́бе сестры́ **вы́шло/и** за́муж за офице́ров.

(k) Ему́ **бы́ло/и** шесть лет.

(l) В катастро́фе **поги́бло/и** все 60 пассажи́ров.

(ii) **Collective** numerals

(a) Дво́е солда́т не **верну́лось/ись**.

(b) После́дние ше́стеро больны́х **вы́писалось/ись** из больни́цы.

(c) Нас **бы́ло/и** пя́теро.

(iii) **Indefinite** and other numerals:

(a) Не́сколько домо́в на на́шей у́лице **но́во/ы́**.

(b) В по́езд **се́ло/и** не́сколько де́вушек.

(c) За после́дние 10 дней **произошло́/и́** нема́ло инциде́нтов.

(d) Неизве́стно, ско́лько пи́сем **накопи́лось/ись**.

(e) В ка́ждой ко́мнате **стоя́ло/и** по де́тской крова́тке.

(f) О́ба корабля́ **пошло́/пошли́** ко дну.

ORDINAL NUMERALS

89 Formation of ordinal numerals. Usage [203–4]

(1) Read the following:

(a) Лифт по́днял нас с **1-го** этажа́ до́ма на **7-й** эта́ж.

(b) Больно́й лежи́т в **16-й** пала́те, на **3-м** этаже́ **11-й** городско́й больни́цы.

(c) В Воро́неж я е́хал на **52-м** по́езде, **8-й** ваго́н, **25-е** ме́сто.

(d) Мы сиде́ли в **15-м** ряду́ парте́ра, **4-е** и **5-е** места́.

(e) По **1-й** програ́мме передаётся футбо́льный матч.

(f) Студе́нты откры́ли кни́гу на **152-й** страни́це. Преподава́тель попроси́л их пригото́вить **6-ю** главу́ к за́втрашней ле́кции в **10-й** аудито́рии.

(g) Му́жу она́ купи́ла руба́шку **52-го** разме́ра, себе́ пла́тье **44-го** разме́ра.

(2) **Decades**. Read as ordinals:

(a) Ей нра́вятся мо́ды **20-х** годо́в.

(b) Нам не сле́дует забыва́ть уро́ков **30-х** годо́в.

(c) Она́ ча́сто вспомина́ет собы́тия **40-х** годо́в.

(d) Он написа́л кни́гу о му́зыке **50-х** годо́в.

(e) Не́которые пе́сни **60-х** годо́в оста́лись популя́рными в **90-е** го́ды.

(f) Экономи́ческие рефо́рмы **80-х** годо́в не оправда́ли ожида́ний экономи́стов.

(3) Read the **roman numerals** as **ordinals**:

(a) Пётр **I** вступи́л на престо́л в конце́ **XVII** ве́ка.

(b) Моско́вский университе́т был осно́ван в середи́не **XVIII** ве́ка.

(c) На **XX** Съе́зде КПСС Н. С. Хрущёв вы́ступил с кри́тикой ку́льта ли́чности.

(d) На **XXVIII** Съе́зде реорганизова́ли Политбюро́.

(e) По **I** кана́лу передава́ли фильм *Идио́т*; по **IV** кана́лу програ́мму «Аме́рика на пути́ из про́шлого в бу́дущее» (США́); а по **VI** кана́лу «Куда́ вёл след диноза́вра».

(4) The use of **ordinals** in **comparative dimensions**.

Example: The third **widest** river. Тре́тья **по ширине́** река́.

Form analogous sentences:

(a) Оне́га второ́е [**величина́ и глубина́**] о́зеро в Евро́пе.

. . . .

(b) Миссиси́пи втора́я [**длина́**] река́ в США́.

. . . .

(c) Кита́й тре́тья [**пло́щадь**] страна́ в ми́ре.

. . . .

(d) И́ндия втора́я [**чи́сленность населе́ния**] страна́ в ми́ре.

. . . .

SPECIAL FUNCTIONS OF NUMERALS

90 Telling the time [206]

(1) Read off the times on the clock-faces:

Example: (a) Че́тверть пе́рвого.

(a) 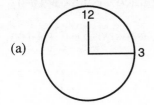   (b) 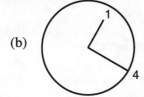   (c)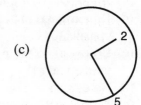

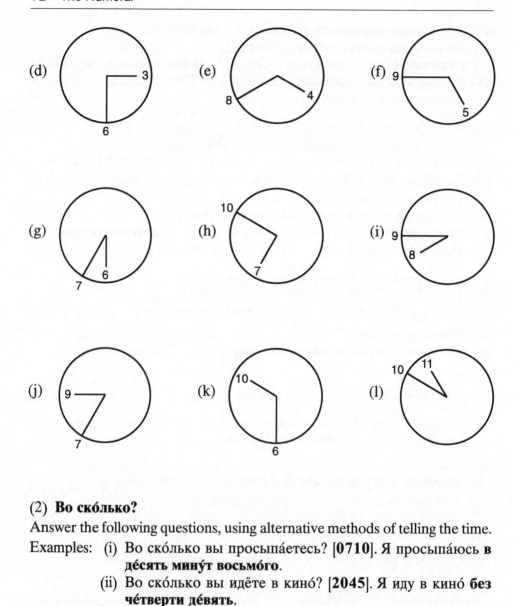

(2) **Во ско́лько?**

Answer the following questions, using alternative methods of telling the time.

Examples: (i) Во ско́лько вы просыпа́етесь? [**0710**]. Я просыпа́юсь **в де́сять мину́т восьмо́го**.

(ii) Во ско́лько вы идёте в кино́? [**2045**]. Я иду́ в кино́ **без че́тверти де́вять**.

(a) Во ско́лько вы встаёте?   [**0730**] ....

(b) Во ско́лько вы за́втракаете?   [**0800**] ....

(c) Во ско́лько вы выхо́дите и́з дому?   [**0820**] ....

(d) Во ско́лько вы сади́тесь на трамва́й?   [**0835**] ....

(e) Во ско́лько вы приезжа́ете в университе́т?   [**0855**] ....

(f) Во ско́лько начина́ются заня́тия?   [**0915**] ....

(g) Во ско́лько начина́ется переры́в?   [**1110**] ....

(h) Во ско́лько вы обе́даете?   [**1245**] ....

(i) Во ско́лько конча́ются заня́тия?   [1630] ....

(j) Во ско́лько вы ухо́дите из
     университе́та?   [1640] ....

(k) Во ско́лько вы приезжа́ете домо́й?   [1700] ....

(l) Во ско́лько вы включа́ете телеви́-
     зор?   [1815] ....

(m) Во ско́лько вы у́жинаете?   [1930] ....

(n) Во ско́лько вы ложи́тесь?   [2240] ....

(3) Insert **два часа́** in the correct case:

(a) Он верну́лся домо́й о̀коло .... но́чи.

(b) Диссерта́цию на́до сдать к .... дня.

(c) Мы всегда́ обе́даем где́-то мѐжду .... и тремя́ часа́ми.

(d) Варша́ва нахо́дится в .... лёта отсю́да.

(4) Insert **утра́/дня/ве́чера/но́чи**, as appropriate:

(a) Он лёг в час ....

(b) Мы пообе́дали в час ....

(c) Она́ проснýлась в 7 часо́в ....

(d) Он пришёл домо́й с рабо́ты в 7 часо́в ....

91 Giving the date [207]

(1) **В како́м году́**? Put the correct dates in the gaps and read aloud.

1237   1613   1755   1789   1812   1922   1991

(a) Францу́зская револю́ция начала́сь в .... году́.

(b) Монго́лы вто́рглись на Русь в .... году́.

(c) Моско́вский университе́т был осно́ван в .... году́.

(d) Война́ про́тив Наполео́на была́ в .... году́.

(e) СССР был со́здан в .... году́.

(f) Дом Рома́новых берёт нача́ло в .... году́.

(g) Бори́с Никола́евич Е́льцин стал президе́нтом в .... году́.

(2) **Како́го числа́**? Read the numerals as words:

(a) Втора́я мирова́я война́ начала́сь **3 сентября́ 1939 го́да** и
     ко́нчилась в **ма́е 1945 го́да**. Вели́кая Оте́чественная война́
     начала́сь **22 ию́ня 1941 го́да**.

(b) Пе́рвый сове́тский спу́тник с челове́ком на борту́ был запу́щен **12
     апре́ля 1961 го́да**.

(c) Восста́ние декабри́стов произошло́ **14 декабря́ 1825 го́да**.

(d) Ле́нин роди́лся **22 апре́ля 1870 го́да**, а Ста́лин у́мер **5 ма́рта 1953
     го́да**.

(e) Уче́бный год начина́ется **1 сентября́**.

(f) В стра́нах Евро́пы Но́вый год встреча́ют **1 января́**.

(g) На За́паде Рождество́ пра́зднуется **25 декабря́**, а в Росси́и — **6 января́**.

(h) День Побе́ды отмеча́ется **9 ма́я**. Годовщи́на Октя́брьской Социалисти́ческой Револю́ции 1917 го́да отмеча́лась **7 ноября́**.

92 Numerals in compound nouns and adjectives [211]

Numerals in **compounds**. Read in full:

(a) Та́нки стреля́ли по парла́менту **25-миллиметро́выми** снаря́дами.

(b) К кио́ску подбежа́л **4-ле́тний** ребёнок.

(c) В 1995 году́ отме́тили **50-ле́тие** побе́ды над фаши́стами.

(d) На́ша семья́ живёт в **3-ко́мнатной** кварти́ре.

(e) Генера́лы полете́ли на фронт на **2-мото́рном** самолёте.

(f) В 1988 году́ отме́тили **1000-ле́тие** креще́ния Руси́, а в 2005 году́ бу́дут пра́здновать **250-ле́тие** основа́ния Моско́вского университе́та.

(g) **100-ты́сячному** посети́телю вы́ставки да́ли пре́мию.

(h) В Верхоя́нске стоя́л **40-гра́дусный** моро́з.

The Verb

CONJUGATION

93 First-conjugation verbs with stems ending in a vowel [215]

(1) (i) Verbs in **-ать**. Insert the correct present-tense forms of the bracketed verbs:

(a) Я .... кроссво́рд.   [реша́ть]
(b) Ты .... на заво́де?   [рабо́тать]
(c) Он .... маши́ну.   [покупа́ть]
(d) Она́ .... дверь.   [закрыва́ть]
(e) Мы .... всю пра́вду.   [знать]
(f) Вы .... по-ру́сски?   [понима́ть]
(g) Они́ .... де́тям.   [помога́ть]

(ii) Verbs in **-ять/-я́ть**. Give the correct forms of the **present tense** of the verbs:

(a) Тури́сты .... на берегу́ мо́ря.   [гуля́ть]
(b) Больно́й ....   [ка́шлять]
(c) Соба́ки .... во дворе́.   [ла́ять]
(d) Рожь .... о́сенью во мно́гих стра́нах
    се́верной Евро́пы.   [се́ять]
(e) На ночно́м не́бе .... звёзды.   [сия́ть]
(f) Снег .... на поля́х.   [та́ять]

(2) Verbs in **-ава́ть**. Change the past tense into the **present**:

(a) Она́ **дава́ла** уро́ки му́зыки. Она́ ....
(b) По телеви́зору **передава́ли** после́дние изве́стия.
    По телеви́зору ....
(c) Они́ **продава́ли** свой дом. Они́ ....
(d) По воскресе́ньям мы **встава́ли** по́здно.
    По воскресе́ньям мы ....
(e) Он не **перестава́л** протестова́ть. Он ....
(f) Он **признава́лся** во всём. Он ....

(3) Verbs in **-овать**. Select appropriate verbs and fill the gaps with the correct form of the **present tense**:

**голосова́ть   де́йствовать   зави́довать   здоро́ваться
кома́ндовать   рисова́ть   тре́бовать   чу́вствовать себя́**

(a) Писа́тель .... в рома́не изве́стных люде́й своего́ вре́мени.
(b) У́тром мы обы́чно .... за́ руку.
(c) Большинство́ люде́й .... за демокра́тов.
(d) Его́ кри́тика .... мне на не́рвы.
(e) Мой дя́дя — арме́йский офице́р. Он .... полко́м.
(f) Милиционе́р .... их докуме́нты.
(g) Как вы .... сего́дня?
(h) Она́...................... свое́й сестре́.

(4) Verbs in **-евать**. Place the bracketed verb in the correct form of the **present tense**:

(a) Населе́ние ещё .... с пережи́тками
про́шлого.   [**воева́ть**]
(b) Учи́тель заме́тил, что оди́н из ученико́в
.... рези́нку.   [**жева́ть**]
(c) Моне́ты .... в щели.   [**застрева́ть**]
(d) Учи́тель уви́дел, что ученики́ .... от
ску́ки.   [**зева́ть**]
(e) Ма́льчик .... в окно́ по́езда.   [**плева́ть**]
(f) .... его́ в том, что он укра́л часы́.   [**подозрева́ть**]
(g) Го́сти .... под зву́ки орке́стра.   [**танцева́ть**]
(h) Я обы́чно .... зайти́ к дру́гу по пути́
на рабо́ту.   [**успева́ть**]

(5) Verbs in **-еть**. Complete, using the present tense of the verbs given:

**владе́ть   греть   жале́ть   име́ть   красне́ть   петь   сметь
уме́ть   худе́ть**

(a) Э́то не .... никако́го значе́ния.
(b) Она́ .... води́ть маши́ну.
(c) Он .... от стыда́.
(d) Рабо́чие .... ру́ки над костро́м.
(e) Мы не .... опозда́ть.
(f) Я ...., что мы не ста́ли друзья́ми.
(g) Боя́сь пополне́ть, она́ ....
(h) Она́ .... 22 языка́ми.
(i) Он .... в хо́ре те́нором.

(6) Write down your reaction to the situations, using the verbs shown:

(i) Verbs in **-ить**

бить   вить   лить   пить   шить

(a) Мне хо́чется пить.   Я ....
(b) Разрази́лась бу́ря.   Дождь ...., как из
                                 ведра́.
(c) Ей ну́жно но́вое пла́тье.   Она́ .... себе́ пла́тье.
(d) Пти́це не́где класть я́йца.   Она́ .... гнездо́.
(e) Уже́ семь часо́в.   Часы́ .... семь.

(ii) Verbs in **-ыть/-уть**

дуть   закры́ть   мыть   откры́ть

(a) Разрази́лась гроза́.   .... си́льный ве́тер.
(b) Моя́ маши́на гря́зная.   Я .... её.
(c) Окно́ закры́то, и ду́шно.   Я .... его́.
(d) Ве́чером ста́нет хо́лодно.   Я .... все о́кна.

94 First-conjugation verbs with consonant stems I [216]

(1) Present-future and infinitive stems **coincide**.

(i) Verbs in **-ать**. Fill the gaps with the relevant verb forms:

врать   ждать   рвать   соса́ть   стона́ть   ткать

(a) Она́ .... докуме́нт на куски́.
(b) Де́ти .... конфе́ты.
(c) Здесь мастера́ .... ковры́ для э́кспорта в за́падные стра́ны.
(d) Не все де́ти всегда́ говоря́т пра́вду. Не́которые иногда́ ....
(e) Ка́ждое у́тро на э́той остано́вке я .... авто́бус но́мер 7.
(f) Ра́неный солда́т .... от бо́ли.

(ii) Verbs in **-уть**. Put the verbs in the correct form:

(a) Она́ .... до наступле́ния темноты́.   **[верну́ться]**
(b) Он .... от облегче́ния.   **[вздохну́ть]**
(c) Свет в на́шем до́ме .... раз в неде́лю.   **[га́снуть]**
(d) Попроси́те продавщи́цу, и она́ ....
     поку́пки.   **[заверну́ть]**
(e) Ребёнок .... к ма́тери.   **[льнуть]**
(f) Сейча́с всё ка́жется необы́чным, но вы ско́ро
     .... **[привы́кнуть]**
(g) Бельё .... на ветру́.   **[со́хнуть]**

From which infinitive do the following verb forms derive:

Мо́кнут прохо́жие, **мо́кнет** мили́ция,
Мо́кнет кото́рое ле́то подря́д.

These lines are from the song *Дождь на Неве́*. Which city is the song about?

(iii) Verbs in **-оть**. Convert the past into the **present** tense:

(a) Эти стра́ны **боро́лись** за свою́ незави́симость ....

(b) Оте́ц **поло́л** гря́дки. ....

(c) Ири́на Миха́йловна **поро́ла** ста́рую ю́бку на тря́пки. ....

(d) Я **коло́л** дрова́ на́ зиму. ....

(e) Мы **моло́ли** ко́фе в кофемо́лке. ....

(2) Present-future and infinitive stem **differ**.

(i) Insert suitable verb forms into the gaps:

брать   е́хать   жить   звать   плыть   слать

(a) Мы обы́чно .... такси́.

(b) Его́ .... Васи́лий, а я .... его́ Ва́ся.

(c) Её семья́ .... за́ городом, в краси́вой дере́вне.

(d) Парохо́д .... по Днепру́ по направле́нию к Ки́еву.

(e) На бу́дущей неде́ле мы .... за грани́цу на ме́сяц.

(f) В конце́ письма́ он написа́л: «........... Вам дру́жеский приве́т.»

(ii) Select a suitable verb and place it in the correct form:

Imperfective verbs:

жать   мять   стлать   тере́ть

(a) .... вам ру́ку.

(b) Она́ .... ска́терть на стол.

(c) Он .... носово́й плато́к в рука́х.

(d) Пра́вый сапо́г у меня́ .... но́гу.

Perfective verbs:

взять   заня́ть   запере́ть   наде́ть   нача́ть
поня́ть   подня́ться   приня́ть   снять   стать

(a) Сего́дня хо́лодно. Она́ сказа́ла, что .... шу́бу.

(b) Мне не нра́вится э́та карти́на. Я её .... со стены́.

(c) Мы наде́емся, что она́ .... дире́ктором шко́лы.

(d) Де́ти .... дверь за собо́й, когда́ бу́дут уходи́ть.

(e) Идём в цирк. Е́сли хоти́те, ... вас с собо́й.

(f) Со вре́менем вы ...., что я был прав.

(g) Мы .... с вас. Слу́шайте пе́рвый вопро́с!

(h) Мы .... уча́стие в конфере́нции.

(i) Э́та рабо́та .... весь день!

(j) Ско́ро .... за́навес.

95 First-conjugation verbs with consonant stems II: verbs in **-ать** with consonant mutation throughout conjugation [217]

(1) Stress change. Replace the first by the **third** person:

(a) Я **дремлю́** в кре́сле. Он ....

(b) Я **ищу́** своё ме́сто в парте́ре. Она́ ....

(c) **Я машу́** ей руко́й. Он ....
(d) **Я пишу́** письмо́. Он ....
(e) **Я плещу́** во́ду на́ пол. Она́ ....
(f) **Я полощу́** бельё. Она́ ....
(g) **Я хлопочу́** по до́му. Он ....
(h) **Я чешу́** ру́ку. Он ....

(2) Fill the gaps with **appropriate forms** of the verbs given:

   грохота́ть   иска́ть   колыха́ться   лиза́ть   ма́зать   пла́кать пря́тать   шепта́ть

(a) Она́ .... ему́ что́-то на́ ухо.
(b) Соба́ка .... своего́ хозя́ина в лицо́.
(c) Она́ .... гу́бы губно́й пома́дой.
(d) Она́ .... Слёзы так и ка́тятся по щека́м.
(e) Гром .... и сверка́ет мо́лния.
(f) Она́ .... письмо́ в ве́рхний я́щик.
(g) Она́ .... ну́жный слова́рь в спра́вочном отделе́нии библио- те́ки.
(h) Рожь .... на ветру́.

(3) Put the verbs in the correct **present** or **future-tense** form:

(a) Мать .... носки́ для де́душки.   [вяза́ть]
(b) Мне ...., что она́ не права́.   [каза́ться]
(c) Тех, кто .... на сосе́дей, на́до отда́ть под суд.   [клевета́ть]
(d) Она́ .... сыр ножо́м.   [ре́зать]
(e) Вы не ...., ско́лько сейча́с вре́мени? [сказа́ть]
(f) Ло́шадь .... по́ полю.   [скака́ть]
(g) Ме́льник .... муку́ в мешо́к.   [сы́пать]
(h) Тури́сты иду́т по поля́не и .... цветы́. [топта́ть]

96 First-conjugation verbs with consonant stems III: verbs in -ти, -сть/-зть, -чь [218]

(1) Verbs in **-ти**. Translate into Russian:
(a) Tulips are **growing** in the garden.

....

(b) The officer is **leading** the soldiers into battle.

....

(c) The porter is **carrying** the suitcases to the train.

....

(d) The porter is **wheeling** the cases to the taxi.

....

(e) Lilac **blooms** in spring.

....

(f) The boy **shakes** the tree.

....

(g) The janitor is **sweeping** the yard.

....

(h) The snake is **crawling** towards the trees.

....

(2) Fill the gaps with appropriate forms of:
(i) Imperfective verbs

грызть класть красть лезть

(a) Вор .... бума́жники и часы́ у боле́льщиков.
(b) Бе́лка сиди́т на де́реве и .... оре́хи.
(c) Санита́ры .... ра́неного на носи́лки.
(d) Альпини́сты .... на́ гору.

(ii) Perfective verbs

сесть счесть упа́сть уче́сть

(a) Я .... за стол и напишу́ письмо́ администра́тору гости́-
     ницы.
(b) Осторо́жно, а то .... !
(c) Принима́я реше́ние, мы .... все фа́кторы.
(d) Я .... свои́м до́лгом напо́мнить ему́ об э́том.

(3) Verbs in **-чь**. Replace forms with **он** by forms with **они́**.
(i) Imperfective verbs

(a) Он **бережёт** своё здоро́вье.   Они́ ....
(b) Он **жжёт** бума́ги.   Они́ ....
(c) Он **мо́жет** помо́чь.   Они́ ....
(d) Он **печёт** пиро́г.   Они́ ....
(e) Он **стережёт** ста́до.   Они́ ....
(f) Он **стрижёт** но́гти.   Они́ ....

(ii) Perfective verbs

(a) Он **ля́жет** на полчаса́.   Они́ ....
(b) Он **напряжёт** свою́ па́мять.   Они́ ....
(c) Он **пересечёт** грани́цу.   Они́ ....

97 Present-future endings in the second conjugation [220–1]

(1) Conjugation of second-conjugation verbs in **-ить**. Insert relevant forms of **говори́ть**:

(a) Я . . . . по-англи́йски.
(b) Ты . . . . по-францу́зски.
(c) Он . . . . по-неме́цки.
(d) Она́ . . . . по-по́льски.
(e) Мы . . . . по-испа́нски.
(f) Вы . . . . по-италья́нски.
(g) Они́ . . . . по-венге́рски.

(2) (i) Fill the gaps with suitable verb forms from the infinitives:

держа́ть   дрожа́ть   дыша́ть   звуча́ть
крича́ть   молча́ть   слы́шать   стуча́ть

(a) Почтальо́н . . . . в
дверь.
(b) Я . . . . го́лос дру́га.
(c) Ма́льчик кача́ет голово́й и
. . . .
(d) Ребёнок . . . . от бо́ли.
(e) Он . . . . ка́мень в руке́.
(f) Вдали́ . . . . голоса́.
(g) Больна́я . . . . с трудо́м.
(h) Ребёнок . . . . от
хо́лода.

ви́деть   висе́ть   горе́ть   кипе́ть   лете́ть
сиде́ть   скрипе́ть   смотре́ть   шуме́ть

(a) Дверь . . . .
(b) Лес . . . .
(c) Самолёт . . . . на юг.
(d) Карти́на . . . . на стене́.
(e) Они́ . . . . за столо́м.
(f) Вода́ уже́ . . . .
(g) Темно́. Я ничего́ не . . . .
(h) Ве́чером мы . . . .
телеви́зор.
(i) Свеча́ . . . .

(ii) Replace forms in **я** by forms in **мы**:

(a) Я **бою́сь** темноты́. Мы . . . .
(b) Я **дрожу́** от у́жаса. Мы . . . .
(c) Я **дышу́** све́жим во́здухом. Мы . . . .
(d) Я **смотрю́** фильм. Мы . . . .
(e) Я **сплю** во́семь часо́в. Мы . . . .

(3) Replace 3rd-person **singular** forms with the 3rd-person **plural**:

(a) Ребёнок **бои́тся** темноты́.
Де́ти . . . .
(b) Пило́т **ви́дит** го́род с во́здуха.
Пило́ты . . . .
(c) Свеча́ **гори́т**.
Све́чи . . . .
(d) Ма́льчик **сиди́т** до́ма.
Ма́льчики . . . .
(e) Брат **смо́трит** пье́су.
Бра́тья . . . .

(f) Кора́бль **стои́т** на я́коре.   Корабли́ ....
(g) Она́ **стучи́т** в дверь.   Они́ ....

98 Consonant change in the conjugation of second-conjugation verbs [222]

(1) Fill each gap with the **first-person singular** of a suitable verb:

гла́дить корми́ть коси́ть ла́зить плати́ть
руби́ть ста́вить топи́ть чи́стить

(a) Я .... капу́сту ку́хонным ножо́м.
(b) Я .... руба́шку.
(c) Я .... по дере́вьям.
(d) Я .... голубе́й на пло́щади.
(e) Я .... за биле́ты в теа́тр.
(f) Я .... маши́ну в гара́ж.
(g) Я .... печь.
(h) Я .... се́но.
(i) Я .... боти́нки.

(2) Replace the forms with **он** by forms with **я**:
(a) Он **га́сит** свет.   Я .... свет.
(b) Он **греми́т** ключа́ми.   Я .... ключа́ми.
(c) Он **лю́бит** лошаде́й.   Я .... лошаде́й.
(d) Он **мстит** врагу́.   Я .... врагу́.
(e) Он **про́сит** хле́ба.   Я .... хле́ба.
(f) Он **свисти́т**.   Я ....
(g) Он **храпи́т**.   Я ....
(h) Он **чи́стит** зу́бы.   Я .... зу́бы.

Revision exercises: conjugation of verbs

VERBS IN -АТЬ

(1) Monosyllabic. Tick the **two** verbs that are **second** conjugation, then conjugate each verb:
(a) брать (b) гнать (c) дать (d) жать (e) ждать (f) звать
(g) знать (h) лгать (i) рвать (j) слать (k) спать (l) стать.

(2) Verbs in **-жать, -чать, -шать, -щать**. Give the **third-person singular** of the following:
(a) визжа́ть ....   (b) держа́ть ....
(c) дрожа́ть ....   (d) дыша́ть ....
(e) звуча́ть ....   (f) крича́ть ....
(g) лежа́ть ....   (h) молча́ть ....
(i) нача́ть ....   (j) обижа́ть ....
(k) отвеча́ть ....   (l) пища́ть ....

(m) проща́ть .... (n) слу́шать ....
(o) слы́шать .... (p) стуча́ть ....

(3) Verbs in **-авать, -евать, -овать**. Put the verbs in the correct form:

(a) Она́ .... в во́семь часо́в.   [встава́ть]
(b) Мы .... за него́.   [голосова́ть]
(c) Он .... мне де́ньги.   [дава́ть]
(d) Она́ .... с ним.   [здоро́ваться]
(e) Они́ .... от ску́ки.   [зева́ть]
(f) Он .... спра́шивать.   [перестава́ть]
(g) Она́ ...., как ры́ба.   [пла́вать]
(h) Мы .... свой дом.   [продава́ть]
(i) Ребёнок .... коро́ву.   [рисова́ть]
(j) Они́ .... под гита́ру.   [танцева́ть]
(k) Он .... отве́та.   [тре́бовать]
(l) Соба́ка .... мой го́лос.   [узнава́ть]
(m) Он всегда́ .... к обе́ду.   [успева́ть]
(n) Как вы себя́ ....?   [чу́вствовать]

(4) Consonant change. Tick the verb that is **not** first conjugation. Select the verb forms to fill the gaps:

бежа́ть вяза́ть иска́ть каза́ться писа́ть
пла́кать пря́тать ре́зать сказа́ть скака́ть шепта́ть

(a) Он .... своё ме́сто в партере.
(b) Она́ .... письмо́.
(c) Она́ .... сестре́ чулки́.
(d) Он .... ей что́-то на́ ухо.
(e) Ло́шадь .... по́ полю.
(f) Он .... письмо́ в я́щик.
(g) ...., что он ещё жив.
(h) Она́ .... хлеб ножо́м.
(i) Я .... вам оди́н секре́т.

VERBS IN -ЯТЬ

Indicate which of the following are **not** first conjugation, then conjugate all verbs:

(a) боя́ться (b) взять (c) ка́шлять (d) подня́ть (e) поня́ть
(f) приня́ть (g) се́ять (h) снять (i) стоя́ть (j) та́ять

VERBS IN -ЕТЬ

(1) Monosyllabic. Indicate which conjugation the verbs belong to, and conjugate:

(a) греть   (b) деть   (c) петь   (d) сметь

(2) Verbs derived from (i) adjectives, (ii) sounds. Give the first-person singular and third-person plural:

(a) бледне́ть ....　(b) богате́ть ....
(c) красне́ть ....　(d) молоде́ть ....
(e) полне́ть ....　(f) свисте́ть ....
(g) храпе́ть ....　(h) хрипе́ть ....

(3) Place the verbs in the correct form:

(a) Я ничего́ не [**ви́деть**].　(b) Свеча́ [**горе́ть**].
(c) Она́ [**жале́ть**] сиро́т.　(d) Мы [**име́ть**] пра́во на о́тдых.
(e) Вода́ [**кипе́ть**].　(f) Самолёт [**лете́ть**] на юг.
(g) Я [**сиде́ть**] за столо́м.　(h) Они́ [**смотре́ть**] телеви́зор.

VERBS IN -ИТЬ

(1) Monosyllabic. Say to which conjugation the following verbs belong, then conjugate them:

(a) бить　(b) брить　(c) жить　(d) лить　(e) пить　(f) шить

(2) (i) Which of the following is **not** a second-conjugation verb?

　　буди́ть　гла́дить　говори́ть　купи́ть　люби́ть　ошиби́ться
　　плати́ть　проси́ть　ста́вить　учи́ть　ходи́ть

(ii) Insert suitable forms of verbs from the above list into the gaps:

(a) Я .... бельё.　(b) Она́ .... по-ру́сски.
(c) Он .... маши́ну перед до́мом.　(d) Я .... за газ.
(e) Я .... дете́й в 6 часо́в.　(f) Актри́са .... роль.
(g) Я ча́сто .... в теа́тр.　(h) Я о́чень .... лета́ть.
(i) Она́ .... но́вую маши́ну.　(j) Вас .... к телефо́ну.
(k) Осторо́жно, а то ....
в расчётах!

99 The verb 'to be' [226]

(1) Rephrase the following, using the verb **явля́ться**:

(a) Гла́вное досто́инство э́того челове́ка — его́ насто́йчивость.
(b) Демокра́тия — враг догмати́зма.
(c) Одно́ из важне́йших собы́тий в исто́рии Росси́и — побе́да над фаши́змом.

(2) Translate, using **appropriate verbs** (other than **быть**):

　　наступи́ть　послы́шаться　служи́ть　состоя́ться
　　существова́ть　учи́ться　ходи́ть

(a) He **was** in the army for two years, then **he was** at university for five years.
(b) There **was** a possibility that she would accept the offer.

(c) There **are** rumours that he has been arrested.
(d) There **were** angry cries all over the hall.
(e) There **will be** a meeting of presidents in Washington in July.
(f) There **was** a pause.

100 Formation of and stress in the imperative [227–8]

(1) Imperatives in **-и**. Use imperatives as shown:

Example: Вам ну́жно **идти́** домо́й. **Иди́те** домо́й!

(a) Вам ну́жно **бежа́ть**, чтòбы успе́ть на по́езд. .... !
(b) Вам ну́жно **взять** его́ с собо́й. .... !
(c) Вам ну́жно **иска́ть** поте́рянный биле́т. .... !
(d) Вам не на́до **лгать**. .... !
(e) Вам ну́жно **помо́чь** ма́тери. .... !
(f) Вам ну́жно **приходи́ть** к нам поча́ще. .... !
(g) Вам ну́жно **сказа́ть** ему́ всю пра́вду. .... !
(h) Вам ну́жно **смотре́ть** телеви́зор. .... !

(2) Imperatives in **-й**. Use the **imperatives** of the infinitives in brackets:

Example: [**Чита́ть**] газе́ты как мо́жно ча́ще. **Чита́й** газе́ты как мо́жно ча́ще.

(a) Не [**боя́ться**]. Вода́ не глубо́кая. ....
(b) Не [**встава́ть**]. Я не хочу́ сади́ться. ....
(c) Не [**ду́мать**], что я тебя́ критику́ю. ....
(d) [**Закры́ть**] дверь за собо́й, когда́ бу́дешь уходи́ть. ....
(e) Не [**занима́ться**] по нача́м. ....
(f) [**Переда́ть**] ему́ приве́т от меня́. ....
(g) [**Пить**] молоко́ регуля́рно. ....
(h) [**Стара́ться**] не отстава́ть от однокла́ссников. ....

(3) Imperatives in **-ь**. Fill the gaps with **imperatives** from the infinitives shown:

ве́рить гото́виться забы́ть переста́ть
пла́кать поздра́вить поста́вить сесть

(a) Сего́дня 1-е апре́ля. Никому́ не ....!
(b) Пожа́луйста, ... пода́льше от окна́!
(c) Не ...., э́то не так стра́шно!
(d) .... задава́ть таки́е глу́пые вопро́сы.
(e) .... маши́ну в гара́ж.
(f) Не .... записа́ть её телефо́н.
(g) Хо́чешь ми́ра, ... к войне́!
(h) .... меня́! Я сдала́ экза́мен!

Revision exercise: imperative mood

Put the verbs in brackets into the **formal imperative**:

(a) [**Слу́шать**]! Му́зыка!

(b) [**Смотре́ть**]! Пе́рвый снег зимы́.

....

(c) [**Переста́ть**] задава́ть вопро́сы!

(d) [**Сказа́ть**], пожа́луйста, ско́лько сейча́с вре́мени.

....

(e) [**Помо́чь**] мне, пожа́луйста!

(f) [**Идти́**] сюда́!

....

(g) Не [**ве́рить**] никому́!

(h) [**Записа́ть**] мой телефо́н!

....

(i) [**Подписа́ться**], пожа́луйста!

(j) [**Плати́ть**] в ка́ссу.

....

(k) [**Запо́лнить**] деклара́цию!

(l) [**Попроси́ть**] Ле́ну к телефо́ну!

....

(m) [**Откры́ть**] окно́!

(n) [**Закры́ть**] дверь!

....

(o) [**Включи́ть**] свет!

(p) [**Поста́вить**] маши́ну в гара́ж!

....

(q) [**Писа́ть**] да́льше!

(r) [**Запере́ть**] дверь!

....

(s) [**Нажа́ть**] кно́пку!

(t) [**Войти́**]!

....

(u) [**Повтори́ть**], пожа́луйста!

(v) [**Говори́ть**] ме́дленнее!

....

(w) [**Снима́ть**] пальто́!

(x) [**Сади́ться**], пожа́луйста!

....

(y) [**Позвони́ть**] в мили́цию!

(z) [**Голосова́ть**] за меня́!

....

101 Formation of the past tense [230–1]

(1) Put the verb forms in the **past**:

(i) Infinitive stem and present-future stem **coincide**:

(a) Он **зна́ет** всю пра́вду. Он ....

(b) Он **реша́ет** зада́чу. Он ....

(c) Он **слу́шает** ра́дио. Он ....

(d) Он **чита́ет** кни́гу. Он ....

(e) Он **красне́ет** от стыда́. ....

(f) Она́ **говори́т** по-англи́йски. Она́ ....

(g) Она́ **по́мнит** своё де́тство. Она́ ....

(h) Она́ **ви́дит** дом. Она́ ....

(i) Она́ **сиди́т** до́ма. Она́ ....

(ii) Infinitive stem and present-future stem **differ**:

(a) Она́ **берёт** уро́ки му́зыки. ....

(b) Он **зовёт** соба́ку. ....

(c) Она́ **пи́шет** письмо́ дире́ктору шко́лы. ....

(d) Она́ **ре́жет** капу́сту ножо́м. ....

(e) Он **ска́жет** всю пра́вду. ....

(f) Мы **закро́ем** дверь. ....

(g) Она́ **мо́ет** ру́ки. ....

(h) Стенны́е часы́ **бьют** 9 часо́в. ....

(i) Она́ **пьёт** молоко́. ....

(j) Она́ **шьёт** пла́тье. ....

(k) Он **встаёт** среди́ но́чи. ....

(l) Она́ **даёт** уро́к испа́нского языка́. ....

(iii) Present/past stress differences: Put the verbs into the **past**:

(a) Он **ко́рмит** ко́шку. Он ....

(b) Он **ку́рит**. Он ....

(c) Он **пла́тит** за биле́ты. Он ....

(d) Он **про́сит** меню́. Он ....

(e) Он **слу́жит** ро́дине. Он ....

(f) Он **у́чит** уро́к. Он ....

(g) Он **шу́тит**. Он ....

(h) Он **смо́трит** фильм. Он ....

(i) Он **де́ржит** ма́льчика за́ руку. Он ....

(j) Он **ды́шит** све́жим во́здухом. Он ....

(k) Он **и́щет** своё ме́сто. Он ....

(l) Он **пи́шет** письмо́. Он ....

(m) Он **то́нет**. Он ....

(2) Verbs in **-нуть**.

(i) Tick to show which verbs **lose -ну-** in the past tense. Write the **masculine past tense** in the relevant column:

	Loses **-ну-**	Retains **-ну-**	Masc. past
(a) вы́сохнуть	...	...	...
(b) дёрнуть	...	...	...
(c) дви́нуть	...	...	...
(d) исче́знуть	...	...	...

(e) оглóхнуть	...	...	...
(f) окрéпнуть	...	...	...
(g) ослéпнуть	...	...	...
(h) отвы́кнуть	...	...	...
(i) промóкнуть	...	...	...
(j) пры́гнуть.	...	...	...

(ii) Fill the gaps with the **past tense** of suitable verbs:

вы́сохнуть   замёрзнуть   погáснуть   погúбнуть   привы́кнуть

(a) Лейтенáнт . . . . во врéмя бóя.

(b) Бельё . . . . на ветрý.

(c) Óзеро . . . ., и мы решúли катáться на конькáх.

(d) Я . . . . вставáть рáно, когдá служúл в áрмии.

(e) Свет . . . ., и пришлóсь вы́звать монтёра.

(3) (i) Tick to show which verbs in **-ти** have **-л** in the masculine past and which do not. Write the **masculine past tense** in the relevant column:

	Masc. past -л	No -л	Masc. past
(a) везтú	...	...	...
(b) вестú	...	...	...
(c) грестú	...	...	...
(d) идтú	...	...	...
(e) местú	...	...	...
(f) нестú	...	...	...
(g) ползтú	...	...	...
(h) растú	...	...	...
(i) скрестú	...	...	...
(j) спастú	...	...	...
(k) трястú.	...	...	...

(ii) Fill the gaps with **past-tense forms** of verbs in **-ти**:

(a) Автóбус . . . . багáж на вокзáл.

(b) Он . . . . портфéль под мы́шкой.

(c) На середúне поля́ны . . . . стáрый дуб.

(d) Онá . . . . пол кýхни.

(e) Ребёнок . . . . пó полу.

(f) Он . . . . детéй от вóлка.

(g) Онá . . . . дéрево.

(h) Онú . . . . домóй.

(4) Verbs in **-чь**. Put the verb in brackets in the **past tense**:

(i) Imperfectives

(a) В мóлодости он . . . . кáждую копéйку. **[берéчь]**

(b) Онá . . . . бумáги.   **[жечь]**

(c) Он . . . . ошибúться.   **[мочь]**

(d) Соба́ка . . . . склад ору́жия.   [стере́чь]

(e) Он обы́чно . . . . у ме́стного
парикма́хера.   [стри́чься]

(f) Река́ . . . . на юг.   [течь]

(ii) Perfectives

(a) Она́ уже́ давно́ . . . . совершенноле́тия.   [дости́чь]

(b) Ба́бушка . . . . торт.   [испе́чь]

(c) Де́ти уже́ . . . . спать.   [лечь]

(d) Она́ . . . . па́мять.   [напря́чь]

(e) Шум . . . . моё внима́ние   [привле́чь]

102   The mobile vowel -o- in conjugation [234]

(1) **-o-** appears in conjugation. Fill the gaps with appropriate **future** forms:

(a) Он возьмёт ключ и . . . . дверь.   [отпере́ть]

(b) Артиллери́сты . . . . самолёт.   [сбить]

(c) Пти́ца . . . . гнездо́.   [свить]

(d) Он . . . . па́льцы в кула́к.   [сжать]

(e) Она́ . . . . анони́мное письмо́.   [сжечь]

(f) Учи́тель . . . . с доски́.   [стере́ть]

Which of the above verbs also have **-o-** in the **imperative**?

(2) **-o-** lost in conjugation. Replace the infinitives by **future** forms:

(a) Каза́лось, что велосипеди́ст . . . .
маши́ну.   [обогна́ть]

(b) Он . . . . га́лстук к но́вой руба́шке.   [подобра́ть]

(c) Милиционе́р . . . . прохо́жего.   [подозва́ть]

(d) Сержа́нт . . . . пулемёт.   [разобра́ть]

(e) Солда́ты . . . . демонстра́нтов.   [разогна́ть]

(f) Тума́н . . . . по доли́не.   [разостла́ться]

ASPECT

103 Introductory [235]. Formation of the perfective by prefixation [239]. Submeanings of perfectives [242]

(1) Add the correct **prefix** to make the perfective aspect:

	вы-	на-	по-	подо-	про-	с-	у-

(a) ви́деть   . . . .

(b) де́лать   . . . .

(c) ждать   . . . .

(d) знать   . . . .

(e) петь   . . . .
(f) писа́ть   . . . .
(g) пить   . . . .
(h) слы́шать   . . . .
(i) смотре́ть   . . . .
(j) учи́ть   . . . .
(k) чита́ть.   . . . .

(2) Inceptives in **за-**. Replace **нача́ть** + infinitive by a past in **за-**:

(a) Он **на́чал говори́ть**. Он . . . .
(b) Она́ **начала́ пла́кать**. Она́ . . . .
(c) Мо́лния **начала́ сверка́ть** над ле́сом. Мо́лния . . . .
(d) Де́ти **на́чали смея́ться**. Де́ти . . . .
(e) Он **на́чал ходи́ть** по ко́мнате. Он . . . .
(f) Лес **на́чал шуме́ть**. Лес . . . .

(3) Instantaneous meanings in **-ну-**. Fill the gaps with the **past** of a suitable verb:

дви́нуть   кри́кнуть   плю́нуть   пры́гнуть   сви́стнуть   чи́ркнуть

(a) Росси́йский чемпио́н . . . . в высоту́ на 2 ме́тра.
(b) Он . . . . от бо́ли.
(c) Он . . . . на́ пол.
(d) Больно́й . . . . руко́й, дава́я поня́ть, что слы́шит слова́ мѐд-сестры́.
(e) Она́ . . . . спи́чкой.
(f) Пасту́х не́сколько раз . . . ., подзыва́я соба́ку к себе́.

(4) Tick to show which infinitives in **по-** are **inceptives** and which denote actions of **short duration**:

	Inceptives	Actions of short duration
(a) побежа́ть	. . .	. . .
(b) поговори́ть	. . .	. . .
(c) поду́мать	. . .	. . .
(d) пойти́	. . .	. . .
(e) покури́ть	. . .	. . .
(f) полежа́ть	. . .	. . .
(g) полюби́ть	. . .	. . .
(h) понра́виться	. . .	. . .
(i) поспа́ть	. . .	. . .
(j) постоя́ть.	. . .	. . .

104 The formation of imperfectives from prefixed first-conjugation verbs [244]

Replace perfectives by **imperfectives** in the following:

Example: Врач **прописа́ла** табле́тки от мигре́ни.
    Врач **пропи́сывала** табле́тки от мигре́ни.

(a) Чемпио́н **вы́играл** пе́рвый матч. Чемпио́н ....
(b) Учени́к **заду́мался** над вопро́сом. Учени́к ....
(c) Я **записа́л** её телефо́н. Я ....
(d) Оте́ц **наказа́л** ма́льчика. Оте́ц ....
(e) Офице́р **перечита́л** прика́з. Офице́р ....
(f) Шпио́н **подде́лал** па́спорт. Шпио́н ....
(g) Она́ **подписа́ла** контра́кт. Она́ ....
(h) Ма́льчик **развяза́л** посы́лку. Ма́льчик ....
(i) Оте́ц **рассказа́л** интере́сный анекдо́т. Оте́ц ....

105 Secondary imperfectives based on second-conjugation verbs [246]

Give the **imperfectives** and **meanings** of the following perfective verbs:

(i) Example: **сравни́ть**: **сра́внивать** 'to compare'
(a) заслужи́ть: ....
(b) оцени́ть: ....
(c) перевари́ть: ....
(d) поджа́рить: ....
(e) просуши́ть: ....
(f) распили́ть: ....
(g) расхвали́ть: ....
(h) увели́чить: ....

(ii) **о: а** mutation. Example: **осмотре́ть**: **осма́тривать** 'to inspect'
(a) дозвони́ться: ....
(b) оспо́рить: ....
(c) пересоли́ть: ....
(d) приговори́ть: ....
(e) рассмотре́ть: ....
(f) уговори́ть: ....

106 Consonant mutation in secondary imperfectives based on second-conjugation verbs [247]

Replace the perfective past forms of the verbs with the **imperfective present**:
Example: Она́ **перекорми́ла** щеня́т. Она́ **перека́рмливает** щеня́т.

(a) Мы **приспосо́били** ста́рое зда́ние под клуб. Мы ....
(b) Радиоприёмник **улови́л** сигна́лы из Москвы́.
    Радиоприёмник ....

(c) Проводни́к **пересади́л** пассажи́ров в другóй вагóн.
Проводни́к ....
(d) Мать **заморóзила** ры́бу. Мать ....
(e) Мать **растопи́ла** печь. Мать ....
(f) Меха́ник **перекра́сил** маши́ну. Меха́ник ....
(g) Он **вы́растил** пшени́цу. Он ....
(h) Она́ **оплати́ла** счёт. Она ....

107 Secondary imperfectives based on monosyllabic verbs [248]

(i) Insert the suffix **-ва-**.

Example: Я ничегó не **забы́л**. Я ничегó не **забыва́л**.

(a) Ра́на **зажила́**. Ра́на ....
(b) Он **закры́л** дверь за собóй. Он ....
(c) Он **наде́л** очки́. Он ....
(d) Она́ **оде́ла** дете́й потепле́е. Она́ ....
(e) Он **откры́л** дверь. Он ....
(f) Она́ **переби́ла** ора́тора. Она́ ....
(g) Он **проли́л** молокó. Он ....
(h) Она́ **развила́** в му́же интере́с к литерату́ре. Она́ ....

(ii) Insert **other** suffixes.

Example: Учи́тель **привлёк** внима́ние ученика́ к оши́бке.
          Учи́тель **привлека́л** внима́ние ученика́ к оши́бке.

(a) Пи́во **вы́текло** из бóчки. Пи́во ....
(b) Она́ **обожгла́** себе́ па́лец. Она́ ....
(c) Шпиóн **пересёк** грани́цу. Шпиóн ....
(d) Ребёнок **прижа́лся** к ма́тери. Ребёнок ....
(e) Садóвник **сгрёб** ли́стья. Садóвник ....
(f) Экономи́ст **учёл** все фа́кторы. Экономи́ст ....

(iii) Insert **-ы-/-и-**.

Example: Солда́т **разобра́л** пулемёт. Солда́т **разбира́л** пулемёт.

(a) Она́ **вы́рвала** страни́цу из дневника́. Она ....
(b) Она́ **разорвала́** календа́рь. Она́ ....
(c) Она́ **собрала́** уча́стников конгре́сса. Она́ ....
(d) Президе́нт **созва́л** всех делега́тов. Президе́нт ....
(e) Престу́пников **сосла́ли** в Сиби́рь. Престу́пников ....

108 The differentiation of aspects by conjugation. Aspectival pairs with different roots. Verbs which are reflexive in the imperfective aspect only [250–2]

(1) Replace the perfective past forms by **imperfectives**:

(a) Они́ **брóсили** мяч. Они́ ....
(b) Он **вы́ключил** свет. Он ....

(c) Он **вы́ступил** по телеви́зору. Он ....
(d) Он **дове́рил** докуме́нты своему́ дру́гу. ....
(e) Она́ **загоре́ла** на со́лнце. Она́ ....
(f) Он **запо́лнил** бланк. Он ....
(g) Мы **ко́нчили** ве́чер та́нцами. Мы ....
(h) Она́ **купи́ла** маши́ну. Она́ ....

(2) Consonant mutations. Give the **imperfective infinitives** of the following and translate.

Example: влюби́ться: влюбля́ться

(a) расста́вить ....
(b) разряди́ть ....
(c) присуди́ть ....
(d) вы́разить ....
(e) скрепи́ть ....
(f) пригласи́ть ....
(g) пропусти́ть ....
(h) упрости́ть ....
(i) встре́тить ....
(j) прекрати́ть ....

(3) Verbs of **putting**. Translate the following, using appropriate verb forms.

(a) She **puts/put** the keys in her pocket.

....

(b) She **puts/put** the plates on the table.

....

(c) She **puts/put** the knives, forks, spoons and plates on the table.

....

(d) She **puts/put** the speaker next to herself.

....

(e) He **puts/put** his coat on a hanger and his shoes in the cupboard.

....

Note: **two** separate verbs should be used in translating (c) and (e).

(4) Match up the verbs to make **aspectival pairs**:

Imperfective	Perfective
(a) сажа́ть	(a) вы́стрелить
(b) брать	(b) стать
(c) говори́ть	(c) пойма́ть
(d) лови́ть	(d) сказа́ть
(e) ложи́ться	(e) сесть
(f) станови́ться	(f) лечь
(g) класть	(g) урони́ть
(h) сади́ться	(h) укуси́ть
(i) роня́ть	(i) посади́ть
(j) стреля́ть	(j) положи́ть
(k) куса́ть	(k) взять.

109 Compounds of -ложи́ть [253]

Tick to show if the imperfectives of the following are in **-кла́дывать** (for the more **literal** meanings) or **-лага́ть** (for the more **abstract**):

	-кла́дывать	-лага́ть
(a) вложи́ть 'to insert'	...	...
(b) доложи́ть 'to report'	...	...
(c) заложи́ть 'to place behind'	...	...
(d) изложи́ть 'to expound'	...	...
(e) наложи́ть 'to impose'	...	...
(f) предложи́ть 'to propose'	...	...
(g) приложи́ть 'to put to'	...	...
(h) приложи́ть 'to apply'	...	...
(i) проложи́ть 'to lay' (roads)	...	...
(j) разложи́ть 'to lay out'.	...	...

110 Meanings of verbal prefixes [254]

(1) **Opposites**. Give the opposites of the following, changing **prefixes** and, where appropriate, **prepositions**:

(i)   Standard opposites (opposites in brackets)

(a) Она́ **включи́ла** свет. Она́ ....   [вы́-]

(b) Его́ **включи́ли** в спи́сок. Его́ ....   [ис-]

(c) Она́ **недооце́нивает** его́ сво́йства.
Она́ ....   [пере-]

(d) Он **пододви́нул** стул к столу́. Он ....   [от(о)-]

(e) Она́ **прикле́ила** ма́рку к конве́рту.
Она́ ....   [от-]

(f) Он **привы́к** к дисципли́не. Он ....   [от-]

(g) Она́ **раскла́дывает** плато́к. Она́ ....   [с-]

(ii) Others (opposites in brackets):

(a) Он **вы́играл** большу́ю су́мму де́нег. Он ....   [про-]

(b) Он **за́пер** дверь. Он ....   [о́т-]

(c) На́ша а́рмия **наступа́ла**. На́ша а́рмия ....   [от-]

(d) Она́ **обу́лась**. Она́ ....   [раз-]

(e) Он **оде́лся**. Он ....   [раз-]

(f) Он **откры́л** окно́. Он ....   [за-]

(g) Она́ **развяза́ла** посы́лку. Она́ ....   [за-]

(2) Insert the correct preposition:

(a) Не **вме́шивайтесь** .... чужи́е дела́!

(b) Она́ **вы́рвала** страни́чку .... дневника́.

(c) Она́ **дожила́** .... ста лет.

(d) Он **заложи́л** ру́ки .... спину.

(e) Меня **исключи́ли** . . . . спи́ска кандида́тов.

(f) Она́ **накле́ила** ма́рку . . . . конве́рт.

(g) Он **отруби́л** ве́тку . . . . де́рева.

(h) Она́ **перепры́гнула** . . . . кана́ву.

(i) Он **подложи́л** поду́шку . . . . го́лову.

(j) Она́ **привяза́ла** соба́ку . . . . столбу́.

(k) **Размести́ли** раке́ты . . . . всей террито́рии ба́зы.

(l) Весно́й она́ **сняла́** занаве́ски . . . . о́кон.

(m) Всё у́тро я стара́лся **созвони́ться** . . . . свои́м дру́гом.

(3) Affix the correct **prefix**:

(a) Она́ . . . .**дохну́ла** от облегче́ния.   [вз-/вс-]

(b) В 1941 году́ . . . .**пы́хнула** война́.   [вз-/вс-]

(c) Марини́ст . . . .**обража́ет** морски́е
пейза́жи.   [из-/ис-]

(d) Солда́т . . . .**по́лнил** прика́з.   [из-/ис-]

(e) Тыл . . . .**пе́чивал** а́рмию боеприпа́сами.   [обез-/обес-]

(f) Го́род . . . .**люде́л.**   [обез-/обес-]

(g) Соль . . . .**творя́ется** в воде́.   [раз-/рас-]

(h) Раке́ты . . . .**мести́ли** на ю́ге А́нглии.   [раз-/рас-]

(4) Insert the correct **prefix**:

(a) Португа́лия . . . .**ступи́ла** в Европе́йский сою́з.

(b) Он . . . .**рвал** страни́чку из дневника́.

(c) Бы́ло уже́ по́здно, но он всё-таки реши́л . . . .**чита́ть** рома́н
до конца́.

(d) Она́ . . . .**кле́ила** ма́рку от конве́рта.

(e) Ма́льчик . . . .**пры́гнул** через барье́р.

(f) Подру́ги . . . .**зва́ли** де́вушку к себе́.

(g) Она́ . . . .**шива́ет** воротничо́к к руба́шке.

(h) Аспира́нт . . . .**ве́шал** диагра́ммы по сте́нам.

(i) Я . . . .**пусти́лся** на ли́фте с 7 этажа́.

(j) Телефони́стка! . . . .**едини́те** меня́ с дире́ктором.

111 The imperfective and perfective aspects [255]

(1) Imperfective describing an **action** in progress. Translate into Russian:

(a) While I **was having breakfast**, Vanya **was getting dressed**.

. . . .

(b) He **was reading** a book, and she **was drawing** quietly in the corner.

. . . .

(c) He **was learning** his part, and she **was listening** to him.

. . . .

(d) While he **was taking** the examination, she **was awaiting** her turn.

....

(2) Identify verbs of **imperfective** and **perfective** aspect in the following texts:

(i) О́бщая ко́мната No. 214, куда́ **помести́ли** (a) Неша́това, была́ для рабо́ты, в су́щности, непригóдна. Двéри всё врéмя **открыва́лись** (b) и **закрыва́лись** (c), **входи́ла** (d) то одна́, то друга́я гру́ппа, **говори́ли** (e), **галдéли** (f), **спóрили** (g), **ссóрились** (h). Коллекти́в был дру́жный, но мéлкие сты́чки на нау́чные тéмы **возника́ли** (i) непреры́вно. **Звони́л** (j) телефóн, подошéдший **ора́л** (k) во всю мочь, **переспра́шивал** (l), **запи́сывал** (m). (Grekova)

(ii) Никола́й **встал** (a), **надéл** (b) пиджа́к, **помота́л** (c) головóй и **пошёл** (d) в сéни напи́ться. (Kazakov)

(iii) Бори́с Миха́йлович Ган **óтпер** (a) дверь двумя́ ключа́ми, висéвшими на би́серном шнуркé, **вошёл** (b) в прихóжую, **размота́л** (c) шарф, **зачеса́л** (d) вóлосы перед зéркалом, **попра́вил** (e) га́лстук. (Grekova)

(3) Translate into Russian, using **imperfectives** and **perfective** aspects, as appropriate:

It **was getting dark**. He **went over** to the other bed, **sat down**, lit a cigarette, then **put out** the light and **lay down**. His head **was aching** and his guests **were** still **making a noise** downstairs, but **he fell asleep** almost immediately. At 2 a.m. a loud noise **woke** him **up** again. A storm **had broken**, it **was raining** and a strong wind **was blowing**. He **got up** and **looked out** of the window. At once he **realised** what **had happened**. The television aerial **had fallen** off the roof. Many of the guests **had woken up**, **had switched on** the light in their rooms. Then someone **knocked** on the door. He **opened** it and **saw** his old friend Nikolai Shvabrin. Shvabrin **was trembling** with cold. He **asked** him to go with him into the next bedroom, where one of the guests **had fallen ill**. Shvabrin **said** he had rung the doctor, but she **had not** yet **arrived**.

....
....
....
....
....
....
....

· ·

· ·

· ·

· ·

· ·

112 Aspect in the present tense [256]

(1) Standard usage. Translate into Russian:

(a) I **am reading** a book.

· ·

(b) On Saturdays he **watches** football on television.

· ·

(c) The sun **rises** in the east.

· ·

(d) All that **glitters** is not gold.

· ·

(2) The **immediate future** expressed by the **present tense**. Fill the gaps:

(a) За́втра ве́чером мы . . . . на о́перу. **[идти́]**

(b) Фильм . . . . через полчаса́. **[начина́ться]**

(c) По́езд . . . . в 9 часо́в. **[отходи́ть)**

(d) Мы . . . . на бу́дущей неде́ле **[уезжа́ть]**

(3) **Continuous present**. Fill the gaps:

(a) Я . . . . здесь с про́шлого го́да. **[жить]**

(b) Они́ уже́ мно́го лет . . . . друг дру́га. **[знать]**

(c) Я . . . . ру́сский язы́к уже́ пять лет. **[изуча́ть]**

(d) Они́ давно́ . . . . здесь. **[рабо́тать]**

(4) **Reported speech**. Translate into Russian:

(a) He said he **was** ill.

· ·

(b) I hoped he **was** right.

· ·

(c) I knew she **was** always in on Wednesdays.

· ·

(d) I could hear them **dancing** in the next room.

· ·

(e)   We could see the children **running around** on the beach.

....

(f)   I thought he **was learning** Russian.

....

(g)   He wrote that he **was living** in a hotel.

....

113 Aspect in the past tense [257]

(1) **The durative**. Fill the gaps with appropriate forms of the **imperfective past**:

Когда́ я вошёл в ко́мнату, все де́ти бы́ли за́няты. Са́ша . . . . ра́дио, И́ра . . . . пла́тье, Ва́ня . . . . письмо́ роди́-телям, а Ната́ша . . . . ку́клу. Ви́тя и Та́ня . . . . теле-ви́зор, а Бо́ря . . . . уро́ки на сле́дующий день.

(2) **Attempted** actions.

(i) Say whether the attempt at persuasion described below succeeded or failed, and why:

В ту ночь я её **угова́ривал** уе́хать отсю́да, нача́ть но́вую жизнь. А для неё э́та сы́рость, э́ти дожди́, э́та Нева́, э́ти мосты́ — непоки-да́емы. (Grekova)

(ii) Insert appropriate **past-tense** forms in the gaps, selecting from the verbs in brackets:

(a) Он . . . . экза́мен, но не . . . . его́.   [сдава́ть/сдать]

(b) Прокуро́р . . . . , что он вино́вен, но не
      смог э́того . . . .   [дока́зывать/
                                                                        доказа́ть]

(c) Я . . . . кроссво́рд, но не . . . . его́.   [реша́ть/реши́ть]

(d) Наконе́ц мы . . . . компроми́сса,
      кото́рого так до́лго . . . .   [добива́ться/
                                                                        доби́ться]

(e) Весь день он . . . . ры́бу, но ничего́ не   [лови́ть/
      . . . .   **пойма́ть**]

(f) Он . . . . меня́ подписа́ться, но не . . . .   [угова́ривать/
                                                                        уговори́ть]

(iii) Explain the use of the aspects:

(a) У доски́ стоя́л коротьıш и что-то **дока́зывал**, стуча́ ме́лом. (Grekova)

(b) Соколо́в **поступа́л** в университе́т, но не **прошёл** по ко́нкурсу.

(3) **Repeated** actions.

(i) Explain the use of the imperfective verbs:

(a) У́тром я **съеда́л** бана́н, **выпива́л** ча́шечку ча́я с сы́ром. (Granin)

(b) Вечера́ми она́ **проверя́ла** тетра́ди, **чита́ла**, **учи́ла** на па́мять стихи́ о любви́, **ходи́ла** в кино́, **писа́ла** дли́нные пи́сьма подру́гам и **тоскова́ла**. (Kazakov)

(c) Ле́том мы всегда́ **соверша́ли** похо́ды. Обы́чно **уходи́ли** в го́ры. Иногда́ **спуска́лись** к мо́рю. Ча́сто **ночева́ли** под откры́тым не́бом. Обыкнове́нно о́чень хорошо́ **отдыха́ли**.

Rewrite (c) above, using perfectives instead of imperfectives, omitting the adverbs of time and beginning: В про́шлую суббо́ту и воскресе́нье мы **соверши́ли** похо́д . . .

(ii) Reference to the **number of times** an action occurs. Explain the use of different aspects:

Imperfective aspect

(a) Не́сколько раз **набира́л** но́мер — за́нято. (Grekova)

(b) Опя́ть бе́лая ку́рица завела́ гнездо́ под сара́ем, и Во́вка два́жды **извлека́л** я́йца. (Vanshenkin)

(c) До́ма он раз де́сять **вынима́л** и та́йно **рассма́тривал** запи́ску. (Vanshenkin)

Perfective aspect

(a) Она́ три ра́за **нажа́ла** на кно́пку, но никто́ не подходи́л к две́ри.

(b) Но́сов не́сколько раз **зевну́л** протя́жно и си́пло. (Povolyaev)

114 Use of the imperfective past to denote an action and its reverse [259]

(1) Use **imperfective** verbs, as appropriate:

Example: Она́ **откры́ла** окно́, а пото́м **закры́ла** его́ = Она́ **открыва́ла** окно́.

(a) Она́ **наде́ла** блу́зку, а пото́м **сняла́** её. = Она́ . . . .

(b) Я **взял** кни́гу, а пото́м **верну́л** её = Я . . . .

(c) Он **дал** мне э́ту кни́гу почита́ть, а пото́м **взял** её обра́тно. = Он . . . .

(d) Я **вста́ла** и опя́ть **легла́** = Я . . . .

(e) Я **включи́л** телеви́зор, что́бы посмотре́ть изве́стия, а пото́м **вы́ключил** его́. = Я . . . .

(f) Де́вочка **просну́лась** и опя́ть **засну́ла**. = Де́вочка . . . .

(2) Use the past of the verb **in the correct aspect**:

(a) Почему́ ты в ку́хне? Почему́ ты [**встава́л/встал**]?

(b) Кро́лик лежи́т в кле́тке, но он перегры́з телефо́нный про́вод. Почему́ его́ [**выпуска́ли/вы́пустили**]?

(c) Ка́рта виси́т не там, где была́ ра́ньше. Почему́ её [**снима́ли/сня́ли**]?

(d) Шкаф за́перт, Почему́ его́ [**запира́ли/за́перли**]?

(e) Бу́дучи неда́вно в Москве́, я [**остана́вливался/останови́лся**] в гости́нице «Миха́йлово».

(f) На вре́мя на́шего о́тпуска мы [**оставля́ли/оста́вили**] ко́шек у сосе́дей.

(3) Explain the use of the aspects in the following:

(a) Проходя́ ми́мо неё, он **снима́л** шля́пу.

(b) Встре́тив её, он **снял** шля́пу и поздоро́вался.

115 Use of the imperfective past to denote a forthcoming event [261]

Fill the gaps with **appropriate verb forms**:

(a) Он лёг ра́но, так как на друго́й день . . . . по телеви́зору.

(b) Дире́ктор спеши́л: через полчаса́ . . . . но́вую библиоте́ку.

(c) Он посмотре́л на календа́рь. 1 сентября́ . . . . уче́бный год.

(d) Она́ бежа́ла на вокза́л: по́езд . . . . в час дня.

116 Negated verbs in the past [262]

(1) Translate into Russian, using **appropriate aspects**:

(i) не продава́ли/не про́дали

    (a) They **have not yet sold** all the tickets.

    . . . .

    (b) They **have not yet put** the tickets **on sale**.

    . . . .

(ii) не реша́л/не реши́л

    (a) I **did not do** the crossword today.

    . . . .

    (b) I **did not complete** the crossword today.

    . . . .

(iii) не стро́или/не постро́или

    (a) They **did not build** the factory after all.

    . . . .

    (b) They **have not finished** building the factory.

    . . . .

(iv) не чита́л/не прочита́л
  (a) I **did not read** his article.

  ....

  (b) I **have not finished reading** his article.

....

(2) Select verbs in the **correct aspect**:

(a) Я давно́ не [**звони́л/позвони́л**] свои́м роди́телям.
(b) Смотри́, ско́лько оши́бок! Сра́зу ви́дно, что я давно́ не [**печа́тал/ напеча́тал**] на маши́нке.
(c) Она́ не [**присыла́ла/присла́ла**] нам откры́тку, несмотря́ на то что обеща́ла присла́ть.
(d) Почему́ вы не [**приходи́ли/пришли́**] на ве́чер? Мы вас жда́ли.
(e) Ско́лько мы ни проси́ли води́теля, авто́бус не [**остана́вливался/ останови́лся**].
(f) Мы не [**смотре́ли/посмотре́ли**] но́вую постано́вку *Ча́йки*, хотя́ Че́хов наш люби́мый драмату́рг.

117 Aspect in the future [263]

(1) Fill the gaps with appropriate verbs in the **imperfective** or **perfective future**:

(a) — Что вы .... за́втра?
  — У́тром я .... в библиоте́ке, а по̀сле обе́да я .... в те́ннис. Пото́м .... пи́сьма до у́жина. По̀сле у́жина .... свет, ... дом на ключ, ... в маши́ну и .... в го́род.
(b) Translate into Russian:

  'Will you take long **to get ready**?'
  'No. I **am going to take off** my working clothes, **wash, shave, comb my hair, put on** my best suit and **come** downstairs.'
  'While you **are getting ready** I **will clear** the table, **wash** the dishes, **put** the milk bottles outside the door and **feed** the cat.'

....

....

....

....

....

(2) Use the correct **future aspect** in the gaps:

(a) Они .... дом всю весну́ и .... его́ к наступле́нию
ле́та.   [бу́дут стро́ить/постро́ят]

(b) Сего́дня я .... диссерта́цию, ... и сдам её ра́ньше
сро́ка.   [бу́ду печа́тать/напеча́таю]

(c) Я .... у́жин и .... его́ к 6 часа́м.
[бу́ду гото́вить/пригото́влю].

118 The 'logical' future [264]

Fill the gaps with **appropriate future verb forms** in the correct aspect:

(a) Как то́лько она́ .... свет, де́ти засну́т.
(b) Поста́вь ча́йник до того́ как он .... домо́й с рабо́ты.
(c) Когда́ вы .... ми́мо по́чты, купи́те ма́рок.
(d) Подожду́, пока́ вы не .... дверь.
(e) Когда́ вы .... письмо́, положи́те его́ на стол.
(f) Пока́ ты .... уро́к на за́втра, я схожу́ в апте́ку.

119 The future in reported speech [265]

(1) Convert into reported speech and translate.

Example: «Я не бу́ду за́втракать.» Он сказа́л, что **не бу́дет за́втракать**.

(a) «**Запру́ дверь за собо́й.**» Он сказа́л, что ....
(b) «**Поста́влю ча́йник, как то́лько верну́сь.**» Он сказа́л, что ....
(c) «**Позвоню́ на вокза́л, е́сли успе́ю.**» Он сказа́л, что ....
(d) «**Бу́ду занима́ться в библиоте́ке.**» Он сказа́л, что ....

(2) Tick to show where '**would**' is rendered as a **future**:

	Future	Other (specify)
(a) I **would** help if I could.	...	...
(b) In summertime I **would** awaken early.	...	...
(c) He hoped he **would** pass.	...	...
(d) I warned him, but he **would** take part.	...	...
(e) I said I **would** think about it.	...	...
(f) He promised he **would** come.	...	...

(3) Translate into Russian:

(a) He said he **would help** me to unpack.

....

(b) She hoped they **would accept** her proposal.

....

(c) We promised we **would drop by**.

....

(d) He thought he **would pass** the exam if he **worked** harder.

....

(e) He said he **would meet** me at the club if he **finished** work in time.

....

(f) I said I **would paint** the hall as soon as they **brought** the paint.

....

120 Use of the future to express repeated actions [266]

Translate into Russian:

(a) When I work nights I **will not get to bed** before 6 a.m.

....

(b) Next winter I **will dress** more warmly.

....

(c) I am tired of walking home. In future I **will be taking** a taxi.

....

(d) From next Monday the doctor **will receive** patients from 1 to 3 p.m.

....

(e) From now on we **will** also **sell** textbooks.

....

121 Use of the imperative in the context of a single action [270]

(1) Convert the following positive commands into **negative** commands:
(a) **Возьми́те** такси́! Не .... такси́!   [брать]
(b) **Включи́те** свет! Не .... свет!   [включа́ть]
(c) **Да́йте** ему́ я́блоко! Не .... я́блоко!   [дава́ть]
(d) **Зажги́те** спи́чку! Не .... спи́чку!   [зажига́ть]
(e) **Закро́йте** дверь! Не .... дверь!   [закрыва́ть]
(f) **Запиши́те** его́ а́дрес! Не .... его́ а́дрес!   [запи́сывать]
(g) **Убери́те** со стола́! Не .... со стола́!   [убира́ть]
(h) **Сотри́** с доски́! Не .... с доски́!   [стира́ть]

(2) Use appropriate **perfective imperatives** from the infinitives shown:
   вы́мыть   застегну́ть   накле́ить   подня́ть   подписа́ть   скрепи́ть

(a) Ру́ки у тебя́ гря́зные!   .... ру́ки!
(b) Я офо́рмил докуме́нт.   .... его́, пожа́луйста.

(c) Сего́дня о́чень хо́лодно. .... пальто́!

(d) Письмо́ уже́ гото́во. .... ма́рку, пожа́луйста.

(e) .... докуме́нты и переда́йте их дире́ктору.

(f) Вы урони́ли биле́т. .... его́!

122 Use of the imperative to exhort and invite (271)

Explain the use of **imperfectives** in the following:

(a) Счастли́вого пути́! **Возвраща́йтесь** скоре́е!

(b) [*Хозя́йка встреча́ет госте́й*] **Заходи́те, заходи́те! Раздева́йтесь** и **проходи́те** в ко́мнату. **Знако́мьтесь**, мой муж. **Сади́тесь**, пожа́луйста, **отдыха́йте! Бери́те** заку́ску. … Нали́ть вам во́дки? **Пе́йте, пе́йте!**

[*За у́жином*] Что же вы так ма́ло еди́те? **Ку́шайте, ку́шайте** на здоро́вье! **Накла́дывайте!** … Чай бу́дете пить? **Клади́те** са́хар и **бери́те** пече́нье.

(c) [*У врача́*] **Войди́те!** Здра́вствуйте! **Разде́ньтесь** и **ся́дьте**, пожа́луйста! Что у вас боли́т? **Вста́ньте! Покажи́те** язы́к! У вас припу́хли минда́лины. **Оде́ньтесь**, пожа́луйста! Сразу́ вы́пишу реце́пт на пеницилли́н. **Принима́йте** по две табле́тки три ра́за в день.

123 Negative commands/warnings [273]

Rewrite, using imperatives: **imperfective** for genuine commands involving a choice of action, and **perfectives** for warnings:

(a) Не [**включа́йте/включи́те**] свет! Де́ти спят.

....

(b) Не [**выпуска́йте/вы́пустите**] кро́лика из кле́тки!

....

(c) Не [**забыва́йте/забу́дьте**] завести́ часы́!

....

(d) Не [**обжига́йтесь/обожги́тесь**]! Утю́г о́чень горя́чий.

....

(e) Не [**опа́здывайте/опозда́йте!**]

....

(f) Не [**па́дайте/упади́те**]! Пол о́чень ско́льзкий.

....

(g) Не [**пролива́йте/проле́йте**] молоко́!

....

(h) Не [**просыпа́йте/проспи́те**], а то опозда́ем на по́езд.

....

(i) Не [**ре́жьтесь/поре́жьтесь**]! Нож о́чень о́стрый.

....

(j) Не [**убира́йте/убери́те**] со стола́!

....

124 Aspect in the infinitive. Introductory [276]

Use **imperfective** or **perfective** infinitives, as appropriate:

(a) Хочу́ [**кра́сить/покра́сить**] ку́хню до наступле́ния зимы́.

....

(b) За́втра мне ну́жно [**писа́ть/написа́ть**] сочине́ние. На́до его́ [**писа́ть/
написа́ть**] к концу́ неде́ли.

....

(c) Ему́ прихо́дится [**покупа́ть/купи́ть**] бензи́н два ра́за в неде́лю.

....

(d) Счета́ ну́жно [**проверя́ть/прове́рить**] раз в ме́сяц.

....

(e) Нам придётся два часа́ [**разбира́ть/разобра́ть**] кни́ги.

....

(f) Хочу́ [**реша́ть/реши́ть**] кроссво́рд в тече́ние путеше́ствия, но вряд
ли уда́стся его́ [**реша́ть/реши́ть**] до того́ как дое́дем до Ки́ева.

....

125 Use of the infinitive to denote habitual actions [277]

Use appropriate **imperfective** infinitives, as shown:

**води́ть   выбира́ть   забо́титься   игра́ть   купа́ться
про́игрывать   служи́ть   стреля́ть**

(a) Бою́сь воды́. Не люблю́ . . . . в о́зере.
(b) Ему́ надое́ло . . . . в а́рмии.
(c) Она́ отвы́кла . . . . о ма́леньких де́тях.
(d) Он предпочита́ет сам . . . . свои́х помо́щников.
(e) Я пло́хо игра́ю в ка́рты и давно́ привы́к . . . .
(f) Она́ разучи́лась . . . . на пиани́но.
(g) Она́ не уме́ет . . . . маши́ну.
(h) Солда́т учи́лся . . . . из пулемёта.

126 Use of the imperfective infinitive after verbs of beginning, continuing and concluding [278]

(1) Reword the following statements, using verbs of **beginning**, **continuing** and **concluding**:

ко́нчить   нача́ть   переста́ть   продолжа́ть

(a) Она́ **взяла́сь** за чте́ние. Она́ ....

(b) Он **всё ещё** занима́ется спо́ртом. Он ....

(c) Он **отказа́лся от** спиртны́х напи́тков. Он ....

(d) Он **уже́ не** у́чится. Он ....

(2) Replace the perfectives in **за-** with **на́чал** + imperfective infinitive:

(a) Он **заговори́л**. Он ....

(b) Он **закури́л**. Он ....

(c) Он **запе́л**. Он ....

(d) Он **запла́кал**. Он ....

(e) Он **засмея́лся**. Он ....

127 Inadvisable and advisable actions [279]

(1) Use **infinitives** in the correct aspect:

(a) Заче́м [**покупа́ть/купи́ть**] велосипе́д?

....

(b) Нельзя́ [**входи́ть/войти́**] туда́. Идёт ле́кция!

....

(c) Не ну́жно [**убира́ть/убра́ть**] со стола́.

....

(d) Не сто́ит [**зака́зывать/заказа́ть**] биле́ты зара́нее.

....

(e) Нет смы́сла [**кра́сить/покра́сить**] сте́ны зимо́й.

....

(f) Почему́ не [**брони́ровать/заброни́ровать**] места́ на ночно́й по́езд?

....

(g) Я обеща́л к Ка́те загляну́ть. Она́ ждёт. Нело́вко её [**обма́нывать/ обману́ть**]. (A. Yakhontov)

....

(h) Нельзя́ [**отправля́ть/отпра́вить**] э́то письмо́ сего́дня. По́чта закры́та.

....

(2) Translate into Russian:

(a) Why **ask**? You know the answer already.

....

(b) There is no point **in getting up** so early.

....

(c) It is too soon **to decide**.

....

(d) Shouldn't we **arrange** a party on his birthday?

....

(e) You are not allowed **to enter** the classroom.

....

(f) It was awkward **to postpone** the meeting, and he decided to arrange it.

....

128 A request to perform/not to perform an action [280]

(1) Place the particle **не** before the infinitive, changing the latter from **perfective** to **imperfective**:

(a) Я убежда́л её **вы́йти** за него́ за́муж. Я убежда́л её не ....
(b) Я уговори́л её **записа́ться** на экску́рсию. Я уговори́л её не ....
(c) Она́ посове́товала мне **обрати́ться** к врачу́. Она́ посове́товала мне не ....
(d) Он попроси́л меня́ **откры́ть** окно́. Он попроси́л меня́ не ....
(e) Она́ обеща́ла **убра́ть** со стола́. Она́ обеща́ла не ....
(f) Я реши́л **помо́чь** ей. Я реши́л не ....
(g) Она́ попроси́ла меня́ **уйти́**. Она́ попроси́ла меня́ не ....

(2) Insert **imperfective** or **perfective** infinitives into the gaps:

(a) Она́ отговори́ла меня́ .... на конфере́нции. [**выступа́ть/вы́ступить**]
(b) Я реши́л .... на экску́рсию, но не .... на конце́рт. [**запи́сываться/записа́ться**]
(c) Я разду́мал .... контра́кт. [**подпи́сывать/подписа́ть**]
(d) Он уговори́л меня́ .... Ма́шу, но не .... О́лю. [**приглаша́ть/пригласи́ть**]

Revision exercises: aspect

ASPECT IN THE PAST TENSE

Choose the verb in the correct aspect:

(a) Он [**писа́л/написа́л**] пи́сьма весь ве́чер.

(b) Она́ ча́сто [**посеща́ла/посети́ла**] музе́й.

(c) Три часа́ мы [**обсужда́ли/обсуди́ли**] жили́щный вопро́с.

(d) Вчера́ он [**открыва́л/откры́л**] я́щик, [**вынима́л/вы́нул**] телегра́мму и [**пока́зывал/показа́л**] её мне.

(e) Он до́лго [**разбира́л/разобра́л**] бума́ги, но не мог найти́ счёт за электри́чество.

(f) На про́шлой неде́ле она́ 6 раз [**звони́ла/позвони́ла**] в Росси́ю.

(g) Он подошёл к две́ри и [**стуча́л/сту́кнул**] не́сколько раз.

(h) Он [**сдава́л/сдал**] экза́мен и [**сдава́л/сдал**] его́ с пе́рвой попы́тки.

(i) Здоро́ваясь с ней, он [**поднима́л/по́днял**] шля́пу.

(j) Она́ спеши́ла на ста́нцию: бы́ло уже́ по̀лпе́рвого, а по́езд [**отходи́л/ отошёл**] в час дня.

(k) Я где́-то [**встреча́л/встре́тил**] её, давны́м-давно́.

(l) Я не [**покупа́ла/купи́ла**] ветчину́: го́стья ведь вегетериа́нка.

(m) Я [**учи́л/вы́учил**] теоре́му и могу́ повтори́ть её в любо́е вре́мя.

(n) Го́сти [**расска́зывали/рассказа́ли**] анекдо́ты, [**угоща́ли/угости́ли**] дру̀г дру́га, [**смея́лись/засмея́лись**], [**кури́ли/закури́ли**].

(o) Чем до́льше он [**расска́зывал/рассказа́л**], тем бо́льше он [**волнова́лся/взволнова́лся**].

(p) Как то́лько она́ [**открыва́ла/откры́ла**] окно́, в ко́мнату [**влета́ла/ влете́ла**] пти́ца.

(q) Несмотря́ на обеща́ние, да́нное хозя́евами, меня́ не [**встреча́ли/ встре́тили**] в аэропорту́.

(r) Мы [**стро́или/постро́или**] дом за полго́да.

(s) Кто [**зака́зывал/заказа́л**] чай? Прими́те, пожа́луйста.

(t) В тече́ние конфере́нции она́ [**переводи́ла/перевела́**] ре́чи делега́тов.

(u) Она́ [**угова́ривала/уговори́ла**] нас приня́ть уча́стие, но не [**угова́ривала/уговори́ла**].

(v) Я [**звони́л/позвони́л**] ему́, но его́ не́ было до́ма.

(w) Éсли вы [**чита́ли/прочита́ли**] но́вый рома́н, верни́те его́ в библиоте́ку.

(x) В то вре́мя как я [**запира́л/за́пер**] бага́жник, она́ [**успева́ла/успе́ла**] завести́ мото́р.

(y) Зе́ркало не на ме́сте. Кто́-то, наве́рное, [**снима́л/снял**] его́.

(z) На протяже́нии пяти́ киломе́тров мотоци́кл меня́ [**обгоня́л/ обогна́л**], но он не [**обгоня́л/обогна́л**] меня́.

ASPECT IN THE INFINITIVE

Choose the verb in the correct aspect:

(a) Он реши́л [запи́сываться/записа́ться] на ку́рсы.

(b) Она́ обеща́ла не [уходи́ть/уйти́].

(c) Жела́тельно [мыть/помы́ть] маши́ну раз в неде́лю.

(d) Ему́ пришло́сь самому́ [гото́вить/подгото́вить] студе́нтов к экза́мену.

(e) Она́ уме́ет [стреля́ть/вы́стрелить] из пистоле́та.

(f) Не сто́ит [ремнонти́ровать/отремонти́ровать] ста́рый компью́тер.

(g) Он на́чал [копа́ть/вы́копать] я́му.

(h) Я не хочу́ [принима́ть/приня́ть] уча́стия в перегово́рах.

(i) Пора́ [встава́ть/встать]. Уже́ семь часо́в.

(j) Я иду́ в столо́вую [накрыва́ть/накры́ть] на стол.

(k) Заче́м [звони́ть/позвони́ть] му́жу на рабо́ту?

(l) Он продолжа́л [вбива́ть/вбить] гвоздь в сте́ну.

(m) Я не́сколько раз стара́лся [успока́ивать/успоко́ить] ребёнка.

(n) Почему́ бы не [устра́ивать/устро́ить] приём в её честь?

(o) Она́ у́чится [печа́тать/напеча́тать] на маши́нке.

(p) Сего́дня мне ну́жно [проверя́ть/прове́рить] дома́шние зада́ния.

(q) Она́ ко́нчила [стира́ть/вы́стирать] бельё.

(r) Он разду́мал [переодева́ться/переоде́ться] перед у́жином.

(s) Она́ пла́чет. А ведь я не хотел её [обижа́ть/оби́деть].

(t) Она́ вы́шла в коридо́р [выключа́ть/вы́ключить] свет.

(u) Он попроси́л её не [закрыва́ть/закры́ть] окно́.

(v) Ну́жно [кра́сить/покра́сить] ку́хню, но не ну́жно [кра́сить/покра́сить] ва́нную.

(w) Нельзя́ [проезжа́ть/прое́хать] по э́той у́лице в э́том направле́нии: э́то у́лица с односторо́нним движе́нием.

(x) Я всегда́ рад вам [помога́ть/помо́чь].

(y) Она́ привы́кла ра́но [встава́ть/встать].

(z) Нельзя́ [открыва́ть/откры́ть] э́тот я́щик: он за́перт.

ASPECT IN THE IMPERATIVE

Choose the verb in the correct aspect:

(a) [Закрыва́йте/закро́йте] дверь, пожа́луйста.

(b) Не [открыва́йте/откро́йте] окно́.

(c) [Убира́йте/убери́те] ко́мнату ка́ждое у́тро.

(d) [Сади́тесь/ся́дьте], пожа́луйста. [Снима́йте/сними́те] пальто́.

(e) Не [забыва́й/забу́дь] вы́ключить свет.

(f) [Чита́йте/прочита́йте] да́льше.

(g) [Запира́йте/запри́те] сейф. Ну, [запира́йте/запри́те] его́ скоре́е, я о́чень спешу́!

(h) [Повторя́йте/повтори́те] ка́ждое но́вое сло́во не́сколько раз.

(i) Уже́ по́здно. [Бери́те/возьми́те] такси́.

(j) Смотри́ не [пролива́й/проле́й] молоко́!

(k) Никогда́ не [пе́йте/вы́пейте] сыро́й воды́.

(l) Не [забыва́йте/забу́дьте] корми́ть ко́шку, когда́ я бу́ду в о́тпуске.

ASPECT IN THE FUTURE

Choose the verb in the correct aspect:

(a) Сего́дня ве́чером я [бу́ду писа́ть/напишу́] пи́сьма.

(b) Я [бу́ду писа́ть/напишу́] письмо́ и [бу́ду высыла́ть/вы́шлю] его́ в Ки́ев.

(c) Когда́ мы [бу́дем проща́ться/попроща́емся], дам вам запи́ску для Ва́ни.

(d) Ка́ждый день я [бу́ду повторя́ть/повторю́] граммати́ческие приме́ры.

(e) Как то́лько он [бу́дет конча́ть/ко́нчит], мы [бу́дем пить/вы́пьем] чай.

(f) Я [бу́ду бри́ться/побре́юсь], пото́м [бу́ду одева́ться/оде́нусь].

(g) Я [бу́ду стуча́ть/сту́кну] в дверь три ра́за, что́бы он знал, что э́то я.

(h) Éсли вы [бу́дете спра́шивать/спро́сите] его́, он вам ска́жет.

(i) Когда́ бы бу́дете в Ло́ндоне, я [бу́ду писа́ть/напишу́] вам ка́ждый день.

(j) Пока́ вы [бу́дете убира́ть/уберёте] ко́мнату, я [бу́ду мыть/помо́ю] посу́ду.

(k) Я бо́льше не [бу́ду посеща́ть/посещу́] зоопа́рк.

(l) Я вас никогда́ не [бу́ду забыва́ть/забу́ду].

REFLEXIVE VERBS

129 Reflexive verbs. The 'true' reflexive [284–5]

(1) Fill the gaps with relevant verb forms:

(a) Я . . . . [мы́ться].

(b) Ты . . . . [одева́ться].

(c) Он . . . . [бри́ться].

(d) Она́ . . . . [переодева́ться].

(e) Мы . . . . [купа́ться].

(f) Вы . . . . [причёсываться].

(g) Они́ . . . . [гото́виться].

(2) Translate into Russian, rendering forms in **bold** with reflexive verbs:

In the morning I start to **get ready** at 7 o'clock. I **wash, shave, comb my hair** and **get dressed**. At 8 o'clock I **board** the bus, then **change** to the underground. At work I **change** into overalls. In the evening, at 10 p.m. I **go upstairs, get undressed** and **go to bed**.

....

....

....

....

130 Intransitive reflexives [287]

(1) Replace the transitive verbs by **reflexive intransitive** verbs, as shown.
Example: Преподава́тель **на́чал** ле́кцию. Ле́кция **начала́сь**.
(a) Учи́тель **враща́л** гло́бус. Гло́бус ....
(b) Генера́лы **измени́ли** свои́ пла́ны. Пла́ны генера́лов ....
(c) Они́ **ко́нчили** разгово́р. Разгово́р ....
(d) Рабо́чий **останови́л** стано́к. Стано́к ....
(e) Мы **продолжа́ли** перегово́ры. Перегово́ры ....
(f) Ребёнок **слома́л** игру́шку. Игру́шка ....
(g) О́тдых на мо́ре **улу́чшил** состоя́ние больно́го. Состоя́ние больно́го
....
(h) Мать **успоко́ила** ребёнка. Ребёнок ....

(2) Translate into Russian, using **reflexive intransitive** verbs:
(a) The war **began** in 1941 and **ended** in 1945.

....

(b) Industry **was developing** fast.

....

(c) They **did not get back** until 1 a.m.

....

(d) His speech **did not last** long.

....

(e) Her salary **increased** by ten per cent.

....

(f) The situation **improved**, then **deteriorated**.

....

(3) Translate the following newspaper headlines:

(a) Оппози́ция **уси́ливается**.

(b) Кри́зис **углубля́ется**.

....

....

(c) Положе́ние **нормализу́ется**.

(d) Ситуа́ция **обостря́ется**.

....

....

(e) Напряжённость **сохраня́ется**.

(f) Обстано́вка **осложня́ется**.

....

....

(g) **Ши́рится** междунаро́дный тури́зм.

(h) **Открыва́ется** но́вая глава́.

....

....

131　Reflexive verbs with passive meaning [288]

(1) Convert **active** into **passive** statements:

Example: **Стро́ят** но́вую да́чу. Но́вая да́ча **стро́ится**.

(a) Во́дку **де́лают** из карто́феля. ....

(b) Во мно́гих шко́лах **изуча́ют** му́зыку. ....

(c) Урожа́й **убира́ют** о́сенью. ....

(d) Диссерта́цию **печа́тают** на персона́льном компью́тере ....

(e) Э́то сло́во **пи́шут** через «ю». ....

(f) Музыка́нты **исполня́ют** симфо́нию. ....

(g) Депута́ты **обсужда́ют** бюдже́т. ....

(2) Convert into **passive** statements, placing the agent words in the **instrumental**:

Example: **Сторожа́ охраня́ют** воро́та. Воро́та **охраня́ются сторожа́ми**.

(a) **Ученики́** возвраща́ют кни́ги в библиоте́ку. ....

(b) **Администра́торы** выдаю́т пропуска́. ....

(c) **Тури́сты** посеща́ют музе́й. ....

(d) **Инжене́ры** разраба́тывают но́вый прое́кт. ....

(e) **Студе́нты** устра́ивают конце́рты. ....

132　Reciprocal meanings [289]

(1) Translate into Russian:

(a) I often **meet** my friends. We **meet** on Thursdays.

....

(b) They only **see each other** once a year.

....

(c) They **said goodbye, embraced,** and **dispersed**.

....

(2) Tick to show which verbs express **reciprocal action** through the addition of **-ся**, and which through the pronoun **дру̀г дру́га**:

	ся	дру̀г дру́га	Either
(a) они́ бьют	…	…	…
(b) они́ критику́ют	…	…	…
(c) они́ лю́бят	…	…	…
(d) они́ миря́т	…	…	…
(e) они́ руга́ют	…	…	…
(f) они́ сове́туют	…	…	…
(g) они́ уважа́ют	…	…	…
(h) они́ целу́ют.	…	…	…

THE PASSIVE VOICE

133 The passive voice [300–3]

(1) Fill the gaps with appropriate forms of the verbs shown:

Example: Са́мые интере́сные програ́ммы **передаю́тся** по I кана́лу.

**жа́риться   издава́ться   обсужда́ться   опла́чиваться
продава́ться   стро́иться**

(a) Но́вая конститу́ция до́лго ………… в росси́йском парла́менте.
(b) Под Москво́й ………… но́вые ча́стные особняки́.
(c) Шахтёры наде́ялись, что их труд бу́дет лу́чше ………………… .
(d) Изда́тельством «Педаго́гика» ………… мно́го уче́бников.
(e) На Не́вском проспе́кте ………… вся́кие това́ры.
(f) На сковороде́ ………… яи́чница.

(2) **Perfective** reflexives as passives. Convert from imperfective present to perfective past.

Example: Жара́ ве́чером **сменя́ется** прохла́дой. Жара́ ве́чером **смени́лась** прохла́дой.

(a) Сапоги́ у меня́ **изна́шиваются**. Сапоги́ у меня́
…………………………………… .   [износи́ться]
(b) Глаза́ у ребёнка **наполня́ются** слеза́ми. Глаза́
у ребёнка …………………………… .   [напо́лниться]
(c) Не́бо **покрыва́ется** облака́ми. Не́бо ………… .   [покры́ться]
(d) Зре́ние у него́ **по́ртится**. Зре́ние у него́ …… .   [испо́ртиться]
(e) Их мечта́ **сбыва́ется**. Их мечта́ …………… .   [сбы́ться]
(f) **Создаётся** неприя́тная ситуа́ция …………… .   [созда́ться]

THE CONDITIONAL AND SUBJUNCTIVE MOODS

134 The conditional mood [304–5]

(1) Translate into English the following extract by Panova, **underlining** the components of the conditional constructions:

«Я бы не заболе́л, — ду́мает он, — е́сли бы я не сде́лал татуиро́вку. А я бы не сде́лал татуиро́вку, е́сли бы не познако́мился с Ва́сь-киным дя́дей. А я бы с ним не познако́мился, е́сли бы он не прие́хал к Ва́ське. Да, не захоти́ он прие́хать, ничего́ бы не случи́лось, я был бы здоро́в».

(a) Assess the speaker's **state of health and state of mind**.
(b) Establish the **chronological order** of events.
(c) Which conditional construction differs **formally** from the others?

(2) Tick to show which are **conditional** constructions and which **not**, then translate the phrases into Russian:

	Conditional	Not conditional
(a) **If** I knew I **would** tell you.	. . .	. . .
(b) **If** you are ill, go to bed	. . .	. . .
(c) **If** he asks, tell him	. . .	. . .
(d) **If** I had a ticket I **would** go	. . .	. . .
(e) Do you know **if** she's in?	. . .	. . .

(3) Convert into conditional sentences, as shown.

Examples: (i) Я не зна́ю. Не могу́ вам сказа́ть.
　　　　　　　Е́сли бы я знал, я сказа́л бы вам.

　　　　　(ii) Он промо́к. Он не взял зо́нтик с собо́й.
　　　　　　　Е́сли бы он **взял** зо́нтик с собо́й, он не **промо́к бы**.

(a) Пого́да не хоро́шая. Мы не игра́ем в те́ннис.

. . . .

(b) У меня́ нет маши́ны. Не могу́ отвезти́ тебя́ на вокза́л.

. . . .

(c) Он не учи́лся. Он не сдал экза́мен.

. . . .

(d) У меня́ нет де́нег. Не могу́ пойти́ в теа́тр.

. . . .

(e) Он промо́к до после́дней ни́тки. Он не взял зо́нтик.

. . . .

(f) Он не верну́л кни́гу в срок. Ему́ пришло́сь заплати́ть штраф.

. . . .

(4) Translate into Russian, using the **conditional** or **indicative** mood, as appropriate:

(a) **If** I **had** a dog I **would take** it for walks.

....

(b) **If** you **sold** your car you **would be able** to buy a motor-cycle.

....

(c) **If** you **get lost**, ask someone to show you the way.

....

(d) **If** I **had known** beforehand, I **would not have missed** that programme.

....

(e) **If** you **are** ill, go to see the doctor.

....

(f) **If** he **had served** in the army **he would be able** to fire a rifle.

....

(g) **If** you **bought** your own paper you **would not need** to take mine.

....

(h) **If** Zuev **had scored** we **would have won** the game.

....

(5) Tick to show in which instances 'would' is rendered by a **conditional** in Russian:

	Conditional	Not conditional
(a) I **would** tell you if I knew.	. . .	. . .
(b) On Sundays we **would** go for walks.	. . .	. . .
(c) If you fell you **would** hurt yourself.	. . .	. . .
(d) He said he **would** be ready in 5 minutes.	. . .	. . .
(e) I warned her, but she **would** not listen.	. . .	. . .

135 Use of the subjunctive to express wish or desire [308]

(1) **Хотéть, чтòбы**. Use the **subjunctive** as shown.

Example: Я хочý **подписáться** на э́тот журнáл.
          Я хочý, **чтòбы он** тóже **подписáлся** на э́тот журнáл.

(a) Я хочý вы́ступить на конгрéссе. Я хочý, ...
(b) Я хочý купи́ть билéт. Я хочý, ...
(c) Я хочý отказáться от приглашéния. Я хочý, ...
(d) Я хочý подписáть контрáкт. Я хочý, ...
(e) Я хочý приня́ть мéры. Я хочý, ...
(f) Я хочý проводи́ть гостéй. Я хочý, ...

(2) Form sentences with the subjunctive, as shown.

Example: Все **соблюда́ют зако́н**. Необходи́мо, **что̀бы все соблюда́ли зако́н**.

(a) Все **голосу́ют**. Ва́жно, ...
(b) Все **занима́ются** спо́ртом. Жела́тельно, ...
(c) Все **изуча́ют** иностра́нные языки́. Лу́чше, ...
(d) Все **остаю́тся** до́ма по̀сле полу́ночи. Прика́зано, ...
(e) Все **принима́ют** табле́тки от маляри́и. Ну́жно, ...
(f) Все **уча́ствуют** в репети́ции. Необходи́мо, ...

(3) Translate into Russian, using the verbs and other forms shown:

за то   настоя́ть на   потре́бовать   предупреди́ть
про̀тив того́   сказа́ть

(a) She **demanded that I should ring** the police.

....

(b) I **told** him **to get away** from the window.

....

(c) I **object to** politicians **having** two jobs.

....

(d) We **warned** him **not to sign** the contract.

....

(e) I **am in favour of** diplomats **learning** Russian.

....

(f) He **insisted that I should enrol** for an evening course.

....

136 The subjunctive of purposeful endeavour [309]

Reword the following, using appropriate **subjunctive** forms:

де́лать всё, что̀бы   добива́ться того́, что̀бы
забо́титься о том, что̀бы   следи́ть за тем, что̀бы
смотре́ть, что̀бы   стреми́ться к тому́, что̀бы

(a) Мы **не хоти́м**, что̀бы он убежа́л. ....
(b) Мы **хоти́м**, что̀бы все стра́ны подписа́ли догово́р. ....
(c) Мы **хоти́м**, что̀бы ка́ждый ребёнок был сча́стлив. ....
(d) Мы **не хоти́м**, что̀бы Фроло́в узна́л об э́том. ....
(e) Мы **не хоти́м**, что̀бы де́ти легли́ сли́шком по́здно. ....
(f) Мы **хоти́м**, что̀бы он чу́вствовал себя́, как до́ма. ....

137 Purpose clauses [310]

(1) Match the **purpose** clauses to the **result** clauses:

(a) Я поста́вил буди́льник на 6 часо́в,

(a) что̀бы ему́ не́ было ску́чно.

(b) Я повтори́л с ним всё про́йденное,

(b) что̀бы он не забы́л.

(c) Я прочита́л больно́му ребёнку ска́зку,

(c) что̀бы она́ не проспала́.

(d) Я напо́мнил бра́ту о ве́чере ещё раз,

(d) что̀бы он сдал экза́мен на отли́чно.

(2) Translate into Russian, using **subjunctives** or **infinitives**, as appropriate:

(a) I took the coat out of the cupboard **so as to try** it **on**.

....

(b) I switched off the light, **so that** the children **could get to sleep**.

....

(c) I opened the door, **so as to let** the cat **out**.

....

(d) I gave her my umbrella, **so that** she **shouldn't get wet**.

....

(e) The policeman stopped the traffic, **so that I could cross** the road.

....

(f) She closed the window, **so that** the patient **shouldn't catch a cold**.

....

(g) He bought a car, **so that** his daughter **could learn to drive**.

....

138 The expression of hypothesis [311]

(1) From **real** to **hypothetical**. Negate the following.

Example: Бы́ли слу́чаи, **когда́** ребёнку **переса́живали** се́рдце и лёгкие.
         Не́ было слу́чая, **что̀бы** ребёнку **пересади́ли** се́рдце и лёгкие.

(a) Бы́ли слу́чаи, когда́ 15-ле́тние успе́шно конча́ли университе́т.

....

(b) Бы́ли слу́чаи, когда́ урага́ны опустоша́ли ю́жную часть страны́.

....

(c) Бы́ли слу́чаи, когда́ неви́нных люде́й сажа́ли за уби́йство.

....

(d) Бы́ли слу́чаи, когда́ покупа́тели отка́зывались плати́ть.

....

(2) Positive to **negative**. Negate the following.

Example: Я заме́тил, **как** они́ **игра́ли** в ка́рты.

Я не заме́тил, **что́бы** они́ **игра́ли** в ка́рты.

(a) Я ви́дел, как на́ши войска́ наступа́ли. Я не ви́дел, ...

(b) Я заме́тил, что он побледне́л. Я не заме́тил, ...

(c) Я по́мню, как мать меня́ успока́ивала. Я не по́мню, ...

(d) Я сказа́л, что э́то меня́ удиви́ло. Я не сказа́л бы, ...

(e) Я слы́шал, как они́ пе́ли национа́льный гимн. Я не слы́шал, ...

139 Concessive constructions [312]

(1) Replace constructions in **хотя́** by constructions in **как ни**.

Example: **Хотя́** жаль, мне пора́ идти́. **Как ни** жаль, мне пора́ идти́.

(a) **Хотя́** ему́ бы́ло тру́дно, всё-таки он реши́л зада́чу.

....

(b) **Хотя́** проси́ли его́ оста́ться, он отказа́лся.

....

(c) **Хотя́** студе́нт стара́лся зако́нчить перево́д, ему́ не удало́сь.

....

(d) **Хотя́** мы спеши́ли, всё равно́ мы опозда́ли на свида́ние.

....

(e) **Хотя́** она́ стуча́ла в окно́, никто́ не слы́шал её.

....

(2) Translate into Russian:

Что/кто/где/ско́лько/куда́/како́й (бы) ни

(a) **Whatever**, you do, I will help you.

....

(b) Do not let him in, **whoever** he is.

....

(c) They were against racism, **wherever** it might appear.

....

(d) **However** much I earned, I would give something to my parents.

....

(e) **Wherever** you go you will find friends.

....

(f) **Whatever** your speciality, you should learn to use a computer.

....

CONSTRUCTIONS EXPRESSING OBLIGATION, NECESSITY, POSSIBILITY OR POTENTIAL

140 The expression of obligation and necessity [313]

(1) Replace constructions in **нужно** with constructions in **должен**, etc., and explain any resultant change in meaning.

Example: **Мне нужно** рабóтать. **Я дóлжен/должнá** рабóтать.

(a) **Вам нужно** обдýмать положéние. ....
(b) **Емý нужно** окрáсить вестибюль. ....
(c) **Ей нужно** отдыхáть. ....
(d) **Им нужно** перестáвить мéбель. ....
(e) **Нам нужно** спешить. ....
(f) **Вам нужно** помóчь мáтери. ....

(2) Tick to show which English translations of past forms with **должен** are possible:

	had to	should have	was supposed to	ought to have	was due to
(a) Он **дóлжен был** помыть посýду, но забыл.	...	...	...	...	...
(b) Пóезд **дóлжен был** прийти в час.	...	...	...	...	...
(c) Онá **должнá былá** рабóтать до полýночи.	...	...	...	...	...
(d) Я **дóлжен был** признáть свои ошибки.	...	...	...	...	...

(3) Negate the following. Explain any differences in meaning between sentences with **не нужно** and **не надо**.

Example: **Нужно/надо** подписáться.
         Не нужно/не надо подписываться.

(a) **Нужно/надо** включить рáдио. ....
(b) **Нужно/надо** пойти на компромисс. ....
(c) **Нужно/надо** принять это предложéние. ....
(d) **Нужно/надо** купить компьютер. ....
(e) **Нужно/надо** пригласить всех члéнов. ....

141 The expression of possibility or potential [314]

(1) **Мочь/смочь** or **уме́ть**. Insert the appropriate verb in its correct form.

(a) Я . . . . води́ть маши́ну. Весь год брал уро́ки в а̀втошко́ле.

(b) Сего́дня ве́чером не . . . . вести́ маши́ну. Сли́шком мно́го вы́пил.

(c) Он ещё не . . . . писа́ть. Ему́ всего́ два го́да!

(d) Сно́ва . . . . писа́ть. Рука́ уже́ не боли́т!

(e) Она́ . . . . игра́ть на фле́йте. Учи́ла её мать.

(f) В бу́дущую сре́ду не . . . . игра́ть в орке́стре. Бу́ду в о́тпуске.

(2) Translate into English, using '**could have**', '**might have**', as appropriate:

(a) Он бо́льше всего́ диви́лся её сме́лости, ри́ску. Ведь запи́ску **могли́** найти́. (Vanshenkin)

. . . .

(b) — Спаси́бо, — сказа́л он, — я ведь **мог** прое́хать. (Rasputin)

. . . .

(c) **Могла́** эвакуи́роваться с ни́ми и Ка́тенька — не пое́хала, оста́лась с ним. (Grekova)

. . . .

(d) — Я тебя́ не разбуди́ла? — спроси́ла Мари́на бу́днично, как **могла́** спроси́ть в тролле́йбусе: «Вы выхо́дите на сле́дующей остано́вке?» (Avdeenko)

. . . .

(3) Translate into Russian, ticking to show possible variants:

	мо́жно/нельзя́		возмо́жно/невозмо́жно	
(a) **Are we allowed** to speak?	. . .	. . .	. . .	. . .
(b) **It is possible** to cure cancer.	. . .	. . .	. . .	. . .
(c) **It was impossible** to waken her.	. . .		. . .	. . .
(d) **You may not** smoke in here.	. . .	. . .	. . .	. . .
(e) You **are not allowed** to run along the corridor.	. . .	. . .	. . .	. . .
(f) **It is possible** to fly to the Moon.	. . .	. . .	. . .	. . .

VERBS OF MOTION

142 Unidirectional and multidirectional verbs of motion. Conjugation [315–16]

(1) Fill the gaps with relevant forms of **multidirectional** verbs.

Example: Сегóдня **идý** в университéт, но обычно **хожý** в библиотéку.

(a) Сегóдня спортсмéн **бежи́т** на 100 мéтров, но обы́чно он .... на 200.

(b) Сегóдня собáку гуля́ть **ведёт** отéц, но обы́чно её .... мать.

(c) Сегóдня **везýт** детéй в шкóлу на «Жигуля́х», но обы́чно их .... на «Вóлге».

(d) Сегóдня мы **éдем** на трамвáе, но обы́чно мы .... на автóбусе.

(e) Сегóдня он **лети́т** в Лидс, но обы́чно он .... в Лóндон.

(f) Сегóдня он **несёт** кни́ги в сýмке, но обы́чно он .... их в портфéле.

(2) Fill the gaps with appropriate verb forms.

Example: Мáльчик **лéзет** на дéрево. Он лю́бит **лáзить**.

бежáть/бéгать   лезть/лáзить   летéть/летáть   плыть/плáвать ползти́/пóлзать

(a) Пловéц .... чéрез рéку. Он лю́бит ....

(b) Солдáт .... пó полю. Он научи́лся хорошó ....

(c) Спри́нтер .... на сто мéтров. Он лю́бит ....

(d) Авиапассажи́ры .... в Петербýрг. Они́ привы́кли ....

(e) Мáльчики .... на дéрево. Они́ лю́бят ....

143 Imperatives and past tense of verbs of motion [317–18]

(1) Use **imperatives**, as shown:

Нельзя́ ли мне **идти́** с вáми? **Иди́те, иди́те!**

(a) Нельзя́ ли мне **бежáть** впереди́? ...., ... !

(b) Нельзя́ ли мне **везти́** багáж на вокзáл? ...., ... !

(c) Нельзя́ ли мне **вести́** маши́ну? ...., ... !

(d) Нельзя́ ли мне **éхать** на автóбусе? ...., ... !

(e) Нельзя́ ли мне **нести́** письмó на пóчту? ...., ... !

(2) Convert the present tense to the **past** and translate.

Example: Мы **идём** домóй. Мы **шли** домóй.

(a) Собáка **бежи́т** впереди́.   Собáка ....

(b) Он **бредёт** пó лесу.   Он ....

(c) Он **ведёт** ребёнка зá руку.   Он ....

(d) Бага́ж **везу́т** на ста́нцию.   Бага́ж ....
(e) Пасту́х **го́нит** ста́до.   Пасту́х ....
(f) Они́ **е́дут** на рабо́ту.   Они́ ....
(g) Де́ти **ле́зут** на де́рево.   Де́ти ....
(h) Самолёт **лети́т** на се́вер.   Самолёт ....
(i) Она́ **несёт** кни́ги в портфе́ле.   Она́ ....
(j) Теплохо́д **плывёт** по Неве́.   Теплохо́д ....
(k) Малы́ш **ползёт** к две́ри.   Малы́ш ....

144 'To go': идти́/ходи́ть and е́хать/е́здить [319]

Fill the gaps with appropriate **present-tense** verb forms:

(a) Сего́дня ве́чером я .... в теа́тр.
(b) В воскресе́нье мы .... за́ город на маши́не.
(c) Бу́дущим ле́том мы .... во Фра́нцию.
(d) По воскресе́ньям я .... в це́рковь.
(e) Она́ ча́сто .... за грани́цу.
(f) Э́тот по́езд .... в Москву́.

145 Functions of unidirectional verbs of motion [320]

Choose a suitable **infinitive** and place it in the correct form (in some cases more than one verb is possible).

Example: Де́вушка **идёт/е́дет** по доро́ге в го́род.

> **бежа́ть везти́ вести́ гна́ться е́хать кати́ть**
> **лезть лете́ть нести́ плыть ползти́ тащи́ть**

(a) Она́ .... соба́ку гуля́ть.
(b) Змея́ .... по земле́.
(c) Самолёт .... через грани́цу.
(d) Рабо́чие .... шкаф в подва́л.
(e) Носи́льщик .... чемода́ны на теле́жке.
(f) Футболи́сты .... за мячо́м.
(g) Оте́ц .... по ле́стнице на кры́шу.
(h) Меха́ник .... колесо́ к маши́не.
(i) Они́ .... в го́род авто́бусом.
(j) Ма́ша .... отцу́ в кабине́т ча́шку ко́фе.
(k) Пило́ты .... к самолётам.
(l) Пловчи́ха .... к маяку́.

Now put the verbs into the **past** tense.

146 Unidirectional verbs in frequentative contexts [321]

Fill the gaps with uni- or multi-directional verbs, as appropriate:

(a) Ка́ждый день я . . . . на рабо́ту на маши́не. . . . . туда́ 40 мину́т.

(b) Ка́ждое ле́то я . . . . в Герма́нию. Самолёт . . . . туда́ 2 часа́.

(c) По четверга́м . . . . по́ездом в Эдинбу́рг. По́езд . . . . туда́ почти́ час.

(d) Ка́ждый день она́ . . . . дете́й в шко́лу. Она́ . . . . их туда́ по̀лчаса́.

(e) Я ча́сто . . . . дете́й в кино́. Мы . . . . в кинотеа́тр на трамва́е 20 мину́т.

(f) Ка́ждое у́тро мы . . . . на пляж. Мы . . . . туда́ 10 мину́т.

147 Functions of multidirectional verbs of motion [322]

(1) Fill the gaps with appropriate multidirectional verbs of motion.

Example: Челове́к **хо́дит** на двух нога́х.

(a) Зме́и . . . .

(b) Кенгуру́ . . . . детёнышей в су́мках.

(c) Ло́шади . . . .

(d) Обезья́ны . . . .

(e) Пти́цы . . . .

(f) Ры́бы . . . .

(g) У́тки . . . . и . . . .

(2) Say what people do **not** like doing.

Example: Он о́чень **лени́в**. Он не лю́бит **ходи́ть**.

(a) Он **бои́тся воды́**. Он не лю́бит . . . .

(b) Он **бои́тся лошаде́й**. Он не лю́бит . . . . верхо́м.

(c) Он **бои́тся самолётов**. Он не лю́бит . . . .

(d) Он **бои́тся упа́сть с де́рева**. Он не лю́бит . . . .

(3) Use **multidirectional** verbs to denote frequentative actions, as shown.

Example: Я **иду́** в теа́тр. Я ча́сто **хожу́** в теа́тр.

(a) Она́ **бежи́т** по бе́регу реки́.   Она́ ча́сто . . . .

(b) Он **везёт** тури́стов на вокза́л.   Он ча́сто . . . .

(c) Мы **е́дем** за́ город.   Мы ча́сто . . . .

(d) Она́ **ле́зет** на де́рево.   Она́ ча́сто . . . .

(e) Он **лети́т** за грани́цу.   Он ча́сто . . . .

(4) Translate into Russian, using unidirectional or multidirectional verbs, as appropriate:

(a) He **was walking** towards the door.

....

(b) He **was walking** up and down the corridor.

....

(c) We **were driving** to the cathedral.

....

(d) We **were driving** round the town.

....

(e) The aircraft **is circling** the airport.

....

(f) The aircraft **is flying** to Delhi.

....

(g) The children **are running** along the shore.

....

(h) The children **are running about** in the garden.

....

(i) The bus **is driving** the tourists to their hotel.

....

(j) The bus **is driving** the tourists round the town.

....

(k) She **is swimming** towards the shore.

....

(l) She **is swimming about** near the shore.

....

148 Use of the past tense of a multidirectional verb to denote a single return journey. Perfectives of unidirectional verbs [323/326]

(1) Fill the gaps, as appropriate, with **multidirectional** or **perfective** past forms of verbs:

(a) Вчера́ ве́чером мы .... в кино́, смотре́ли фильм *Доживём до понеде́льника*.   [ходи́ли/пошли́]

(b) Они́ .... за́ город полчаса́ наза́д, верну́тся к трём часа́м.
                                                                      [е́здили/пое́хали]

(c) Вчера́ она́ .... в Аме́рику, бу́дет там два ме́сяца.
                                                                      [лета́ла/полете́ла]

(d) — Вы опозда́ли! Куда́ вы . . . .?   **[ходи́ли/пошли́]**

— Я . . . . Ма́шеньку в поликли́нику. Она́ сейча́с приняла́ лека́рство, кото́рое врач прописа́ла.   **[води́ла/повела́]**

(e) На про́шлой неде́ле я . . . . Са́шеньку в Москву́. Он вам сейча́с расска́жет, что мы там ви́дели.   **[вози́л/отвёз]**

(f) Она́ . . . . дете́й на кани́кулы к тёте На́де в Минск, но уже́ возвраща́ясь отту́да соску́чилась по ним.   **[вози́ла/отвезла́]**

(g) Вчера́ он не . . . . в шко́лу, но сего́дня он . . . .

    [ходи́л/пошёл]

(2) Fill the gaps with **imperfective** or **perfective** futures:

(a) Куда́ вы . . . . в ле́тний о́тпуск?   **[пое́дете/бу́дете е́хать]**

(b) Когда́ вы . . . . по Куту́зовскому проспе́кту, уви́дите Бороди́нскую панора́му.   **[пое́дете/бу́дете е́хать]**

(c) Е́сли вы . . . . на Да́льний Се́вер, вам придётся потепле́е оде́ться.   **[полети́те/бу́дете лете́ть]**

(d) Когда́ вы . . . . на самолёте Ту-144, придётся пристегну́ть ремни́.   **[полети́те/бу́дете лете́ть]**

(e) Когда́ вы . . . . мои́ чемода́ны, бу́дьте осторо́жнее.

    [повезёте/бу́дете везти́]

(f) Когда́ мы пое́дем в о́тпуск, ... дете́й с собо́й.

    [повезём/бу́дем везти́]

149 The verbs **нести́**, **носи́ть**; **вести́**, **води́ть**; **везти́**, **вози́ть**. Translation of 'to drive' [324–5]

(1) Fill the gaps with correct forms of **везти́/вози́ть**; **вести́/води́ть**; **нести́/носи́ть**:

(a) Студе́нт о́чень спеши́л. Он . . . . кни́ги в библиоте́ку.

    [нёс/носи́л]

(b) Полице́йский останови́л маши́ну. Её . . . . изве́стный поли́-тик.   **[вёл/води́л]**

(c) Авто́бус . . . . по го́роду тури́стов, кото́рые посеща́ли музе́и, собо́р и карти́нную галере́ю.   **[вёз/вози́л]**

(d) Мать ка́ждый день . . . . ребёнка в детса́д.   **[ведёт/во́дит]**

(e) Мать . . . . малыша́ по ко́мнате, успока́ивая его́.

    [несла́/носи́ла]

(f) Она́ учи́лась . . . . маши́ну.   **[вести́/води́ть]**

(g) Вчера́ он . . . . Со́ню к врачу́. Сего́дня де́вочка отдыха́ет до́ма.   **[вёл/води́л]**

(h) Вот идёт ночно́й по́езд. Он . . . . тури́стов на юг.

    [везёт/во́зит]

(2) Translate into Russian:

(i) 'To take': **брать/взять**; **везти́/вози́ть**; **вести́/води́ть**; **нести́/носи́ть**

(a) Masha **is taking** the mail to the boss. She **takes** it to him every day.

....

(b) I **am taking** the dog for a walk. I **take** it every morning.

....

(c) The bus **is taking** the children to school. It **takes** them four times a week.

....

(d) If you **are taking** the children to the theatre, please **take** me with you.

....

(ii) 'To drive': **везти́/вози́ть**; **вести́/води́ть**; **éхать/éздить**

(a) He always **drives** too fast. He **is** driving too fast now.

....

(b) He usually **drives** his parents home, but his wife **is driving** them home today.

....

(c) I am glad you **are driving** the car. I myself can't **drive**.

....

150 Perfectives of multidirectional verbs [329]

Fill the gaps with appropriate **perfective** past forms of unidirectional or multidirectional verbs:

(a) Де́ти . . . . по са́ду, а пото́м . . . . домо́й.

                                                    [**побе́гать/побежа́ть**]

(b) Тури́сты . . . . по го́роду, пото́м . . . . в гости́-
ницу.   [**пое́здить/пое́хать**]

(c) Отдыха́ющие . . . . на ло́дке, пото́м . . . . в дом
о́тдыха.   [**поката́ться/пойти́**]

(d) Самолёт . . . . над аэропо́ртом, пото́м . . . . на
поса́дку.   [**полета́ть/пойти́**]

(e) Ма́льчики . . . . в середи́не реки́, пото́м . . . . к
бе́регу.   [**попла́вать/поплы́ть**]

(f) Тури́сты . . . . по зоопа́рку, пото́м . . . . в гости́-
ницу.   [**походи́ть/пойти́**]

151 Compound verbs of motion [331]

(1) (i) Match **prefixes** to **prepositions**:

(a) в-   (a) к

(b) под-   (b) из

(c) до-

(d) вы-

(e) от-

(f) раз-

(g) пере-

(h) об-

(i) про-

(j) с-

(c) через

(d) в

(e) по

(f) до

(g) от

(h) с

(i) вокру̀г

(j) мѝмо

(ii) Insert the correct **preposition**:

в до из к мѝмо от по с через

(a) Она́ вошла́ . . . . ко́мнату.

(b) Он дошёл . . . . угла́.

(c) Мы подошли́ . . . . кио́ску.

(d) Она́ перешла́. . . . . .доро́гу.

(e) Она́ вы́шла . . . . кабине́та.

(f) Они́ разошли́сь . . . . дома́м.

(g) Она́ отошла́ . . . . две́ри.

(h) Она́ прошла́ . . . . окна́.

(i) Он сошёл . . . . тротуа́ра.

(iii) Match up the **opposites**:

(a) Мы вхо́дим

(b) Мы прихо́дим

(c) Мы подхо́дим

(d) Мы схо́дим

(e) Мы схо́димся

(a) Мы отхо́дим

(b) Мы выхо́дим

(c) Мы расхо́димся

(d) Мы ухо́дим

(e) Мы всхо́дим

(iv) Insert the correct **prefixes**:

во- взо- вы- до- ото- пере- подо- про- разо- со-

(a) Она́ . . . . шла́ мѝмо по́чти.

(b) Альпини́ст . . . . шёл на́ гору.

(c) Пешехо́д . . . . шёл с тротуа́ра.

(d) Он . . . . шёл к прила́вку.

(e) Она́ . . . . шла́ через доро́гу.

(f) Она́ . . . . шла из телефо́на-автома́та.

(g) Почтальо́н . . . . шёл от две́ри.

(h) Он . . . . шёл в ва́нную.

(i) Ученики́ . . . . шли́сь по па́ртам.

(j) Она́ . . . . шла́ до две́ри.

(2) Translate into Russian, using the prefixes **за-**, **при-** and **у-**:

(a) He **came** to see us.

(b) She **left** her husband.

. . . .

(c) They **called** for me.

....

(d) He **left** work at 4 p.m.

....

(e) She **called** in at the station.

....

(f) He **did not come** to the wedding.

....

(g) We **left** home at 9 p.m.

....

(h) The pupils **arrived** at school.

....

(i) He **has arrived** from the Urals.

....

(j) She **left** for work.

....

152 Prefixed verbs of motion [332/334]

(1) **-езжать**. Insert the correct prefixes:

(a) Он .... езжа́ет в гара́ж.

(b) Она́ .... езжа́ет мѝмо по́чты.

(c) Мы .... езжа́ем к светофо́ру.

(d) Маши́на .... езжа́ет с паро́ма.

(e) Велосипеди́сты .... езжа́ются перед ра́лли.

(f) Он .... езжа́ет от тротуа́ра.

(g) Я .... езжа́ю на две неде́ли.

(h) Она́ .... езжа́ет к нам в го́сти.

(i) Мы .... езжа́ем в но́вый дом.

(j) Она́ .... езжа́ет из гаража́.

(k) Фурго́н .... езжа́ет до угла́.

(l) Делега́ты .... езжа́ются по̀сле конфере́нции.

(m) Она́ .... езжа́ет за на́ми по пути́ на рабо́ту.

(n) Врач .... езжа́ет больны́х.

(o) Маши́на .... езжа́ет на де́рево.

(2) Compounds of **-бега́ть, -леза́ть, -лета́ть, -плыва́ть**. Fill the gaps with appropriate **present-tense** prefixed forms, using the prefixes

в- вз-/вс- вы- до- пере- под- раз- (-ся)

(a) Самолёт .... и берёт курс на восто́к.
(b) Вор .... в окно́.
(c) Ма́льчики .... через забо́р и .... к до́му.
(d) Де́ти .... через у́лицу.
(e) Подло́дка ...., и моряки́ выхо́дят на па́лубу.
(f) Пти́цы ...., услы́шав звук вы́стрела.
(g) Де́ти .... из мо́ря на пляж.
(h) Плове́ц .... до маяка́.

153 Spelling rules in the formation of compound verbs of motion [333]

(1) **Вз(о)-** or **вс-**? Insert the correct **prefixes**:

(a) Со́лнце . . . . хо́дит.
(b) Она́ . . . . шла́ на помо́ст.
(c) Самолёт . . . . летéл.
(d) Подло́дка . . . . плыла́.

(2) Inserted **-о-**. Put the verbs in the **perfective past**:

(a) Он входи́л в ко́мнату.   Он . . . . в ко́мнату.
(b) Со́лнце всходи́ло.   Со́лнце . . . .
(c) Врач обходи́л пала́ты.   Врач . . . . пала́ты.
(d) Он отходи́л от окна́.   Он . . . . от окна́.
(e) Она́ подходи́ла к кио́ску.   Она́ . . . . к кио́ску.
(f) Друзья́ расходи́лись.   Друзья́ . . . .
(g) Она́ сходи́ла с тротуа́ра.   Она́ . . . . с тротуа́ра.
(h) Друзья́ сходи́лись.   Друзья́ . . . .

(3) Hard sign (**ъ**) in compounds of **-езжа́ть/-éхать**. Insert appropriate forms in the gaps:

(a) Маши́на . . . . с тротуа́ра и останови́лась. Она́ . . . . от тротуа́ра, ... грузови́к, ... в туннéль и . . . . к светофо́ру в концé туннéля.
(b) Велосипеди́сты всегда́ . . . . ся в два часа́ и . . . . ся в пять часо́в.

154 Use of the imperfective past of a compound verb of motion to denote an action and its reverse [335]

Use imperfective **or** perfective **past** forms, as appropriate:

(a) [**входи́ла/вошла́**]
 (i) Всё так чи́сто! Го́рничная, навéрное, ... в но́мер ра́но у́тром.
 (ii) Она́ . . . . в но́мер и откры́ла все о́кна.

(b) [**заходи́л/зашёл**]
 (i) К тебé . . . . твой друг Ви́тя. Он обеща́л вернýться вéчером.
 (ii) Вéчером . . . . Ви́тя и мы до́лго разгова́ривали.

(c) [**подходи́л/подошёл**]
 (i) Он . . . . к кио́ску и купи́л газéту.
 (ii) Кто э́то то́лько что . . . . к кио́ску?

(d) [**приезжа́л/приéхал**]
 (i) В про́шлом годý к нам . . . . инспéктор.
 (ii) . . . . отéц! Он ждёт тебя́ в гости́ной.

155 Figurative and idiomatic uses of compound verbs of motion [336]

(1) Insert appropriate **prefixes**:

(a) Но́вый зако́н . . . . .шёл в си́лу в 1992 году́.

(b) Рома́ны Айтма́това . . . . .веден́ы с кирги́зского на ру́сский сами́м а́втором.

(c) Ему́ и в го́лову не . . . . .ходи́ло, что она́ ду́мает о разво́де.

(d) В Сре́дней А́зии и Крыму́ . . . . .во́дят караку́льских ове́ц.

(e) В А́нглии ве́рят, что чёрные ко́шки . . . . .но́сят сча́стье.

(f) Жарго́н 1960-х годо́в давно́ . . . . .шел из употребле́ния.

(g) Кри́зис, разрази́вшийся на Ку́бе в 1962 году́, мог . . . . .вести́ к войне́.

(2) Fill the gaps with **appropriate verb forms**:

(a) Мы вздохну́ли от облегче́ния, когда́ кри́зис . . . .

(b) Она́ . . . . с ним через три го́да по̀сле жени́тьбы.

(c) Перед сном он . . . . все часы́ в на́шем до́ме.

(d) Заку́сочная-автома́т . . . . из стро́я.

(e) Нам . . . . места́ в пе́рвом ряду́ парте́ра.

(f) Макси́м Го́рький . . . . своё де́тство в Ни́жнем-Но́вгороде.

(g) Мы боя́лись, что дед не . . . . опера́цию.

(h) Судья́ . . . . стро́гий пригово́р.

156 Perfectives in **с-** based on multidirectional verbs [337]

(1) Use **past-tense** multidirectional imperfectives (**ходи́л**, etc.) or **perfectives** in **-с**, as appropriate:

(a) **води́ть/своди́ть**

 (i) Она́ . . . . дете́й в цирк.

(ii) Она́ . . . . малыша́ к врачу́ и, верну́вшись, уложи́ла его́ в крова́тку.

(b) **е́здить/съе́здить**

 (i) С прие́здом! Как вы . . . . ?

(ii) На про́шлой неде́ле я . . . . по́ездом в Петербу́рг.

(c) **лета́ть/слета́ть**

 (i) Вертолёт . . . . в больни́цу за че́тверть часа́.

(ii) В про́шлом году́ мы . . . . на кани́кулы во фра́нцию.

(d) **ходи́ть/сходи́ть**

 (i) Вчера́ ве́чером мы . . . . в кино́.

(ii) Он . . . . на ку́хню за ска́тертью и накры́л на стол.

(2) Distinguish meanings of **imperfectives** and **perfectives**, and indicate any stress differences:

Imperfectives

(a) Он **сбегáл** с лéстницы.

(c) Санитáры **свозúли** рáненого с горы́.

(e) Птúца **слетáла** с дéрева.

(g) Онú **сходúли** с пóезда.

Perfectives

(b) Он **сбéгал** на пóчту за мáрками.

(d) Мы **свозúли** ребёнка в поликлúнику.

(f) Онá недáвно **слетáла** в Москву́.

(h) Он **сходúл** в бýлочную за тóртом.

(3) Insert appropriate forms of **сходúть** (pf.):

(a) Я собирáюсь . . . . на вы́ставку.

(b) . . . . за газéтой, пожáлуйста!

(c) Как тóлько магазúн открóется, я . . . . за молокóм.

PARTICIPLES

157 Present active participle. Formation and stress [340–1]

(1) Replace the relative clauses in **котóрый** with present active participles. Mark in stresses.

Example: мáльчик, **котóрый читáет** кнúгу = мáльчик, **читáющий** кнúгу.

(a) собáка, **котóрая бежúт** по бéрегу = собáка, ... по бéрегу

(b) ученúк, **котóрый ведёт** дневнúк = ученúк, ... дневнúк

(c) жéнщина, **котóрая встаёт** из крéсла = жéнщина, ... из крéсла

(d) президéнт, **котóрый лю́бит** свой нарóд = президéнт, ... свой нарóд

(e) пóвар, **котóрый печёт** торт = пóвар, ... торт

(f) дéвочка, **котóрая пúшет** письмó = дéвочка, ... письмó

(g) худóжник, **котóрый рисýет** лóшадь = худóжник, ... лóшадь

(h) лóдка, **котóрая тóнет** в пруду́ = лóдка, ... в пруду́

(i) гóсти, **котóрые смею́тся** анекдóту = гóсти, ... анекдóту

(j) моря́к, **котóрый кýрит** трýбку = моря́к, ... трýбку

(k) болéльщики, **котóрые смóтрят** матч = болéльщики, ... матч

(l) милиционéр, **котóрый стучúт** в дверь = милционéр, ... в дверь.

(2)   Translate the following newspaper headlines into English:

(a) **Веду́щая** роль.

(b) **Басту́ющая** Испа́ния.

....

....

(c) **Спя́щий** гига́нт.

(d) **Расту́щий** интере́с.

....

....

(e) **Стабилизи́рующий** фа́ктор.

(f) Валю́тный кри́зис и **развива́ющийся** мир.

....

....

(g) Съезд, **открыва́ющий** но́вые перспекти́вы.

(h) Ма́льчик, **говоря́щий** по-ру́сски.

....

....

(i) Лао́с, **начина́ющий** но́вую жизнь.

....

158 The past active participle. Formation and stress [342–3]

Replace the relative phrases by **past active participles**.

Example: Среди́ по́ля стоя́л комба́йн, **кото́рый зако́нчил** свою́ рабо́ту.
Среди́ по́ля стоя́л комба́йн, **зако́нчивший** свою́ рабо́ту.

(i) **-вший/-вшая/-вшее/-вшие**

(a) За о́кнами прошла́ молодёжь, **кото́рая возвраща́лась** из теа́тра.

....

(b) Ему́ пришло́сь перелеза́ть через я́щики, **кото́рые лежа́ли** на берегу́.

....

(c) Мини́стры, **кото́рые подписа́ли** соглаше́ние, обменя́лись ру́чками.

....

(d) Лю́ди, **кото́рые поднима́ли** проду́кты из трю́ма, скла́дывали я́щики на при́стани.

....

(e) Его́ прогна́л охо́тник, **кото́рый прибежа́л** на́ берег с ружьём.

....

(f) Лю́ди, **кото́рые разгружа́ли** парохо́д, бы́ли в трю́ме и не ви́дели зве́ря.

....

(g) Же́нщины собира́ли я́блоки, **кото́рые рассы́пались** по всей при́стани.

....

(h) Вдруг одна́ же́нщина, **кото́рая собира́ла** я́блоки, уви́дела медве́дя.

....

(ii) **-ший/-шая/-шее/-шие**

(a) Ю́ноша, **кото́рый** неда́вно **дости́г** совершенноле́тия, получи́л па́спорт.

....

(b) Ленингра́дцы, **кото́рые поги́бли** во вре́мя блока́ды, не забы́ты.

....

(c) Разгружа́ли ледоко́л, **кото́рый привёз** в э́тот поля́рный го́род проду́кты.

....

(d) Но́вые назва́ния отража́ют измене́ния, **кото́рые произошли́** в стране́.

....

(e) Же́нщина, **кото́рая спасла́** дете́й во вре́мя пожа́ра, награждена́ меда́лью.

....

(f) Стари́к, **кото́рый у́мер** от ти́фа, бу́дет похоро́нен послеза́втра.

....

(g) Де́ти, **кото́рые шли** на конце́рт, у́чатся в спецшко́ле.

....

159 The imperfective passive participle. Formation and stress [344–7]

Replace the relative phrases by **imperfective passive participles**, marking in **stresses**.

Example: Собы́тия, **кото́рые опи́сываются** Толсты́м, происходи́ли во времена́ наполео́новских войн.

Собы́тия, **опи́сываемые** Толсты́м, происходи́ли во времена́ наполео́новских войн.

(a) Она́ подпи́сывается на журна́л, **кото́рый издаётся** в Москве́.
(b) Пробле́ма, **кото́рая иссле́дуется** э́тим профе́ссором, вызыва́ет трево́гу.
(c) Мо́ре, **кото́рое освеща́ется** луно́й, отража́ло чёрные те́ни судо́в.
(d) Э́то рабо́та, **кото́рая** не о́чень хорошо́ **опла́чивается** прави́тельством.

(e) Станки́, **кото́рые произво́дятся** на э́том заво́де, выво́зятся за грани́цу.

(f) Мы пла́тим за у́голь, **кото́рый сжига́ется** на заво́де.

(g) Хожу́ на вечера́, **кото́рые устра́иваются** студе́нтами.

(2) Convert the sentences, using **imperative passive participles** in **-аемый/ -имый**, and **stressing** the participles.

Example: Рабо́чие **посеща́ют** клуб. Это клуб, **посеща́емый** рабо́чими.

(a) Ве́тер **го́нит** ли́стья.	Это ли́стья, ... ве́тром.
(b) Ученики́ **лю́бят** учи́теля.	Это учи́тель, ... ученика́ми.
(c) Солда́ты **охраня́ют** грани́цу.	Это грани́ца, ... солда́тами.
(d) Перево́дчик **перево́дит** статью́.	Это статья́, ... перево́дчиком.
(e) Доро́га **пересека́ет** по́ле.	Это по́ле, ... доро́гой.
(f) Учи́тель **проверя́ет** рабо́ты.	Это рабо́ты, ... учи́телем.
(g) Газе́та **публику́ет** фотогра́фию.	Это фотогра́фия, ... газе́той.
(h) Студе́нт **сдаёт** экза́мен.	Это экза́мен, ... студе́нтом.

160 Formation of the perfective passive participle from infinitives in **-ать/ -ять** [349]

Convert the sentences from **active** to **passive**.

Example: Фе́рмеры **убра́ли** урожа́й. Урожа́й **у́бран** фе́рмерами.

(a) Милиционе́р **арестова́л** во́ра. Вор . . . . милиционе́ром.

(b) Партиза́ны **взорва́ли** мост. Мост . . . . партиза́нами.

(c) Тури́ст **записа́л** а́дрес. А́дрес . . . . тури́стом.

(d) Оте́ц **зарабо́тал** э́ти де́ньги. Э́ти де́ньги . . . . отцо́м.

(e) Делега́ты **избра́ли** президе́нта. Президе́нт . . . . делега́тами.

(f) Оте́ц **наказа́л** ма́льчика. Ма́льчик . . . . отцо́м.

(g) Брат **написа́л** письмо́. Письмо́ . . . . бра́том.

(h) Де́ти **нарисова́ли** э́ти карти́нки. Э́ти карти́нки . . . . детьми́.

(i) Прави́тельство **отозва́ло** посла́. Посо́л . . . . прави́тельством.

(j) Студе́нт **прочита́л** статью́. Статья́ . . . . студе́нтом.

(k) Ма́льчик **собра́л** э́ти ма́рки. Э́ти ма́рки . . . . ма́льчиком.

161 Formation of the long-form (attributive) participle from verbs in -ать/-ять [351]

Replace **short** forms by **long** forms, as shown.

Example: Гро́здья виногра́да **сре́заны** колхо́зниками.
Она́ собира́ет гро́здья виногра́да, **сре́занные** колхо́зниками.

(a) Хулига́н **аресто́ван** мили́цией.
Хулига́н, ... мили́цией — студе́нт тѐхинститу́та.

(b) Ви́за **вы́дана** ко́нсульством.
Ви́за, ... ко́нсульством, лежи́т на столе́.

(c) Ра́на **забинто́вана** санита́ром.
Ра́на, ... санита́ром, зажила́.

(d) Клад **зако́пан** ри́млянами.
Археоло́ги обнару́жили клад, ... ри́млянами.

(e) Де́ньги **зарабо́таны** его́ жено́й.
Он истра́тил де́ньги, ... его́ жено́й.

(f) Пи́сьма **напи́саны** её му́жем.
Она́ сохрани́ла пи́сьма, ... её му́жем.

(g) Бланк **при́слан** министе́рством.
Она́ заполня́ла бланк, ... министе́рством.

(h) Пеницилли́н **пропи́сан** врачо́м.
Он доста́л в апте́ке пеницилли́н, ... врачо́м.

162 Formation of the short-form participle from second-conjugation verbs in -ить/-еть [352]

(1) Participles in **-ен** from **stem**-stressed infinitives. Convert active into **passive** constructions, placing the agent word in the **instrumental case**.

Example: Орке́стр **испо́лнил** сона́ту. Сона́та **испо́лнена** орке́стром.

(a) Дире́ктор **запо́лнил** бланк.   Бланк . . . .

(b) Нача́льник **зачи́слил** её на
слу́жбу.   Она́ . . . .

(c) Врач **изме́рила** температу́ру.   Температу́ра . . . .

(d) Догово́р **ограни́чил** ввоз
пшени́цы.   Ввоз пшени́цы . . . .

(e) Оди́н колле́га **оспо́рил** моё
мне́ние.   Моё мне́ние . . . .

(f) Меха́ник **прове́рил** аккуму-
ля́тор.   Аккумуля́тор . . . .

(g) Мать **прове́трила** ко́мнату.   Ко́мната . . . .

(h) Пу́ля **ра́нила** солда́та.   Солда́т . . . .

(2) Participles in **-ен/-ён** from **end**-stressed infinitives. Mark stresses and translate:

(a) Телеви́зор **включен**. . . . .

(b) План **изменен**. . . . .

(c) Фроло́в **исключен** из па́ртии. . . . .

(d) Оте́ц **лишен** роди́тельских прав. . . . .

(e) Больно́й **осмотрен** врачо́м. . . . .

(f) Престу́пник **осужден**. . . . .

(g) Съезд **отложен**. . . . .

(h) Паке́т **получен** сего́дня. . . . .

(i) Де́душка **похоронен**. . . . .

(j) Уби́йца **приговорен** к сме́рти. . . . .

(k) Он был **принужден** сда́ться. . . . .

(l) Враг **разоружен**. . . . .

(m) Вопро́с **решен**. . . . .

(n) Дуб **спилен** леснико́м. . . . .

(3) Participles in **-ён/-ена́/-ено́/-ены**. Mark in stresses:

(a) Свет **включён**.   Ла́мпа . . . .

(b) Весе́нний сев **завершён**.   Убо́рка урожа́я . . . .

(c) Го́род **затемнён**.   Столи́ца . . . .

(d) Пистоле́т **заряжён**.   Ружьё . . . .

(e) Вор **лишён** свобо́ды.   Во́ры . . . .

(f) Парохо́д **разгружён**.   Ба́ржа . . . .

(g) Са́мый тру́дный вопро́с
     разрешён.   Други́е вопро́сы то́же . . . .

(h) Пригово́р **смягчён**.   Наказа́ние . . . .

163 Consonant mutation in participles from second-conjugation infinitives in **-ить/-еть** [353]

(1) Make **short-form participles** from the verbs shown, marking **stress**:

(a) Сосна́ [**сруби́ть**] леснико́м. . . . .

(b) Тури́сты бы́ли [**огра́бить**] банди́тами. . . . .

(c) Материа́лы [**доста́вить**] на стро́йку. . . . .

(d) Он был [**задави́ть**] на пешехо́дной доро́жке. . . . .

(e) Портре́т ещё не [**обра́мить**]. . . . .

(f) Она́ была́ [**утоми́ть**] дли́нным разгово́ром. . . . .

(g) Фотогра́фия была́ [**прикрепи́ть**] к ви́зе. . . . .

(h) Кре́йсер был [**затопи́ть**] подво́дной ло́дкой. . . . .

(i) Зарпла́та [**заморо́зить**] до сле́дующего бюдже́та. . . . .

(j) На плака́те [**изобрази́ть**] го́лубь. . . . .

(k) Ба́ржа [**загрузи́ть**] дрова́ми. . . . .

(l) Я́блоки уже́ бы́ли [**взве́сить**] на веса́х. . . . .

(m) Она́ не была́ [**пригласи́ть**] на приём. ....
(n) Луг уже́ [**скоси́ть**]. ....
(o) Раке́та была́ [**запусти́ть**] на орби́ту. ....

(2) Convert active into **passive** constructions.

(i) **д: ж**

Example: Хозя́йка **отгла́дила** руба́шку.
Руба́шка **отгла́жена** хозя́йкой.

(a) Садо́вник **посади́л** де́рево.   Де́рево .... садо́вником.
(b) Его́ **разбуди́л** гудо́к.   Он был .... гудко́м.
(c) Сапёры **сооруди́ли** мост.   Мост .... сапёрами.

(ii) **д: жд**

Example: Учи́тель **награди́л** ученика́. Учени́к **награждён** учи́телем.

(a) Враг **осади́л** го́род.   Го́род .... враго́м.
(b) Сою́зники **освободи́ли** го́род.   Го́род .... сою́зниками.
(c) Мини́стр **подтверди́л** реше́ние.   Реше́ние .... мини́стром.

(iii) **т: ч**

Example: Моро́з **испо́ртил** проду́кты. Проду́кты **испо́рчены** моро́зом.

(a) Террори́сты **захвати́ли** зало́жников.   Зало́жники .... террори́стами.
(b) Де́ти **истра́тили** все де́ньги.   Все де́ньги .... детьми́.
(c) Хозя́йка **оплати́ла** счёт.   Счёт .... хозя́йкой.

(iv) **т: щ**

Example: Со́лнце **освети́ло** поля́. Поля́ **освещены́** со́лнцем.

(a) А́рмия **защити́ла** го́род.   Го́род .... а́рмией.
(b) Инспе́кторы ГАИ́ **запрети́ли** обго́н.   Обго́н .... инспе́кторами ГАИ́.
(c) Мини́стры **прекрати́ли** перегово́ры.   Перегово́ры .... мини́страми.

164 Formation of the long-form (attributive) participle from second-conjugation verbs in **-ить/-еть** [354]

(1) Translate the following headlines, indicating the **infinitive** from which each form derives and noting the difference in the translation of **short** and **long** forms, and their **position** in the phrase:

(i) Short forms

(a) План **вы́полнен**.   (b) Перегово́ры **отло́жены**.

....

(c) Це́ны на нефть не бу́дут **сни́жены**.

(d) Де́ятельность **возобновлена́**.

....

....

(e) **Назна́чен** но́вый премье́р.

(f) **Утверждены́** законопрое́кты.

....

....

(ii) Long forms

(a) **Запрещённый** экспериме́нт.

(b) **Невы́полненные** обеща́ния.

....

....

(c) **Вы́нужденная** стро́гость.

(d) **Повы́шенные** обяза́тельства.

....

....

(e) Эпило́г, **напи́санный** дру́гом.

(f) Диа́гноз, **поста́вленный** исто́рией.

(2) Replace the relative phrases with **long-form participles**:

Example: Кружо́к, **кото́рый он со́здал**, по́льзуется большо́й популя́рностью.

Кружо́к, **со́зданный им**, по́льзуется большо́й популя́рностью.

(a) Мост, **кото́рый террори́сты взорва́ли**, ремонти́руется.

....

(b) Рабо́та, **кото́рую он вы́полнил**, о́чень поле́зная.

....

(c) Письмо́, **кото́рое он написа́л**, лежи́т на столе́.

....

(d) Дом, **кото́рый они́ постро́или**, удосто́ен пре́мией.

....

(e) Прое́кт, **кото́рый он предложи́л**, при́нят коми́ссией.

....

(f) У́жин, **кото́рый она́ пригото́вила**, о́чень вку́сный.

....

165 Formation of perfective passive participles (short form) from verbs in -ти, -чь, -зть, -сть [355]

Fill the gaps with **participles** formed from the verbs shown:

(i)(a) Почти́ вся нефть . . . . за грани́цу.   **[вы́везти]**

(b) Рома́ны Толсто́го . . . . на все европе́йские языки́.   **[перевести́]**

(c) Весь но́вый материа́л бу́дет .... до
экза́мена.   [**пройти́**]
(d) Мно́гие из домо́в на на́шей у́лице ....   [**снести́**]
(ii) (a) Автомоби́льные фа́ры бы́ли ....   [**зажéчь**]
(b) Ло́шадь .... в теле́гу.   [**запря́чь**]
(c) На́ши колле́ги .... к уча́стию в э́той
рабо́те.   [**привлéчь**]
(iii) (a) Всё бы́ло .... и вы́пито.   [**съесть**]
(b) Все э́ти фа́кторы должны́ быть ....   [**учéсть**]

166 Long-form participles from verbs in **-ти**, **-чь**, **-зть**, **-сть** [356]

Translate, comparing and contrasting **short** and **long** forms:

(i) (a) **Дости́гнуто** соглаше́ние о переми́рии.

....

(b) Соглаше́ние, **дости́гнутое** сторона́ми, пе́рвый шаг в урегули́-
ровании конфли́кта.

....

(ii) (a) Торт **испечён** бу́лочником.

....

(b) Торт, **испечённый** бу́лочником, получи́л приз на вы́ставке.

....

(iii) (a) Докуме́нты **на́йдены** на доро́ге.

....

(b) Он доста́вил в мили́цию докуме́нты, **на́йденные** им на доро́ге.

....

(iv) (a) Де́ти **спасены́** пожа́рниками.

....

(b) Де́ти, **спасённые** пожа́рниками, благода́рны свои́м спаса́-
телям.

....

(v) (a) Часы́ **укра́дены** во́ром.

....

(b) Часы́, **укра́денные** во́ром, он получи́л в пода́рок от жены́.

....

167 Perfective passive participles in -т [357]

Convert from active into **passive**, as shown.

Example: Он **застегну́л** пальто́. Пальто́ **застёгнуто**.

(a) Мать **вы́шила** руба́шку.   Руба́шка ....
(b) Он **дости́г** свое́й це́ли.   Цель ....
(c) **За́няли** сто́лик.   Сто́лик ....
(d) Оте́ц **за́пер** сунду́к.   Сунду́к ....
(e) Де́вочку **оде́ли** в бе́лое.   Де́вочка .... в бе́лое.
(f) Она́ **откры́ла** окно́.   Окно́ ....
(g) **По́дняли** флаг.   Флаг ....
(h) Он **при́нял** ме́ры.   Ме́ры ....
(i) Они́ **разви́ли** промы́шлен-
    ность.   Промы́шленность ....
(j) Они́ **сби́ли** самолёт.   Самолёт ....

168 The long form of participles in -т [358]

Translate the news headlines into English:

(i) Short forms (note position in the phrase):

(a) Те́ма **забы́та**?   (b) Сезо́н **откры́т**.

....

(c) **Раскры́та** у̀льтрапра́вая   (d) Флаг **по́днят**.
    организа́ция.

....

(e) **При́няты** но́вые зако́ны.   (f) **Дости́гнуто** соглаше́ние.

....

(ii) Long forms

(a) Уважа́ть **дости́гнутые**   (b) Окно́, **откры́тое** в мир.
    соглаше́ния.

....

(c) Экономи́ческий прогре́сс, **дости́гнутый** страно́й.

....

169 Functions of short-form participles [359]

(1) Translate into Russian, using **perfective passive participles** and **imperfective reflexives**, as appropriate:

(a) Prices **have been raised**. They **are raised** every year.

....

(b) The door was **locked**. It is always **locked** after supper.

....

(c) This article will be **translated** at once. Most articles **are translated** immediately.

....

(d) The bill **has been paid**. Bills **are** usually **paid** promptly.

....

(e) The form **has been filled in**. Forms **take** a long time to **fill in**.

....

(f) The TV **has been switched off**. It **is** always **switched off** at 10 p.m.

....

(g) The contract **has been signed**. Contracts **are** usually **signed** on Fridays.

....

(2) Translate, noting the **positional variants** of the short participles:

(a) Флаг **опу́щен**.   (b) Догово́р **ратифици́рован**.

....

(c) **Постро́ен** тра́кторный заво́д.   (d) **Обсуждены́** актуа́льные вопро́сы.

....

(e) **Подпи́сано** соглаше́ние.   (f) **При́няты** ва́жные реше́ния.

....

170 Functions of long-form participles [360]

(1) Replace relative clauses in **кото́рый** by clauses containing **active participles**.

(i) (a) Спортсме́н, **кото́рый бежи́т** впереди́, чемпио́н Евро́пы.

....

(b) Же́нщина, **кото́рая вышива́ет** руба́шку, рабо́тает в на́шей арте́ли.

....

(c) Прекра́сен вид, **кото́рый открыва́ется** с ве́рхних этаже́й зда́ния.

....

(d) Бу́лочник, **кото́рый печёт** торт, получи́л пре́мию на вы́ставке.

....

(e) Старики́, **кото́рые стоя́т** в о́череди, неда́вно ушли́ на пе́нсию.

        . . . .

(ii) (a) Листки́, **кото́рые призыва́ли** гра́ждан голосова́ть на вы́борах, расклеили по всему́ го́роду.

        . . . .

   (b) Тури́сты, **кото́рые прие́хали** в Москву́, посети́ли Кремль.

        . . . .

   (c) Все космона́вты, **кото́рые находи́лись** на косми́ческом кора́бле́, благополу́чно верну́лись на зе́млю.

        . . . .

   (d) Э́то челове́к, **кото́рый привы́к** к поря́дку.

        . . . .

   (e) На ка́рте отрази́лись измене́ния, **кото́рые произошли́** в Росси́и.

        . . . .

(2) **Replace** active by **passive** participles.

Example: Студе́нты, **изуча́ющие** языки́, наде́ются стать перево́дчиками.

Языки́, **изуча́емые** студе́нтами, все отно́сятся к славя́нской гру́ппе.

(a) Депута́ты, **обсужда́ющие** но́вый прое́кт, знако́мы со все́ми его подро́бностями.

Прое́кт, ... депута́тами, весьма́ перспекти́вен.

(b) Студе́нты, **организу́ющие** ве́чер, у́чатся на филфа́ке.

Ве́чер, ... студе́нтами, вызыва́ет всео́бщий интере́с.

(c) Архите́кторы, **создаю́щие** прое́кт но́вой галере́и, ро́дом из Ита́лии.

Прое́кт но́вой галере́и, ... архите́кторами, уже́ гото́в.

(d) Ора́тор, **употребля́ющий** таки́е пла́менные слова́, оди́н из на́ших колле́г.

Пла́менные слова́, ... ора́тором, произвели́ глубо́кое впечатле́ние.

(e) Ученики́, **чита́ющие** рома́н Толсто́го, гото́вятся к экза́мену.

Рома́н, ... ученика́ми, изве́стен по всему́ ми́ру.

(3) Convert short-form perfective passive participles into **long forms** and translate:

Example: Вопро́с о компенса́ции **по́днят** одни́м из депута́тов.

Вопро́с о компенса́ции, **по́днятый** одни́м из депута́тов, обсужда́лся на плена́рном заседа́нии.

(a) Бланк **заполнен**. Бланк, ... кандидатом, лежит в ящике.

(b) Ракета **запущена**. Ракета, ... 40 минут назад, вышла на орбиту.

(c) Меры **приняты**. Меры, ... комиссией, уже достигли своей цели.

(d) Роман **переведён** на все языки мира. Роман, ... на все языки мира, описывает события 20-х годов.

(e) Гости **приглашены** на вечер. Гости, ... на вечер, собрались в гостиной.

171 Agreement of long-form participle and noun [361]

Replace **который**-clauses with participial clauses. Ensure that the participle **agrees** in **case**, **gender** and **number** with its antecedent.

(i) Present active

(a) Она помогает **ученику, который готовит** уроки.

. . . .

(b) Она хвалит **девочек, которые занимаются** в библиотеке.

. . . .

(c) Выпущена марка с изображением **матери, которая оплакивает** ребёнка.

. . . .

(d) Я знаю **мальчика, который пишет** письмо.

. . . .

(e) Он доволен **студентом, который читает** реферат.

. . . .

(ii) Past active

(a) Собаки лизали руки **людям, которые готовили** их к полёту.

. . . .

(b) Она сердита на **своего помощника, который забыл** завести часы.

. . . .

(c) Они радостно смотрели на **людей, которые собрались** вокруг них.

. . . .

(d) Она гордится **своим сыном, который сдал** экзамен на отлично.

. . . .

(e) Вы знаете пловчиху, **которая установила** новый мировой рекорд?

. . . .

(iii) Imperfective passive

(a) На террито́рии, **кото́рую занима́ет** вы́ставка, о̀коло 10 павильо́нов.

....

(b) Он привлёк внима́ние к **вопро́су, кото́рый** депута́ты **обсужа́ют** в парла́менте.

....

(c) На **ве́чере, кото́рый** студе́нты **организу́ют**, выступа́ет наш друг.

....

(d) Она́ включи́ла в спи́сок **кни́гу, кото́рую лю́бят** по всему́ ми́ру.

....

(e) Посети́тели любу́ются **маши́нами, кото́рые** рабо́чие **произво́дят** на э́том заво́де.

....

(iv) Perfective passive

(a) Дире́ктор шко́лы сосредото́чила своё внима́ние на **рабо́тах, кото́рые испра́вил** учи́тель фи́зики.

....

(b) Она́ внима́тельно прочита́ла **статью́, кото́рую написа́л** её муж.

....

(c) Тури́сты любова́лись **собо́ром, кото́рый постро́или** в XV ве́ке.

....

(d) Го́сти танцева́ли на **ве́чере, кото́рый организова́ли** студе́нты.

....

(e) В бале́те «Лебеди́ное о́зеро» нам осо́бенно понра́вились та́нцы **де́вушек, кото́рых** волше́бник **преврати́л** в лебеде́й.

....

(f) Он провожа́л **дете́й, кото́рых пригласи́ли** отдыха́ть на мо́ре.

....

(g) Все говоря́т о **реше́ниях, кото́рые при́няли** на заседа́нии.

....

(h) Все сочу́вствовали **де́тям, кото́рых эвакуи́ровали** во вре́мя войны́.

....

172 Text on participles [339–66]

List the participles in their various categories: **present active**, **past active**, **perfective passive** (short and long) and translate.

(a) В после́дние го́ды в не́которых стра́нах появи́лись ма́рки, **посвящённые** те́ме предупрежде́ния несча́стных слу́чаев. Не так давно́ в Аргенти́не была́ **вы́пущена** пе́рвая ма́рка, **призыва́ющая** к осторо́жности на доро́гах. На ней **изображена́ по́днятая** рука́ и на́дпись: «10 ию́ня — День борьбы́ за безопа́сность на доро́гах.»

....

....

(b) Ма́рка, **вы́пущенная** в США́ в ознаменова́ние 50-й годовщи́ны основа́ния Америка́нской автомоби́льной ассоциа́ции, пока́зывает не то́лько **мча́щиеся** по шоссе́ автомоби́ли 1900 и 1950 годо́в; на ней **нарисо́ваны** та́кже ю́ноша и две **спасённые** им шко́льницы. На швейца́рской ма́рке **нарисо́ваны** де́ти, пра́вильно **переходя́щие** у́лицу. Призы́в «будь внима́телен», символи́чески **отображённый** на италья́нской ма́рке, **повторён** и на почто́вых штемпеля́х мно́гих стран.

....

....

(c) На мно́гих ма́рках **пока́заны** сре́дства железнодоро́жной сигнализа́ции, **игра́ющей** таку́ю ва́жную роль в предупрежде́нии несча́стных слу́чаев. Изве́стно, что Джордж Сте́фенсон, **постро́ивший** пе́рвый парово́з, изобрёл и ла́мпу для шахтёров. И на венге́рских ма́рках мы ви́дим портре́т Сте́фенсона и шахтёра, **освеща́ющего** путь рудни́чной ла́мпой.

....

....

(d) Несча́стные слу́чаи явля́ются нере́дко сле́дствием пожа́ров. Э́той те́ме та́кже **посвящено́** не́сколько ма́рок. Брази́лия в ознаменова́ние столе́тия со дня организа́ции пожа́рных кома́нд в стране́ вы́пустила ма́рку, **отпеча́танную** о́гненно-кра́сной кра́ской. На ней **изображён** пожа́рный, **вынося́щий** ребёнка из **пыла́ющего** до́ма. **Проходи́вшему** в Варша́ве междунаро́дному конгре́ссу пожа́рных кома́нд **посвящена́** се́рия из трёх по́льских ма́рок, **пока́зывающих** траги́ческие результа́ты пожа́ров.

....

....

(e) Обзóр мáрок, **посвящённых** тéме предупреждéния несчáстных слýчаев, мóжно заверши́ть указáнием на те из них, котóрые **посвящены́** замечáтельной дéятельности Крáсного Крестá и разли́чных лечéбных учреждéний. На фи́нской мáрке **покáзана** маши́на скóрой пóмощи, а на мáрке, **вы́пущенной** в бы́вшей Юго-слáвии, — сестрá, **дéлающая** переливáние крóви.

....

....

GERUNDS

173 Formation of/stress in the imperfective gerund. Lack of an imperfective gerund [368–71]

Give the gerunds of the following verbs, marking stresses. Where there is no gerund, suggest an **alternative**:

		Gerund or alternative
(a)	знать	....
(b)	читáть	....
(c)	давáть	....
(d)	переставáть	....
(e)	танцевáть	....
(f)	голосовáть	....
(g)	плáкать	....
(h)	писáть	....
(i)	шептáть	....
(j)	ждать	....
(k)	слать	....
(l)	быть	....
(m)	мочь	....
(n)	гнать	....
(o)	говори́ть	....
(p)	держáть	....
(q)	кричáть	....
(r)	стучáть	....
(s)	плати́ть	....
(t)	смотрéть	....
(u)	бежáть	....
(v)	хотéть.	....

(2) Replace the verb forms by **gerunds**.

Example: Она́ хо́дит по до́му **и и́щет** очки́. Она́ хо́дит по до́му, **ища́** очки́.

(a) Я бежа́л к до́му **и дыша́л** с трудо́м.
   Я бежа́л к до́му, ... с трудо́м.

(b) Я стою́ на остано́вке **и жду** авто́бус.
   Я стою́ на остано́вке, ... авто́бус.

(c) Ма́льчик сиди́т **и жуёт** рези́нку.
   Ма́льчик сиди́т, ... рези́нку.

(d) Он сиде́л за столо́м **и кури́л** тру́бку.
   Он сиде́л за столо́м, ... тру́бку.

(e) Она́ идёт по у́дице **и несёт** ребёнка на рука́х.
   Она́ идёт по у́лице, ... ребёнка на рука́х.

(f) Он ходи́л по у́лицам **и продава́л** флажки́.
   Он ходи́л по у́лицам, ... флажки́.

(g) Он стоя́л **и стуча́л** в дверь.
   Он стоя́л, ... в дверь.

(h) Она́ сиде́ла у окна́ **и чита́ла**.
   Она́ сиде́ла у окна́, ...

174 Formation of the perfective gerund [372–6]

Fill the gaps with **perfective gerunds**:

Examples: (i) Он **дописа́л** письмо́ и лёг спать. **Дописа́в** письмо́, он лёг спать.

   (ii) Он **верну́лся** домо́й и поста́вил самова́р. **Верну́вшись** домо́й, он поста́вил самова́р.

   (iii) Он **сошёл** с тротуа́ра и перешёл у́лицу. **Сойдя́** с тротуа́ра, он перешёл у́лицу.

   (iv) Она́ **испекла́** торт и принесла́ его́ на подно́се в столо́вую. **Испёкши** торт, она́ принесла́ его́ на подно́се в столо́вую.

(a) Он **прочита́л** письмо́ и сел за стол, что́бы написа́ть отве́т.
   . . . . письмо́, он сел за стол, что́бы написа́ть отве́т.

(b) Она́ **откры́ла** окно́ и вы́тряхнула кро́шки во двор.
   . . . . окно́, она́ вы́тряхнула кро́шки во двор.

(c) Он **написа́л** письмо́ и вложи́л его́ в конве́рт.
   . . . . письмо́, он вложи́л его́ в конве́рт.

(d) Он **побри́лся, оде́лся** и спусти́лся в вестибю́ль.
   . . . . и . . . ., он спусти́лся в вестибю́ль.

(e) Она́ **вы́шла** из до́ма и вошла́ в гара́ж.
   . . . . из до́ма, она́ вошла́ в гара́ж.

(f) Он **подошёл** к милиционе́ру и спроси́л его́, как пройти́ к Кремлю́.

.... к милиционе́ру, он спроси́л его́, как пройти́ к Кремлю́.

(g) Она́ **перевела́** статью́ и дала́ её реда́ктору на прове́рку.

.... статью́, она́ дала́ её реда́ктору на прове́рку.

(h) Он **зажёг** спи́чку и уви́дел вы́ход из подва́ла.

.... спи́чку, он уви́дел вы́ход из подва́ла.

175 Functions of the gerunds [377]

Replace the clauses printed in **bold** with gerunds:

(i) Imperfective gerunds:

(a) Она́ бы́стро шла по ко́мнате **и вела́** ма́льчика за́ руку.

Она́ бы́стро шла по ко́мнате, ... ма́льчика за́ руку.

(b) **Когда́ я реша́ю** кроссво́рд, я ча́сто смотрю́ в слова́рь.

.... кроссво́рд, я ча́сто смотрю́ в слова́рь.

(c) **Пока́ она́ ждала́** авто́бус, она́ разгова́ривала с подру́гой.

.... авто́бус, она́ разгова́ривала с подру́гой.

(d) **Е́сли вы изуча́ете** кита́йский язы́к, вы име́ете возмо́жность познако́миться с дре́вней культу́рой.

.... кита́йский язы́к, вы име́ете возмо́жность познако́миться с дре́вней культу́рой.

(e) **Так как я вегетериа́нец**, я попроси́л официа́нта принести́ овощно́е рагу́.

.... вегетериа́нцем, я попроси́л официа́нта принести́ овощно́е рагу́.

(f) Она́ вы́слушала речь до конца́ **и не задава́ла** ни одного́ вопро́са.

Она́ вы́слушала речь до конца́, не .... ни одного́ вопро́са.

(ii) Perfective gerunds:

(a) **По̀сле того́ как** он **прочита́л** кни́гу, он верну́л её в библиоте́ку.

.... кни́гу, он верну́л её в библиоте́ку.

(b) **По̀сле того́ как** я **допишу́** письмо́, вы́шлю его́ в Петербу́рг.

.... письмо́, вы́шлю его́ в Петербу́рг.

(c) Она́ **спра́вилась** в телефо́нной кни́ге и набрала́ но́мер.

.... в телефо́нной кни́ге, она́ набрала́ но́мер.

(d) **Я отвезу́** дете́й в шко́лу, пото́м зае́ду к вам.

.... дете́й в шко́лу, я зае́ду к вам.

(e) Так как он **не купи́л** газе́ту, он то́лько ве́чером узна́л результа́т.

Не .... газе́ту, он то́лько ве́чером узна́л результа́т.

(f) **Е́сли вы откро́ете** окно́, вы смо́жете надыша́ться весе́нним во́здухом.

.... окно́, вы смо́жете надыша́ться весе́нним во́здухом.

176 Special features of constructions with gerunds [378]

(1) Tick to show where a gerund would/would **not** be appropriate:

	Gerund	No gerund
(a) **As he read**, he made notes.	. . .	. . .
(b) **As he read**, his audience became interested.	. . .	. . .
(c) **While I was digging**, it began to rain.	. . .	. . .
(d) **While I was digging**, I found an old coin.	. . .	. . .

(2) Translate into Russian, paying special attention to aspect:

(a) Every day, **having had lunch**, she **lies down** for half an hour.

....

(b) **Stepping off** the pavement, he would cross the road, **avoiding the oncoming** cars.

....

(c) **When leaving** a party, **having thanked** the hosts, I say goodbye to the children.

....

(d) **On arriving** home in the evening I like to take a bath.

....

The Adverb

177 Adverbs derived from adjectives/nouns [382–3]

(1) Form adverbs in **-о/-е**, as shown.

Example: Это **бы́стрый** самолёт. Он лети́т **бы́стро**.

(a) Это **интере́сный** челове́к. Он о́чень . . . . рассказывает.

(b) Это была́ **лёгкая** зада́ча. Я . . . . реши́л её.

(c) Это **сро́чная** рабо́та. На́до . . . . вы́полнить её.

(d) Это **тяжёлая** боле́знь. Он . . . . бо́лен.

(e) Это **хоро́ший** певе́ц. Он поёт о́чень . . . .

(f) Это **блестя́щий** пиани́ст. Он . . . . испо́лнил сона́ту.

(g) Это о́чень **и́скренний** челове́к. Он . . . . рад вам.

(2) Give the **opposites** of the following adverbs.

Example: Она́ рабо́тает **мно́го**, а он рабо́тает **ма́ло**.

(a) Он шёл **бы́стро**, а я шёл . . . .

(b) Самолёт лете́л **высоко́**, а вертолёт лете́л . . . .

(c) Я говори́л **гро́мко**, а она́ говори́ла . . . .

(d) Он жени́лся **давно́**, а она́ вы́шла за́муж . . . .

(e) Она́ пришла́ **ра́но**, а он пришёл . . . .

(f) Она́ рабо́тала **хорошо́**, а он рабо́тал . . . .

(3) **(i)** Form adverbs in **-и** from the following adjectives and place in the appropriate gaps:

крити́ческий полити́ческий факти́ческий физи́ческий

(a) Он . . . . гра́мотен.

(b) Она́ . . . . отно́сится к нему́.

(c) Это . . . . невозмо́жно.

(d) Он . . . . о́чень силён.

(ii) Continue the pattern.

Example: Он ру́сский. Он говори́т **по-ру́сски**.

(a) Он англича́нин.   Он говори́т . . . .

(b) Он испа́нец.   Он говори́т . . . .

(c) Он италья́нец.   Он говори́т . . . .

(d) Она́ не́мка.   Она́ говори́т ....

(e) Она́ по́лька.   Она́ говори́т ....

(f) Она́ францу́женка.   Она́ говори́т ....

(4) Insert appropriate adverbs into the gaps:

**по-весе́ннему   по-вое́нному   по-друго́му   по-но́вому
по-пре́жнему   по-ра́зному   по-ста́рому**

(a) Введён но́вый режи́м, одна́ко всё де́лается ....

(b) На дворе́ ещё февра́ль, но сего́дня .... телпо́.

(c) Специали́сты .... подхо́дят к э́той пробле́ме.

(d) Несмотря́ на все неприя́тности, она́ .... весела́.

(e) Раз пе́рвая попы́тка не удала́сь, на́до .... реши́ть э́ту зада́чу.

(f) Солда́т о́тдал честь ....

(g) В XXI ве́ке всё бу́дет де́латься ....

(5) **Location/destination.** Select the correct adverb.

(i) **вдали́/вдаль**

(a) .... ви́ден кора́бль.   (b) Моряки́ смотре́ли........... .

(ii) **внизу́/вниз**

(a) Го́сти сошли́ ....   (b) Столо́вая нахо́дится ....

(iii) **впереди́/вперёд**

(a) .... е́хал милиционе́р.   (b) Э́то большо́й шаг ....

(iv) **за грани́цей/за грани́цу**

(a) Она́ всю жизнь провела́ ..... .   (b) В о́тпуск я обы́чно е́зжу .... .

(v) **наверху́/наве́рх**

(a) Де́ти поднима́ются ....   (b) Все спа́льни нахо́дятся ....

(vi) **за́мужем/за́муж**

(a) Она́ вы́шла .... в ма́рте.   (b) Она́ .... уже́ бо́льше го́да.

178 Adverbs derived from pronouns [386]

(1) **Тепе́рь/сейча́с**. Insert one **or** either adverb, as appropriate:

(a) Не входи́те. Мы за́няты ....

(b) Он вы́йдет .... и вы смо́жете обрати́ться к нему́.

(c) Его́ нет, но он .... был здесь.

(2) Insert, as appropriate, **почему́?** (cause) or **заче́м?** (purpose):

(i) (a) — .... ты купи́ла пирамидо́н? — У меня́ голова́ боли́т.

(b) — .... ты купи́ла пирамидо́н? — На вся́кий слу́чай. Е́ду в о́тпуск.

(ii) (a) — .... ты завела́ ко́шку? — Что̀бы она́ лови́ла мыше́й.

(b) — .... ты завела́ ко́шку? — Ста́ло ску́чно жить одно́й.

(iii) (a) — .... ты продала́ телеви́зор? — Де́ти смотре́ли с утра́ до ве́чера.

(b) — .... ты продала́ телеви́зор? — Хочу́ купи́ть стира́льную маши́ну.

(iv) (a) — .... ты вы́ключила свет? — Он меша́л де́тям спать.

(b) — .... ты вы́ключила свет? — Хочу́ прояви́ть плёнку.

179 Primary spatial adverbs [387]

Translate into Russian:

(i) (a) **Where** do you work? ....

(b) **Where** does this bus go to? ....

(ii) (a) I work **here**. ....

(b) Come **here**! ....

(iii) (a) Do you know Kiev? I often spend my holidays **there**.

....

(b) Yes, I am going **there** next week.

....

(iv) (a) **Where** are you **from**? Siberia? ....

(b) Yes, I was born a long way **from here**. ....

(c) Yevtushenko is **from there** too. ....

180 Primary adverbs of time [388]

(1) Insert **тогда́** or **пото́м**, as appropriate:

(a) Он останови́л маши́ну, ... откры́л бага́жник.

(b) Е́сли вы не мо́жете, ... я вам помогу́.

(c) ...., в 1960 году́, он рабо́тал на фа́брике.

(2) Insert **когда́** or **как**, as appropriate:

(a) .... я шёл через мост, поду́л си́льный ве́тер.

(b) Они́ смотре́ли, ... ма́льчики игра́ли в футбо́л.

(c) Она́ как раз накрыва́ла на стол, ... вдруг пога́с свет.

(d) Мы жда́ли, ... он пода́ст сигна́л.

(e) Не прошли́ они́ и 100 шаго́в, ... по́няли, что что́-то не так.

(f) Мы слу́шали, ... де́ти пе́ли наро́дные пе́сни.

(g) Едва́ он завёл мото́р, ... послы́шался скре́жет.

(h) Не успе́л я предупреди́ть команди́ра, ... проти́вник откры́л ого́нь.

(i) Ребёнком я люби́л, ... роди́тели приглаша́ли госте́й.

(j) Слы́шно, ... самолёты летя́т над голово́й.

181 Ещё, ещё не, ещё раз [389–90]

(1) **Ещё/другой**. Translate into Russian:
(a) This plate is dirty. Give me **another one**.

....

(b) There are two guests and only one plate. Please bring **another one**.

....

(c) That sandwich was delicious. Please give me **another one**.

....

(d) They're vegetarians. You'll have to use **another** filling!

....

(2) **Ещё/ещё не/уже не**. Translate:
(a) 'Are you **still** here? Hasn't she arrived **yet**?'

....

(b) 'She doesn't come here **any more**.'

....

(3) Explain the use of **ещё раз**, **снова** and **опять** in the following sentences:
(a) Он позвонил вчера и **ещё раз** сегодня, чтобы пожелать мне успеха.
(b) Он бросил курить год назад, но недавно **снова** стал покупать сигареты.
(c) **Опять** ребёнок плачет! Давно пора врача вызывать!

182 The temporal adverbs долго, давно and недавно [391]

(1) Use **долго** or **давно**, as appropriate:
(a) Он уже .... женат.
(b) Она .... была замужем, но недавно она развелась.
(c) Каждый день он .... работает над проектом.
(d) Утром я .... умываюсь и одеваюсь.
(e) Он уже .... служил в армии, когда наконец стал офицером.
(f) Это произошло очень ...., в 1901 году.

(2) Use **недавно** or **(в/за) последнее время**, as appropriate:
(a) Он умер ....   (b) .... было холодно.
(c) .... не было дождя.   (d) .... она ушла на
пенсию.

183 То́же, та́кже [394]

Use **то́же** or **та́кже**, as appropriate:

(a) Ста́лин был из Гру́зии, и Бе́рия . . . . был из Гру́зии.

(b) Амударья́ впада́ет в Ара́льское мо́ре; Сырдарья́ . . . . впада́ет в Ара́льское мо́ре.

(c) Чайко́вский написа́л 11 о́пер. Он . . . . написа́л 3 бале́та и 6 симфо́ний.

(d) Пу́шкин поги́б на дуэ́ли. Ле́рмонтов . . . . поги́б на дуэ́ли.

(e) Террори́сты потре́бовали 10 миллио́нов до́лларов, а . . . . чтобы им да́ли возмо́жность полете́ть куда́-нибудь за грани́цу.

(f) Бы́ло подпи́сано соглаше́ние о расшире́нии экономи́ческих свя́зей, а . . . . культу́рных конта́ктов.

184 Indefinite adverbs (adverbs in -то and -нибудь) [395]

Fill the gaps with appropriate forms:

(i) где́-то/где́-нибудь

(a) Он живёт . . . . в Москве́. Я забы́л, где и́менно.

(b) Она́ учи́лась не . . . ., а в МГУ́!

(c) Он реши́л купи́ть дом . . . . в при́городе.

(ii) ка́к-то/ка́к-нибудь

(a) Ей . . . . удало́сь отпере́ть дверь и подня́ть трево́гу.

(b) . . . . ну́жно предупреди́ть колле́г об опа́сности.

(c) Вы не мо́жете . . . . устро́ить, что́бы мы встре́тились?

(iii) когда́-то/когда́-нибудь

(a) Мы ещё раз встре́тимся . . . .   ?

(b) Я . . . . слы́шал э́ту мело́дию.

(c) Позвони́ мне . . . ., когда́ бу́дешь свобо́ден.

(iv) куда́-то/куда́-нибудь

(a) В о́тпуск мы всегда́ е́здим . . . . за грани́цу.

(b) Я, должно́ быть, ... дел очки́.

(c) Пойдём . . . . погуля́ть.

(v) почему́-то/почему́-нибудь

(a) Е́сли он . . . . пропу́стит по́езд, мы пое́дем без него́.

(b) Он . . . . оби́делся на мои́ слова́.

(c) Он всегда́ . . . . опа́здывает на рабо́ту.

185 The negative adverbs нигде́, никуда́, ниотку́да, никогда́, ника́к, ниско́лько [396]

(1) Answer the following questions in the **negative**.

Example: **Когда́** вы занима́етесь спо́ртом? Я **никогда́ не** заниима́юсь спо́ртом.

(a) **Где** вы у́читесь? Я . . . . учу́сь. Я рабо́таю на заво́де.

(b) **Как** я могу́ вы́играть? Я . . . . могу́ вы́играть.

(c) **Когда́** вы занима́етесь со студе́нтами? Я . . . . занима́юсь со студе́нтами.

(d) **Куда́** вы е́дете в воскресе́нье? Я . . . . е́ду в воскресе́нье.

(e) **Отку́да** вы получа́ете газе́ты? Я . . . . получа́ю газе́т.

(2) Accumulation of negatives. Translate into English:

(a) **Никто́ никогда́ никуда́ не** е́здит по воскресе́ньям.

. . . .

(b) **Никто́ ника́к не** мог реши́ть зада́чу.

. . . .

(c) **Никто́ никогда́ ниотку́да не** получа́ет пи́сем.

. . . .

(3) **Ни ра́зу не/не раз**. Complete, as appropriate:

(a) Он о́чень пло́хо игра́л в чемпиона́те и . . . . заби́л гол.

(b) Она́ . . . . принима́ла уча́стие в перегово́рах. Все порази́-
лись её красноре́чию.

(c) Космона́вты . . . . выходи́ли в откры́тый ко́смос и произво-
ди́ли ремо́нтные рабо́ты.

(d) Он . . . . извини́лся перед на́ми — что всех огорчи́ло.

(4) 'Any-'/'ever'. Translate into Russian, using either indefinite adverbs in **-нибудь** or negative adverbs in **ни-**, as appropriate:

(a) Are you going **anywhere**? No, I am **not** going **anywhere**. **No one** is going **anywhere**. **No one ever** goes **anywhere**.

. . . .

(b) Do you **ever** take a taxi? No, I **never** take a taxi. **No one ever** takes a taxi.

. . . .

(c) May one smoke **anywhere** on this floor? No, you may **not smoke anywhere** in this building.

. . . .

(d) He **hardly ever** works in the library.

. . . .

186   The negative adverbs не́где, не́куда, не́когда, не́откуда, не́зачем [397]

(1)   **Reword** the following, using adverbs in **не-**.

Example: **У меня́ нет вре́мени** смотре́ть за детьми́.

   Мне не́когда смотре́ть за детьми́.

   не́где   не́зачем   не́когда   не́куда   не́откуда

(a)   **Не́ было ме́ста, куда́ мы** могли́ бы поста́вить чемода́н.

   . . . . поста́вить чемода́н.

(b)   **У меня́ нет необходи́мости** обраща́ться к нему́ за по́мощью.

   . . . . обраща́ться к нему́ за по́мощью.

(c)   **Нет ме́ста, где они́** могли́ бы жить.

   . . . . жить.

(d)   **У меня́ нет вре́мени** гуля́ть.

   . . . . гуля́ть.

(e)   **Нет ме́ста, отку́да моя́** сестра́ могла́ бы получа́ть пи́сьма.

   . . . . получа́ть пи́сьма.

(2)   Replace negative adverbs in **ни-** by negative adverbs in **не-**.

Example: Я **нигде́ не** живу́. Мне **не́где** жить.

(a)   Она́ **нигде́ не** рабо́тает. . . . .

(b)   Он **никуда́ не** идёт. . . . .

(c)   Она́ **никогда́ не** хо́дит в теа́тр. . . . .

(d)   Я **ниотку́да не** получа́ю пи́сем. . . . .

(3)   Translate into Russian:

(a)   **I have nowhere** to go.

(b)   **They had nowhere** to live.

   . . . .

(c)   **There is no point in** our protesting.

(d)   **He will have no time** to phone her.

   . . . .

187   Comparative adverbs [398]

(1)   Insert appropriate forms to create **comparative** constructions, using **в** or **на**, as appropriate

(a)   Она́ прие́хала . . . . по́лчаса́ **по́зже, чем обы́чно.**

(b)   Он получа́ет . . . . три ра́за **бо́льше** де́нег, чем я.

(c)   Наш самолёт лете́л . . . . ты́сячу ме́тров **вы́ше**, чем обы́чно.

(d)   Мы е́хали . . . . 20 киломе́тров в час **быстре́е**, чем ра́ньше.

(e)   В конце́ марофо́нского бе́га он бежа́л . . . . два ра́за **ме́дленнее**, чем в нача́ле.

(2) Replace the **чем** clauses with **genitives**.

Example: Он ехал быстрее, **чем я**. Он ехал быстрее **меня**.

(a) Самолёт летит выше, **чем вертолёт**. ....
(b) Она говорила громче, **чем он**. ....
(c) Водка стоит дороже, **чем вино**. ....
(d) Я приехал раньше, **чем мой брат**. ....

(3) Translate into Russian:

(a) He visits me **much more rarely**.

....

(b) The train is going **twice as fast** as the car.

....

(c) He left **ten minutes earlier** than he should have done.

....

(d) **The further** we live from town **the better**.

....

(e) He wants to buy the house **as cheaply as possible**.

....

188 The superlative adverb [400]

Insert **всего** or **всех**, as appropriate:

(a) Все ученики плохо учатся, а Володя учится **хуже** ....
(b) Она знает много языков, но немецкий она знает **лучше** ....
(c) Несмотря на сильную конкуренцию, Борзов бежал **быстрее** ..... .
(d) **Чаще** ....она ходила к врачу, когда не могла спать.
(e) Река Обь **уже** ....в этом месте.

The Preposition

189 The preposition о/об/обо [402]

Use **о/об/обо**, as appropriate:

Мы разгова́ривали:

(a) . . . . а́томе
(b) . . . . Япо́нии
(c) . . . . э́тике
(d) . . . . е́лях
(e) . . . . Индии
(f) . . . . о́строве
(g) . . . . ёлке
(h) . . . . у́жине
(i) . . . . ю́ге
(j) . . . . мне.

190 The mobile vowel -о [404]

Choose the correct alternative from those given in brackets:

(i) Words beginning **вр-, вс-, вт-, дн-, мн-**

(a) [в/во] вре́мя войны́
(b) [с/со] вре́мени пу́тча
(c) [о/обо] всём
(d) [в/во] всех стра́нах
(e) [от/ото] всего́ се́рдца
(f) [с/со] всего́ све́та
(g) [в/во] вто́рник
(h) [к/ко] второ́му ма́я
(i) пода́рок [к/ко] дню рожде́ния
(j) он зашёл [к/ко] мне
(k) [с/со] дня его́ сме́рти
(l) он [в/во] мно́гих отноше́ниях прав
(m) оди́н [из/изо] мно́гих друзе́й
(n) она́ говори́ла [с/со] мно́гими людьми́
(o) она́ танцева́ла [с/со] мной
(p) он стоя́л [перед/передо] мной.

(ii) Others

(a) ко́мната [с/со] столо́м
(b) [с/со] ско́ростью 50 к/ч
(c) [в/во] финля́ндии
(d) [в/во] фра́нции
(e) [к/ко] среде́
(f) [с/со] среды́
(g) [в/во] и́мя дру́жбы
(h) [в/во] фло́те
(i) [в/во] Вьетна́ме
(j) [под/подо] льдом.

SPATIAL PREPOSITIONS

191 **В** and **на** + prepositional/accusative, **из/с** + genitive [408]

(1) Form sequences, as shown.

В/из

Example: **Театр**.

(a) Он ходи́л **в теа́тр**.   (b) Он был **в теа́тре**.

(c) Он верну́лся домо́й **из теа́тра**.

(i) **Апте́ка**

(a) Он ходи́л ....   (b) Он был ....

(c) Он верну́лся домо́й ....

(ii) **Банк**

(a) Он ходи́л ....   (b) Он был ....

(c) Он верну́лся домо́й ....

(iii) **Библиоте́ка**

(a) Он ходи́л ....   (b) Он был ....

(c) Он верну́лся домо́й ....

(iv) **Шко́ла**

(a) Он ходи́л ....   (b) Он был ....

(c) Он верну́лся домо́й ....

На/с

Example: **Стол**

(a) Она́ кладёт каранда́ш **на стол**.   (b) Каранда́ш лежи́т **на столе́**.

(c) Она́ берёт каранда́ш **со стола́**.

(i) **По́лка**

(a) Она́ ста́вит кни́гу ....   (b) Кни́га стои́т ....

(c) Она́ берёт кни́гу ....

(ii) **Прила́вок**

(a) Она́ кладёт поку́пку ....   (b) Поку́пка лежи́т ....

(c) Она́ берёт поку́пку ....

(iii) **Стена́**

(a) Она́ пове́сила ка́рту ....   (b) Ка́рта виси́т ....

(c) Она́ снима́ет ка́рту ....

(2) **Destination** and **withdrawal**.

Examples: Иду́ **в больни́цу**. Иду́ домо́й **из больни́цы**.

           Иду́ **на ста́нцию**. Иду́ домо́й **со ста́нции**.

(a) Иду́ **в магази́н**.   Иду́ домо́й ....

(b) Иду́ **в рестора́н**.   Иду́ домо́й ....

(c) Иду́ **в университе́т**.   Иду́ домо́й ....
(d) Иду́ **на вокза́л**.   Иду́ домо́й ....
(e) Иду́ **на заво́д**.   Иду́ домо́й ....
(f) Иду́ **на по́чту**.   Иду́ домо́й ....

(3) Wearing

Example: Я в пиджаке́. Я всегда́ **ношу́** пиджа́к.

(a) Я **в джи́нсах**.   Я всегда́ ....
(b) Я **в очка́х**.   Я всегда́ ....
(c) Я **в га́лстуке**.   Я всегда́ ....
(d) Я **в бе́лой руба́шке**.   Я всегда́ ....

---

192 The use of в and на with geographical terminology and the names of organizations, buildings and parts of buildings [409]

---

(1) В/на + prepositional case with the names of countries and regions. Fill the gaps, as appropriate.

(i) Countries

(a) Ру́сские живу́т .... [**Росси́я**], англича́не .... [**А́нглия**], а куби́нцы .... [**Ку́ба**].

(b) .... [**Украи́на**], ... [**Белару́сь**] и .... [**Казахста́н**] размещено́ я́дерное ору́жие.

(c) Он провёл не́сколько лет .... [**Фра́нция**].

(ii) Natural features and climatic zones

Снима́я популя́рную се́рию тѐлепереда́ч «*В ми́ре живо́тных*», рабо́тники телеви́дения побыва́ли везде́. .... [**степь**] снима́ли сайга́ка, ... [**го́ры**] орла́, ... [**ни́зменность**] Белару́си зу́бра, ... [**поля́ны**] бе́лку, ... [**тайга́**] во́лка, медве́дя и ти́гра, ... [**аркти́ческие острова́**] моржа́ и тюле́ня, ... [**ту́ндра**] оле́ня, ... [**пусты́ня**] газе́ль и верблю́да.

(iii) Mountain areas

(a) .... [**Кавка́з**] тогда́ шли бои́.

(b) Альпини́ст Серге́й У́ткин занима́лся свои́м люби́мым ви́дом спо́рта везде́ — .... [**Ура́л**], ... [**Кавка́зские го́ры**], ... [**А́льпы**], ... [**А́нды**], ... [**Алта́й**], ... [**Пами́р**]

(c) .... [**Пирене́и**] расположе́но госуда́рство Андо́рра.

(iv) **Islands**

(a) Наполео́н роди́лся .... [**Ко́рсика**] и у́мер ....
     [**о́стров Свята́я Еле́на**].

(b) ....[**Крит**] располо́жены па́мятники дре́внего ми́ра.

(c) ....[**Ка́при**] с 1906 г. по 1913 г. жил М. Го́рький.

(d) ....[**Гава́йи**] расту́т анана́сы.

(v) **Peninsulas**

(a) ....[**Камча́тка**] располо́жено 22 вулка́на.

(b) Севасто́поль — черномо́рская ба́за, располо́женная ....
     [**Крым**].

(c) ....[**Аля́ска**] кли́мат тако́й же суро́вый, как и в Сиби́ри.

(vi) **Parts of a town and districts of Moscow**

(a) Теа́тр и́мени Вахта́нгова нахо́дится .... [**Арба́т**].

(b) .... [**Оста́нкино**] располо́жена ба́шня телевизио́нного
     це́нтра.

(c) В 1960-е го́ды .... [**Черёмушки**] бы́ло постро́ено мно́го
     высо́тных домо́в.

(d) Я живу́ .... Каза́нской у́лице, а она́ .... Биржево́м
     переу́лке.

(vii) **Miscellaneous**

(a) В день рожде́ния меня́ пригласи́ли в теа́тр. Мы сиде́ли ....
     [**парте́р**], а не, как обы́чно, ... [**я́рус**], ... [**галёрка**]
     или .... [**балко́н**].

(b) Лопа́ту и гра́бли мы де́ржим .... [**подва́л**], а ста́рые
     альбо́мы и фотогра́фии .... [**черда́к**].

(c) Он у́чится .... [**Каза́нский университе́т**],
     [**филфа́к**], точне́е сказа́ть, ... [**ка́федра**] ру́сского языка́
     как иностра́нного.

(2) **Points of the compass**

Translate into Russian:

(a) Vladivostok is **in the east** of Russia, Murmansk **in the far north**, Rostov-
     on-Don **in the south** and Smolensk **in the west**. Magadan is **in the north-
     east** and Orël **in the south-west**.

     ....

     ....

(b) Trade is developing **in the Far East**.

     ....

(3) **Work-places**

Use **в** and **на** to supply appropriate answers, giving **alternatives** where possible:

апте́ка	аэропо́рт	библиоте́ка	вокза́л	заво́д
ка́федра	колхо́з	по́чта	почта́мт	предприя́тие
рестора́н	склад	стадио́н	ста́нция	стро́йка
университе́т	фа́брика	факульте́т	фе́рма	цирк
шко́ла				

Где работает:

(a) **носи́льщик?** . . . .   (b) **библиоте́карь?** . . . .

(c) **инжене́р?** . . . .   (d) **учи́тель?** . . . .

(e) **почто́вый слу́жащий?** . . . .   (f) **фе́рмер?** . . . .

(g) **официа́нт?** . . . .   (h) **тамо́женник?** . . . .

(i) **апте́карь?** . . . .   (j) **кло́ун?** . . . .

(k) **сто́рож?** . . . .   (l) **строи́тель?** . . . .

(m) **тре́нер?** . . . .   (n) **профе́ссор?** . . . .

(o) **колхо́зник?** . . . .

193 Nouns which may be used with в and на, but with different meanings [410]

Insert **в** or **на** into the gaps, as appropriate:

(i) **Авто́бус** (and other vehicles)

(a) Пассажи́ры сиде́ли . . . . **авто́бусе**, пока́ води́тель меня́л колесо́.

(b) Не люблю́ е́здить . . . . **по́езде**. Предпочита́ю е́здить . . . . **маши́не**.

(c) Мы плы́ли по Ангаре́ . . . . **теплохо́де**.

(ii) **Во́здух**

(a) Ле́том прия́тно сиде́ть ве́чером . . . . **во́здухе**.

(b) . . . . **во́здухе** кружи́лись осе́нние ли́стья.

(iii) **Высота́/глубина́**

(a) Самолёт лете́л . . . . **большо́й высоте́**.

(b) Кора́бль обнару́жили . . . . **глубине́** 500 ме́тров.

(c) Сара́й стоя́л . . . . **глубине́** са́да.

(iv) **Глаза́**

(a) . . . . **его́ глаза́х** я, наве́рно, дура́к.

(b) . . . . **её глаза́х** появи́лись слёзы.

(c) В 1920-е го́ды . . . . **глаза́х** у них вы́росли города́ и сёла.

(v) Гора́

(a) Альпини́сты подняли́сь . . . . **го́ру**.

(b) Мы е́хали . . . . **го́ру** уже́ бо́льше получа́са.

(vi) Двор

(a) . . . . **дворе́** зима́. Ну́жно одева́ться потепле́е.

(b) Де́ти игра́ли . . . . **дворе́** до́ма но́мер 50.

(vii) Ме́сто

(a) Кры́ша течёт . . . . **одно́м ме́сте**.

(b) Почему́ вы сиди́те . . . . **моём ме́сте**?

(c) . . . . **ва́шем ме́сте** я бы протестова́л.

(d) Фо̀тобума́гу ну́жно держа́ть . . . . **тёмном ме́сте**.

(e) . . . . **ме́сте** пре́жнего боло́та сейча́с зелёный луг.

(f) На́ша кома́нда оказа́лась . . . . **тре́тьем ме́сте**.

(g) Придётся иска́ть по́мощи . . . . **друго́м ме́сте**.

(h) Мы разби́ли пала́тку . . . . **ро́вном ме́сте**.

(viii) Мо́ре

(a) Го́род А́страхань нахо́дится . . . . **Каспи́йском мо́ре**.

(b) . . . . **Каспи́йском мо́ре** во́дится осётр.

(c) Кора́бль уже́ давно́ . . . . **откры́том мо́ре**.

(ix) Не́бо

(a) . . . . **не́бе** све́тит по́лная луна́.

(b) . . . . **не́бе** мы уви́дели самолёт.

(x) По́ле

(a) . . . . **овся́но́м по́ле** стоя́л комба́йн.

(b) Колхо́зники не в лесу́, а . . . . **по́ле**.

(xi) Рука́/ру́ки

(a) . . . . **рука́х** он держа́л мой па́спорт.

(B) В ко́мнате сиде́ла молода́я же́нщина с ребёнком . . . . **рука́х**.

(xii) Свет

(a) Неизве́стно, ско́лько ти́гров оста́лось . . . . **све́те**.

(b) . . . . **све́те** неда́вних собы́тий он реши́л отмени́ть свой визи́т.

(xiii) Ша́хта

(a) . . . . **ша́хте** произошла́ катастро́фа. Одно́ из зда́ний сгоре́ло.

(b) 9 часо́в шахтёры остава́лись . . . . **ша́хте**, пока́ наконе́ц не подняли́сь.

194 Accusative of destination and genitive of withdrawal [411]

(i) **В/на** + accusative of destination:

(a) (i) Пассажи́р сел .... **автобус**.

(ii) Пассажи́ры се́ли .... **парохо́д**.

(b) (i) Самолёт подня́лся .... **во́здух**.

(ii) Он вы́шел .... **све́жий во́здух**.

(c) (i) Батиска́ф спусти́лся .... **глубину́** 40 ме́тров.

(ii) Он ушёл .... **глубину́** за́ла.

(d) (i) Мы пое́хали .... **чуде́сное ме́сто**.

(ii) Ну́жно верну́ть всё .... **ме́сто**.

(e) (i) Он подхвати́л ребёнка .... **руки**.

(ii) Она́ взяла́ пти́цу .... **ру́ки.**

(2) **Genitive of withdrawal**.

Из/с, corresponding to **в/на**:

(a) Он вы́шел .... **автобуса**.

(b) Он пры́гнул .... 5-метро́вой **высоты́**.

(c) Слёзы бры́знули у неё .... **глаз**.

(d) Он не дви́нулся .... **ме́ста**.

(e) Де́ти вы́бежали .... **мо́ря** на пляж.

(f) Моря́к верну́лся .... **мо́ря**.

(g) Они́ сошли́ .... **парохо́да**.

(h) Без го́ла он уходи́л .... **по́ля** ре́дко.

(i) Они́ подняли́сь .... **ша́хты**.

(3) Places. **В/на** + accusative of destination, **из/с** denoting withdrawal. Insert prepositions, as appropriate:

(a) Éду .... Украи́ну.	Прие́хал .... Украи́ны.
(b) Éду .... Сиби́рь.	Прие́хал .... Сиби́ри.
(c) Éду .... фра́нцию.	Прие́хал .... фра́нции.
(d) Éду .... Кавка́з.	Прие́хал .... Кавка́за.
(e) Éду .... Ура́л.	Прие́хал .... Ура́ла.
(f) Éду .... Áльпы.	Прие́хал .... Альп.
(g) Éду .... Ма́льту.	Прие́хал .... Ма́льты.
(h) Éду .... Камча́тку.	Прие́хал .... Камча́тки.
(i) Éду .... Арба́т.	Прие́хал .... Арба́та.
(j) Éду .... сèверовосто́к.	Прие́хал .... сèверовосто́ка.
(k) Иду́ .... вокза́л.	Пришёл .... вокза́ла.
(l) Иду́ .... стадио́н.	Пришёл .... стадио́на.
(m) Иду́ .... цирк.	Пришёл .... ци́рка.
(n) Иду́ .... по́чту.	Пришёл .... по́чты.

195 Uses of **на** when the dependent noun denotes an activity, event [412]

Form sequences in **на/с** with the names of activities and events.

Example: Он ходи́л **на ве́чер**. Он был **на ве́чере**. Он то́лько что пришёл **с ве́чера**.

(a) Он ходи́л **на рабо́ту**.	Он был	Он то́лько что пришёл . . . .
(b) Он ходи́л **на сва́дьбу**.	Он был	Он то́лько что пришёл . . . .
(c) Он ходи́л **на уро́к**.	Он был	Он то́лько что пришёл . . . .

196 **В** and **на**: extension of the spatial meanings [413]

Insert **в** or **на** into the gaps, as appropriate:

(a) Москва́ . . . . **двух с полови́ной часа́х** лёта от Ло́ндона.
(b) Он говори́т, что он шотла́ндец, но . . . . **са́мом де́ле** он англича́нин.
(c) Она́ говори́т, что она́ шотла́ндка, и . . . . **са́мом де́ле** она́ шотла́ндка.
(d) В про́шлое воскресе́нье я был у них . . . . **гостя́х**.
(e) Он . . . . **пе́нсии** уже́ три го́да.
(f) Сего́дня он . . . . о́чень хоро́шем **настрое́нии**.
(g) Она́ у́чится ката́ться . . . . **конька́х**.
(h) Мы бы́ли . . . . **восто́рге** от карти́ны.

PREPOSITIONS THAT DENOTE THE POSITION OF AN OBJECT IN RELATION TO ANOTHER OBJECT

197 **За** + instrumental/accusative, **из-за** + genitive [414]

(1) Fill the gaps with appropriate phrases in **за** + instrumental:

**за бо́ртом   за́ городом   за грани́цей   за две́рью
за окно́м   за рулём   за столо́м   за угло́м**

(a) Температу́ра . . . . самолёта была́ −30°.
(b) . . . . шёл си́льный дождь.
(c) Он ждал её . . . ., сто́я в жёлтом све́те фонаря́.
(d) Он получи́л ме́сто в зарубе́жной фи́рме. Сейча́с он рабо́тает . . . . . .
(e) Не он сиде́л . . . . Э́то она́ вела́ маши́ну!
(f) Я встал и откры́л дверь. . . . . стоя́л ма́льчик.
(g) Он живёт . . . ., в живопи́сной дере́вне.
(h) Их бы́ло че́тверо . . . . Они́ обсужда́ли семе́йные дела́.

(2) **За/из-за**. Complete the series, as shown.

Example: Он зашёл **за́ угол**. Он ждал **за угло́м**. Он вы́шел **из-за угла́**.

(a) Он пое́хал **за грани́цу**.   Он отдыха́л ..... .   Он прие́хал ....

(b) Она́ спря́талась **за дверь**.   Она́ стоя́ла ....   Она́ вы́шла ....

(c) Он пошёл **за́ реку**.   Он живёт ....   Он верну́лся .... .

(d) Он сел **за руль**.   Он сиде́л ....   Он вы́шел ....

(e) Он сел **за стол**.   Он сиде́л ....   Он встал ....

(3) Translate into Russian:

(a) They drove **into the country**.

....

(b) **Inside the window**, on the windowsill, stood vases with flowers.

....

(c) She **got married** last year. She **has been married** for 15 months.

....

(d) I always go **abroad** for my holiday.

....

(e) The sun came out **from behind** the clouds.

....

198   **Перед** + instrumental, **впереди́** + genitive [416]

Insert **перед** or **впереди́** in the gaps provided, and place the dependent form in the correct case:

(a) Маши́на останови́лась .... [**наш дом**].

(b) .... [**демонстра́ция**] е́хал мотоцикли́ст.

(c) Спортсме́н бежа́л далеко́ .... [**остальны́е**].

(d) .... [**оте́ц**] стоя́ла ва́за.

(e) Он поста́вил таре́лку .... [**себя́**].

199   **Под** + instrumental/accusative, **из-под** + genitive [417]

(1) Fill the gaps with appropriate phrases:

        под водо́й   под дождём   под землёй   под Ки́евом
        под мы́шкой   под потолко́м   под сне́гом

(a) Я до́лго жил ...., пото́м перее́хал под Ха́рьков.

(b) Мы промо́кли ....

(c) Ста́нции метро́ нахо́дятся далеко́ ....

(d) Тунне́ль мѐжду фра́нцией и А́нглией проло́жен ....

(e) Поля́ до́лго лежа́ли ...., а весно́й из-под сне́га появи́лись подсне́жники.

(f) Он держа́л кни́гу ....

(g) Ла́мпа висе́ла ....

(2) Form sequences in **под** and **из-под**, as shown.

Example: Шахтёры спусти́лись **под зе́млю**. Они́ рабо́тают **под землёй**. Они́ подняли́сь **из-под земли́**.

(a) Де́ти спря́тались **под де́рево**. Они́ жда́ли .... Когда́ дождь переста́л, они́ вы́шли ....

(b) Ко́шка зале́зла **под крова́ть**. Ко́шка спала́ .... Ко́шка вы́шла ....

(c) Мы перее́хали **под Ряза́нь**. Мы до́лго жи́ли .... Мы пере-е́хали .... в Москву́.

(d) Она́ поста́вила чемода́н **под стол**. Чемода́н стоя́л .... Она́ доста́ла чемода́н ....

(e) Его́ взя́ли **под стра́жу**. Он находи́лся .... Он бежа́л ....

(3) **Reword**, using phrase in **под** + instrumental **or** accusative:

(a) По́ле, **где растёт пшени́ца**. По́ле **под** ....

(b) Маши́на е́хала **с го́ры**. Маши́на е́хала **по́д** ....

(c) Они́ жи́ли **о̀коло Москвы́**. Они́ жи́ли **под** ....

(d) Она́ ждала́, а **мѐжду тем шёл дождь**. Она́ ждала́ **под** ....

(e) Библиоте́ка нахо́дится **совсе́м бли́зко**. Библиоте́ка **под** ....

200 **Над** + instrumental, **пове́рх** + genitive [418]

(1) Put the noun into the instrumental **or** accusative, as appropriate, to indicate destination:

(a) Он спря́тался **за** [**дверь**].

(b) Он положи́л газе́ту **под** [**кни́га**].

(c) Он поста́вил стул **перед** [**стол**].

(d) Она́ пове́сила ла́мпу **над** [**стол**].

(2) **Над/пове́рх**. Complete the sentences:

(a) Самолёты лете́ли .... [**го́род**].

(b) Он наде́л пальто́ .... [**пиджа́к**].

(c) Ва́жно, что̀бы у них была́ кры́ша .... [**голова́**].

(d) Она́ смотре́ла на меня́ .... [**очки́**].

PREPOSITIONS THAT DENOTE SPATIAL CLOSENESS TO AN OBJECT, MOVEMENT TOWARDS OR AWAY FROM AN OBJECT

201   У + genitive, к + dative, от + genitive [420]

(1)   Form sequences in **к/у/от**:

(i)   **Places**

(a) Она́ подошла́ **к две́ри**.	Она́ постоя́ла	Она́ отошла́ ....
(b) Она́ подошла́ **к ка́ссе**.	Она́ ждала́	Она́ отошла́ ....
(c) Он подошёл **к кио́ску**.	Он постоя́л	Он отошёл ....
(d) Он подошёл **к окну́**.	Он стоя́л	Он отошёл ....

(ii)   **People**

(a) Он ходи́л **к врачу́**.	Он был	Он вы́шел ....
(b) Его́ вы́звали **к дире́ктору**.	Он был	Он пришёл ....
(c) Она́ е́здила **к роди́телям**.	Она́ жила́	Она́ уе́хала ....

(iii)   **Places and people**

(i)   Use **в/на** and **у**, as appropriate.

Example: Серге́й был **в декана́те у замести́теля дека́на**.

(a)   Но́вый год мы встреча́ли .... [кварти́ра] .... [Ю́ра].
(b)   Студе́нт был .... [ка́федра] .... [профе́ссор].
(c)   Он сиде́л .... [кабине́т] .... [врач].
(d)   Ребёнок всю неде́лю прово́дит .... [де́тский сад], а воскре-
се́нье прово́дит .... [ба́бушка].

(2)   **В/на** and **к**

Example: Она́ лета́ла **в Аме́рику к друзья́м**.

(a)   Больно́й ходи́л .... [поликли́ника] .... [врач].
(b)   Ма́ша е́здила .... [дере́вня] .... [роди́тели].
(c)   Студе́нт ходи́л .... [ка́федра] .... [профе́ссор].
(d)   Роди́тели ходи́ли .... [шко́ла] .... [дире́ктор].

PREPOSITIONS THAT DENOTE ALONG, ACROSS, THROUGH A SPATIAL AREA

202 По + dative; через, сквòзь + accusative; поперёк, вдòль + genitive [424]

(1) Fill the gaps as appropriate, indicating where **alternatives** are possible:

(i) **по** + dative, **вдòль** + genitive

(a) Мы прошли́ .... [весь Не́вский проспе́кт] от вокза́ла до Адмиралте́йства.
(b) Кто́-то шёл .... [тротуа́р], стуча́ па́лкой.
(c) Парохо́д плыл .... [Во́лга].
(d) Солда́ты шли .... [река́].
(e) Тури́сты возвраща́лись в ла́герь .... [бе́рег реки́].
(f) Сту́лья стоя́ли .... [стена́].
(g) .... [желе́зная доро́га] тяну́лись поля́.
(h) .... [забо́р] расту́т кусты́ сире́ни.

(ii) **по** + dative, **через** + accusative

(a) .... [река́] постро́или мост.
(b) Пешехо́ды шли .... [мост].
(c) Маши́ны переезжа́ют .... [река́], ... [краси́вый мост].
(d) Де́вушки шли ря́дом .... [у́лица] в направле́нии собо́ра.
(e) Де́ти шли .... [лес].
(f) Доро́га вела́ .... [лес].
(g) Мо́жно бы́ло перейти́ у́лицу .... [подзе́мный перехо́д].

(iii) **через** + accusative, **поперёк** + genitive

(a) .... [шоссе́] постро́ен пешехо́дный мост.
(b) .... [река́] постро́или плоти́ну.
(c) .... [доро́га] лежа́ло бревно́, ... [кото́рое] пришло́сь переле́зть.
(d) Он лёг .... [посте́ль].

(iv) **через/сквòзь** + accusative

(a) Нельзя́ переходи́ть .... [доро́га], когда́ гори́т кра́сный свет.
(b) Я смотре́л .... [забо́р] на теле́гу, проезжа́вшую ми́мо до́ма.
(c) Тури́сты с трудо́м пробира́лись .... [куста́рник].
(d) .... [тума́н] е́ле видне́лась да́ча.
(e) Ма́льчик переле́з .... [кали́тка].
(f) .... [кры́ша] протека́ла вода́.
(g) Наш путь лежа́л .... [го́ры].
(h) Ничего́ не ви́дно .... [ма́товое стекло́].

(2) Translate into Russian, using **по** or **через**:

(a) I travelled **all over** Siberia.

....

(b) They stopped **every few** hundred metres.

....

(c) The childen were running **about in** the garden.

....

(d) John led the old woman **across** the road.

....

(e) Meetings were arranged **at** factories and plants.

....

(f) They conversed **through** an interpreter.

....

(g) The minister drove **round** all the farms in the area.

....

(h) The ball flew **over** the net.

....

(i) The train goes to Kiev **via** Gomel.

....

(j) Two hundred paces **on** they discovered a body.

....

(k) Mother walked **down** the corridor to the kitchen.

....

(l) They were walking **up and down** the room.

....

TEMPORAL PREPOSITIONS

203 Telling the time [426]

(1) Give the times of programmes on the **Российские университе́ты** TV channel.

Example: 9.25 Досу́г = Переда́ча «Досу́г» начина́ется в **9 часо́в 25 мину́т**.

    8.30   Но́вости ....
    9.05   Францу́зский язы́к для дете́й ....
    9.25   Досу́г ....

9.40	Тèлешкóла фéрмеров	....	.
13.05	Делá семéйные	....	.
13.35	Франц-ТВ-магазúн	....	.
15.00	Мир и войнá	....	.
15.30	«Уóрлднет» представлЯет	....	.
16.00	Здорóвье	....	.
18.15	Вы́сшая шкóла	....	.
18.30	Ру́сская речь	....	.
19.10	Бúзнес в Россúи	....	.
20.30	Баскетбóльное обозрéние	....	.
21.30	Визúтная кáрточка.	....	.

(2) Rewrite the following, using **в** + prepositional or **òколо** + genitive, to show **approximation**.

Examples: Мèжду пятью́ и шестью́ часáми. **В шестóм часу́**.
          Приблизúтельно в два часá. **Òколо двух часóв**.

(a) Мèжду двумЯ и тремЯ часáми. ....
(b) Приблизúтелно в 4 часá.   ....
(c) Мèжду девятью́ и десятью́ часáми. ....
(d) Приблизúтельно в 7 часóв.   ....
(e) Мèжду чáсом и двумЯ часáми. ....
(f) Приблизúтельно в 11 часóв. ....

204 Days [427]

(1) Use constructions with **в** + accusative to expand the diary entries.

Example: **Пн.   Лéкция   В понедéльник иду́ на лéкцию**.

(a) Пн. Концéрт ....
(b) Вт. Клуб. ....
(c) Ср. Кинó ....
(d) Чт. Вечéрние занЯтия ....
(e) Пт. Тáнцы ....
(f) Сб. Москвá ....
(g) Вс. Футбóл ....

(2) Convert the answers in (1) into **frequentative** constructions with **по** + dative plural, using **multi-directional verbs of motion**.

Example: В понедéльник иду́ на лéкцию. **По понедéльникам хожу́ на лéкции**.

(3) Translate into Russian:

(a) **On Saturday mornings** I play football, and **on Sunday evenings** I go to church.

....

(b) **Last Wednesday** we went to a play. **Next Saturday** we are going to the opera. **This Thursday** we are going to see a film.

....

(c) **On the third day** of the war he went to the front.

....

(d) **On public holidays** we usually go to the sea-side.

....

205 Parts of a day [428]

(1) Use **ýтром, вéчером, нóчью,** as appropriate:

Он вы́шел и́з дому ра́нним .... и верну́лся по́здним
..........., ... он спал во́семь часо́в.

(2) Use **утра́, дня, вéчера, нóчи** as appropriate:

Адвока́т отпра́вился **в 10 часо́в** .... Он не спеши́л, так как
пе́рвая встре́ча должна́ была́ состоя́ться **в час** ...., вече́р-
нее заседа́ние начина́лось **в 9 часо́в** .... и продолжа́лось
до ча́су ....

(3) Use constructions with **по** + dative plural:

(a) Он за́нят сего́дня **ýтром.**   Он всегда́ за́нят по ....
(b) Она́ свобо́дна за́втра **вéчером.**   Она́ всегда́ свобо́дна по ....
(c) Она́ дежу́рила вчера́ **нóчью.**   Она́ всегда́ дежу́рит по ....

(4) Translate into Russian:

On the first day of the holiday Misha was ill, and **that night** he had a high temperature. **The next morning** he had 'flu, and **on the last evening** of our stay we called in the doctor. **On the third day** Misha returned home.

....

....

....

206 Weeks, months, years and centuries [429]

(1) Translate into Russian.
(a) The congress began **last week** and ended **this week**; the academic year begins **next week**.

....

(b) The decree was prepared **last month**. It will be signed **this month** and ratified **next month**.

....

(c) Young men were called up **in March/April** and **October/November**.

....

(d) They made the film **last September** and it will be shown **next May**.

....

(e) The Winter Palace was occupied on the night **of the 25th October**.

....

(f) Inflation was low **last year** and **this year**, but will rise **next year**.

....

(g) Economic reform began **in the 1980s**.

....

(h) Science made great progress **last century**, and continued to develop **this century**. There will be new achievements **next century, in the third millennium**.

....

(i) He joined the army **in the first year** of the war, and was at the front **in the second year** of the war. **The next year** he became an officer.

....

(j) The third millennium begins **in the year 2000**.

....

(2) Read the following, converting the figures into words:
(a) Пе́рвая ру́сская револю́ция произошла́ **в XIX ве́ке, в 1825 году́**.
(b) Петербу́рг был осно́ван **в XVIII ве́ке, в 1703 году́**.
(c) Дом Рома́новых начался́ **в XVII ве́ке, в 1613 году́**.
(d) Казаки́ завоева́ли Сиби́рь **в XVI ве́ке, в 1584 году́**.
(e) Ива́н III пришёл к вла́сти **в XV ве́ке, в 1462 году́**.
(f) Дми́трий Донско́й разби́л тата́р **в XIV ве́ке, в 1380 году́**.
(g) Монго́лы покори́ли Русь **в XIII ве́ке, в 1237 году́**.
(h) Русь приняла́ христиа́нство **в X ве́ке, в 988 году́**.

207 Во вре́мя, в тече́ние [430]

Insert appropriate prepositions:

во вре́мя   в тече́ние

(a) ....вы́боров все кандида́ты выступа́ли по ТВ.
(b) Оди́н из ученико́в засну́л ....уро́ка.

(c) .... всего́ съе́зда докла́ды выступа́ющих переводи́лись на рабо́чие языки́ конфере́нции.
(d) .... двух лет моряки́ не покида́ли ба́зу.
(e) .... войны́ лю́ди не смотре́ли телеви́зор.
(f) .... сле́дующих трёх лет она́ бу́дет смотре́ть за детьми́.

THE USE OF PREPOSITIONS TO DENOTE ACTION IN RELATION TO VARIOUS TIME LIMITS

208 The use of **с** + genitive, **до** + genitive to denote terminal points in time [434]

(1) Insert **с, со вре́мени, со дня, с моме́нта** or **со времён**, as appropriate:
(a) .... **не́которых пор** он по́нял, что с девчо́нками не́чего церемо́ниться.
(b) Во́семь десятиле́тий прошло́ .... **Октя́брьской Револю́ции**.
(c) .... **Петра́ I** Росси́я счита́ется вели́кой держа́вой.
(d) Он преподаёт в МГУ́ .... **1963 го́да**.
(e) Уже́ год прошёл .... **его́ сме́рти**.
(f) .... **бу́дущего понеде́льника** начина́ется но́вое расписа́ние.
(g) .... **прибы́тия делега́тов** она́ занята́, как никогда́ ра́ньше.
(h) .... **тех пор** ма́льчики переста́ли дружи́ть.

(2) Answer the questions, using **с** + genitive and **до** + genitive.
Example: **Как до́лго они́ жи́ли в Да́нии?** (1988–92)
Они́ жи́ли в Да́нии с ты́сяча девятьсо́т во́семьдесят восьмо́го го́да до ты́сяча девятьсо́т девяно́сто второ́го го́да.

(a) **Как до́лго он был в плену́?** (1941–1945)
(b) **Ско́лько вре́мени** дли́тся уче́бный год? (сентя́брь-ию́нь)
(c) **Как до́лго** мѐдсестра́ дежу́рила? (2ч.–5ч.)
(d) **Ско́лько вре́мени** она́ рабо́тала в шко́ле? (вто́рник–четве́рг)
(e) **Как до́лго** он был в о́тпуске? (1–15 ию́ля)
(f) **Ско́лько вре́мени** он занима́лся? (у́тро–ве́чер)

209 Use of **к** + dative and **под** + accusative to denote temporal approach [435]

(1) Translate into Russian:
(a) The work will finish **by the fifteenth of May**.

....

(b) She will be back **by the end of the week**.

....

(c) **By 1939** war was inevitable.

....

(2) Distinguish the meanings of **к** and **под**:
(a) (i) **К воскресе́нью** он о́чень уста́л.
    (ii) **Под воскресе́нье** она́ обы́чно уезжа́ет куда́-нибудь за́ город.
(b) (i) **К пра́зднику** она́ наде́ла краси́вое пла́тье.
    (ii) **Под больши́е пра́здники** на око́шко кла́ли ломо́ть хле́ба и́ли пиро́г.
(c) (i) Всё бу́дет гото́во **к концу́ неде́ли**.
    (ii) **Под коне́ц** уче́бного го́да студе́нты уже́ ду́мают о кани́кулах.

---

210 Use of **в/за** + accusative to denote the time taken to complete an action. Use of **в** + accusative to denote the period during which an action occurs a stated number of times [436–7]

Translate into Russian, using **в/за** + **accusative, or** the accusative **without** a preposition:
(a) He walked **for** two hours.

....

(b) They completed the flight **in five hours**.

....

(c) She writes 1,000 words **a day**.

....

(d) Each morning he solves the crossword **in five minutes**.

....

(e) He worked on his dissertation **for three days**.

....

(f) The builders built the house **in six months**.

....

(g) I go to the dentist **twice a year**.

....

(h) The car was travelling at a speed of **90 kilometres an hour**.

....

211 Use of prepositions to denote sequence in time (before, after, etc.) [439]

(1) Insert suitable prepositions:

(i) Insert **до** or **перед**:

(a) Я пробу́ду на ю́ге . . . . [сентя́брь]

(b) Принима́йте табле́тки три ра́за в день . . . . [еда́]

(c) . . . . [обе́д] мы це́лые полтора́ часа́ разгова́ривали.

(d) . . . . [сон] она́ всегда́ принима́ет снотво́рные.

(e) . . . . [у́жин] она́ переоде́лась в наря́дное пла́тье.

(f) . . . . [призы́в] в а́рмию Баши́лов рабо́тал помо́щником режиссёра в теа́тре. (Paustovsky)

(g) А́ннушка . . . . [са́мая война́] око́нчила шко́лу. (Paustovsky)

(h) . . . . [несча́стье] ка́ждый раз звони́т ко́локол. (L. N. Tolstoy)

(ii) Insert **по̀сле**, **через** or **по** + prepositional:

(a) . . . . [война́] наш полк не демобилизова́лся.

(b) Его́ отпра́вили за грани́цу, и он верну́лся то́лько . . . . [три го́да].

(c) . . . . [оконча́ние] шко́лы она́ поступи́ла в пѐдинститу́т.

(d) . . . . [пять лет] . . . . [война́] ему́ пришло́сь прода́ть все свои́ меда́ли.

(e) . . . . [пять дней] перегово́ров доби́лись согла́сия по ря́ду вопро́сов.

(f) . . . . [истече́ние] контра́кта реши́ли его́ возобнови́ть.

(g) Я вы́пишусь из больни́цы . . . . [полтора́ дня].

(h) . . . . [получе́ние] телегра́ммы она́ распла́калась.

In which of the above examples could the prepositional phrases be replaced by a **gerund** + acc.?

(iii) **На** + accusative **or** accusative without a preposition:

(a) Обы́чно она́ приезжа́ет к нам в го́сти . . . . **два дня**.

(b) Он вы́ключил свет . . . . **по̀лчаса́**, что́бы продемонстри́ровать фильм.

(c) Но́чью я всегда́ сплю . . . . **семь-во́семь часо́в**.

(d) Она́ до того́ уста́ла, что заснула́ . . . . **два часа́** по̀сле у́жина.

(e) Сего́дня он встал с посте́ли . . . . **час**.

(f) По возвраще́нии из о́тпуска он . . . . **це́лый ме́сяц** был бо́лен.

(g) Его́ освободи́ли от заня́тий . . . . **две неде́ли**.

(h) Мне разреши́ли взять э́ту кни́гу в библиоте́ке . . . . **шесть неде́ль**.

(iv) Insert relevant forms, as appropriate:

в + асс.   до   за + асс.   за + instr.   ра́ньше   че́рез

(a) «. . . . . [пе́рвый раз] в пе́рвый класс» — ло́зунг сове́тской шко́лы.

(b) День . . . . [день] продолжа́лся обстре́л столи́цы.

(c) Он обеща́л не возвраща́ться . . . . [ве́чер].

(d) . . . . [день] . . . . [отъе́зд] она́ переда́ла ему́ письмо́.

(e) . . . . [пра́вильные промежу́тки] бежа́вшие ложи́лись на зе́млю.

(f) Принима́йте табле́тки . . . . [ка́ждые четы́ре часа́].

212 Prepositions with causal meaning [443]

Insert prepositions, as appropriate:

(i) из-за or благодаря́

(a) Все э́ти неприя́тности произошли́ . . . . [вы].

(b) . . . . [тума́н] самолёты не мо́гут взлете́ть.

(c) . . . . [роди́тели] все бра́тья и сёстры владе́ют англи́йским языко́м.

(d) . . . . [ва́ша по́мошь] рабо́та шла успе́шно.

(e) По́езд мо́жет опозда́ть . . . . [ремо́нт пути́].

(f) Больно́го удало́сь спасти́ . . . . [опера́ция].

(g) . . . . эпиде́мии ти́фа все ме́стные шко́лы вре́менно закры́ты.

(h) . . . . [дождь] пришло́сь отмени́ть турни́р.

(ii) от or из

(a) . . . . [интере́с] к иску́сству я хожу́ на все ле́кции по жи́вописи.

(b) Он покрасне́л . . . . [стыд].

(c) Она́ умерла́ . . . . [ста́рость].

(d) Она́ дрожа́ла . . . . [хо́лод].

(e) Он раскры́л рот . . . . [удивле́ние].

(f) Она́ помогла́ отцу́ . . . . [при́нцип].

(g) Он держа́л меня́ за ло́коть, боя́сь, что я упаду́ . . . . [сла́бость]. (Okudzhava)

(h) «А ведь он взял о́тпуск и пое́хал со мной . . . . [дру́жба] и [великоду́шие]», — ду́мал до́ктор с доса́дой. (Chekhov)

(iii) из/из-за/по + dat.

(a) Она́ вы́шла за́муж не . . . . [расчёт], ... [любо́вь].

(b) Он согласи́лся финанси́ровать но́вый прое́кт . . . . [любо́вь] к ро́дине.

(c) Встава́я, она́ . . . . [оши́бка] сби́ла па́пку со стола́.

(d) Мы все пострада́ли .... [**ва́ша оши́бка**].

(e) .... [**недосмо́тр**] он не запи́сывал да́ту сле́дующего собра́ния.

(f) Она́ отказа́лась от контра́кта .... [**ра́зные причи́ны**], пре́жде всего́ .... [**фина́нсовые соображе́ния**].

(g) Молодо́й челове́к э́то сде́лал .... [**глу́пость**].

(h) .... его́ [**глу́пость**] пострада́ли все.

213 Prepositions that denote the object of feeling and attitudes [444]

Use appropriate prepositions to combine with the correct case of the nouns in brackets:

к   на + acc.   перед   по + dat.

(a) Она́ равноду́шна [**Си́доров**]. ....

(b) Он был серди́т [**сестра́**]. ....

(c) За́висть [**брат**] испо́ртила его́ карье́ру. ....

(d) Тебе́ сле́довало бы извини́ться [**мать**]. ....

(e) Учителя́ отвеча́ют [**роди́тели**] за безопа́сность дете́й.

....

(f) Он скуча́ет [**това́рищи**]. ....

(g) Офице́ры наблюда́ли, как кандида́ты относи́лись [**колле́ги**].

....

(h) Он добр [**своя́ соба́ка**]. ....

(i) Ну́жно всегда́ исполня́ть долг [**о́бщество**]. ....

(j) Она́ в тра́уре [**де́душка**]. ....

(k) У него́ живо́й интере́с [**теку́щие собы́тия**]. ....

214 Prepositions that denote extent [445]

Fill the gaps with appropriate prepositions of extent + **accusative**:

в   за   на   с

(a) Она́ моло́же му́жа .... **20 лет**.

(b) Гора́ Эльбру́с высото́й .... **5642 м**.

(c) Его́ оштрафова́ли .... **70 англи́йских фу́нтов**.

(d) Она́ у́чится .... **одни́ пятёрки**.

(e) Дире́ктор шко́лы .... **мину́ту** поду́мала.

(f) Òколо их до́ма нахо́дится пруд пло́щадью .... **ма́ленькое о́зеро**.

(g) При сухо́м зако́не во́дка сто́ила бо́лее чем .... **полтора́ ра́за доро́же**.

(h) Они́ так увлекли́сь разгово́ром, что их бесе́да зашла́ .... **полночь**.

215 Prepositions that denote purpose [446]

(1) Fill the gaps with appropriate prepositions of purpose:

      за + instr. **на** + acc. **о** + prep. **по** + dat. **под** + acc.

(a) На другóй день агéнт пóдал заявлéние . . . . [**ухóд**] с рабóты.

(b) Все разошлúсь . . . . [**свои делá**].

(c) Хозя́йка зашлá в сосéднюю кварти́ру . . . . [**соль**].

(d) Здáние взя́то в распоряжéние ра́йсовéта . . . . [**дом**] для престарéлых.

(e) Онá стоя́ла в óчереди . . . . [**óвощи**].

(f) Он обрати́лся ко мне с прóсьбой . . . . [**дéньги**].

(g) Вы́растешь, ... [**капитáн**] пойдёшь учи́ться. (Kazakov)

(2) **В слу́чае/на слу́чай**. Insert the correct preposition:

(a) Онá всегдá клáла ключ от замкá под крыльцó: . . . . [**слу́чай**], éсли он вдруг придёт, когдá её нет.

(b) Что бы ни случи́лось, ... [**вся́кий слу́чай**] приду́.

(c) . . . . [**вся́кий слу́чай**] он взял с собóй револьвéр.

(d) . . . . [**слу́чай**] пожáра, набери́те 02.

(e) В ту ночь мы легли́ полуодéтыми, ... [**слу́чай**] бомбёжки.

216 **По** + dative/accusative in distributive meaning [448]

Write out in full, giving alternative cases (dative or accusative), where possible:

(a) Ученики́ получи́ли по [**учéбник**].

       . . . . [**2 билéта**].

       . . . . [**5 мáрок**].

       . . . . [**40 рублéй**].

       . . . . [**нéсколько карандашéй**].

       . . . . [**21 письмó**].

(b) У ворóт стоя́ло по [**солдáт**].

       . . . . [**2 солдáта**].

       . . . . [**5 солдáт**].

       . . . . [**нéсколько солдáт**].

217 Prepositions that take the accusative [449]

(1) Tick to show **which preposition** is appropriate, and translate:

(i) **for**

	за	на
(a) She paid me **for** the tickets.	. . .	. . .
(b) There is a big demand **for** TVs.	. . .	. . .

. . . .

(c) He exchanged his moped **for** a car.   ...   ...

....

(d) I am very glad **for** her.   ...   ...

....

(e) There was fish **for** supper.   ...   ...

....

(f) Who did you vote **for**?   ...   ...

....

(g) He thanked me **for** my help.   ...   ...

....

(h) I received a prescription **for** tablets.   ...   ...

....

(ii) **by**

	за	под
(a) She was leading the child **by** the hand.	...	...

....

(b) They were supporting him **by** the arms   ...   ...

....

(c) He was holding his bicycle **by** the saddle.   ...   ...

....

(iii) **on**

	в	на
(a) He knocked **on** the door.	...	...

....

(b) Kiev made a deep impression **on** her.   ...   ...

....

(c) He spends all his money **on** records.   ...   ...

....

(d) You can rely **on** me.   ...   ...

....

(iv) **to**

	на	под
(a) He pays no attention **to** me.	...	...

....

(b) His reaction **to** the news surprised me.   ...   ...

....

(c) They were dancing **to** a foxtrot.   . . .   . . .

....

(2) Insert appropriate prepositions (**в**, **на**, **о**, **под**) and translate:
(a) Нельзя́ охо́титься . . . . ти́гра без разреше́ния.

....

(b) Лу́чше игра́ть . . . . футбо́л, чем смотре́ть ви́деои́гры.

....

(c) Нигили́сты ни . . . . что и ни . . . . кого́ не ве́рят.

....

(d) Бы́ло слы́шно, как му́ха бьётся . . . . стекло́.

....

(e) Он попа́л . . . . цель пе́рвыми двумя́ пу́лями.

....

(f) Я смотре́л . . . . окно́, как де́ти игра́ли в ко́шки-мы́шки.

....

(g) Не́которые писа́тели стара́лись писа́ть . . . . Че́хова.

....

(h) Алексе́й Чу́ркин был и́збран . . . . депута́ты но́вого парла́-
мента.

....

(3) **Отвеча́ть за/на, гото́в к/на**. Insert the correct prepositions:
(a) Она́ отвеча́ет [**вопро́с**].   . . . .   (b) Она́ отвеча́ет [**де́ти**].   . . . .
(c) Она́ гото́ва [**отъе́зд**].   . . . .   (d) Она́ гото́ва [**всё**].   . . . .

218 Prepositions that take the genitive [450]

(1) Tick to show which Russian preposition is appropriate, and translate:
(i) **for**

	для	от
(a) He is experienced **for** his age.	. . .	. . .

....

(b) These tablets are **for** a headache.	. . .	. . .

(ii) **of**

	из	от
(a) His suit is made **of** cloth.	. . .	. . .

....

(b) The parliament consists **of** two houses.   ...   ...

(c) The doctor cured him **of** insomnia.   ...   ...

(d) One **of** them fell ill.   ...   ...

(iii) **from**

	из	от	с	у
(a) She saved him **from** death.	...	...	...	...
(b) He borrowed a lot of money **from** me.	...	...	...	...
(c) The thief stole a watch **from** her.	...	...	...	...
(d) I received a parcel **from** my aunt.	...	...	...	...
(e) She gets alimony **from** her first husband.	...	...	...	...
(f) He is **from** a working class family.	...	...	...	...
(g) I bought this car **from** my friend.	...	...	...	...
(h) She learnt that **from** a reliable source.	...	...	...	...

(2) Insert appropriate prepositions (**из-под, от, с, у**) and translate:
(a) Ребёнку де́лают перелива́ние кро́ви то́лько .... согла́сия роди́телей.
(b) В куста́х валя́ются ба́нки .... кра́ски.
(c) Покажи́те, что у вас есть .... бронхи́та.
(d) Индустриализа́ция начала́сь .... разви́тия тяжёлой промы́шленности.

(e) Сло́во *бундеста́г* пи́шется . . . . ма́лой бу́квы.

(f) Я мно́гому научи́лся . . . . него́.

219 Prepositions that take the dative, instrumental or prepositional [451–3]

(1) Tick to show which Russian preposition is appropriate, and translate:

(i) **on**

	по + dat./	с + instr.
(a) He clapped me **on** the shoulder.	. . .	. . .

. . . .

(b) They fired **on** the battleship.	. . .	. . .

. . . .

(c) The president arrived **on** a visit.	. . .	. . .

. . . .

(ii) **with**

	с + instr./	plain/при	instr.
(a) **With** such capabilities he will succeed.	. . .	. . .	. . .

. . . .

(b) I agree **with** you.	. . .	. . .	. . .

. . . .

(c) She speaks **with** a Russian accent.	. . .	. . .	. . .

. . . .

(d) He felled the tree **with** an axe.	. . .	. . .	. . .

. . . .

(iii) **no preposition in English**

	за + instr./	с + instr.
(a) She **divorced** her husband.	. . .	. . .

. . . .

b) I **follow** the flight of the missile.	. . .	. . .

. . . .

(c) She **observes** my behaviour.	. . .	. . .

. . . .

(d) **You and I** are good friends.	. . .	. . .

. . . .

	в + prep./	на + prep.
(e) She learnt **to play** the violin.	. . .	. . .
(f) I do not **doubt** his capabilities.	. . .	. . .
(g) **The fact is** that prices are rising.	. . .	. . .
(h) **Which languages** do you speak?	. . .	. . .

(2) Insert the correct preposition:

(i) **к/по** + dative

(a) Но́вости передава́ли . . . . ме́стному ра́дио.

(b) Ключо́м . . . . успе́ху явля́ется гра́мотность.

(c) Она́ прису́тствовала на приёме . . . . приглаше́нию посла́.

(d) Он сдава́л экза́мен . . . . геогра́фии.

(e) . . . . на́шему стыду́, нас обыгра́ли юнио́ры.

(f) Ара́л — шесто́е . . . . величине́ вну́треннее мо́ре в ми́ре.

(g) Он был гото́в . . . . прыжку́.

(h) Су́дя . . . . не́бу, бу́дет гроза́.

(i) Матч передава́лся . . . . II програ́мме.

(j) Он был чемпио́ном ми́ра . . . . бо́ксу.

(ii) **в/о** + prepositional

(a) Она́ напо́мнила мне . . . . моём до́лге.

(b) На́ша а́рмия уве́рена . . . . побе́де.

(c) Вор призна́лся . . . . всём.

(d) Мысль . . . . побе́де подняла́ их настрое́ние.

(e) Причи́на мно́гих боле́зней . . . . загрязнённости во́здуха.

(f) Он не ду́мал . . . . после́дствиях своего́ посту́пка.

(g) Беда́ . . . . том, что он дура́к.

The Conjunction

220 Connective and adversative conjunctions [455–6]

(1) Insert appropriate conjunctions:

(i) **а** or **и**

(a) Он умы́лся, оде́лся . . . . спусти́лся на пе́рвый эта́ж.

(b) Он стоя́л у окна́, ... она́ сиде́ла за столо́м.

(c) Он встал из кре́сла, ... она́ се́ла.

(d) Ско́ро закипе́л самова́р, ... мы ста́ли пить чай.

(e) Мы пое́хали домо́й на такси́, ... ей пришло́сь пойти́ пешко́м.

(f) Он лю́бит её, ... она́ лю́бит его́.

(g) Он лю́бит её, ... она́ лю́бит его́ дру́га.

(h) Она́ гото́ва прости́ть все его́ оши́бки, ... их о́чень мно́го!

(ii) **а** or **но**

(a) Она́ не актри́са, ... эстра́дная певи́ца.

(b) Он не профессиона́льный води́тель, ... он о́пытный.

(c) Со́лнце зашло́ за го́ры, ... бы́ло ещё светло́.

(d) Не геро́и де́лают исто́рию, ... исто́рия де́лает геро́ев.

(e) Все уста́ли, ... продолжа́ли рабо́тать.

(f) День был тёплый, ... па́смурный.

(g) Она́ не англича́нка, ... ру́сская.

(h) Мотоци́кл ста́рый, ... хоро́ший.

(iii) **а**, **и** or **но**. Join two sentences into one:

(a) Она́ открыва́ет дверь гаража́. Я въезжа́ю.

(b) Она́ ста́вит цветы́ в ва́зу. Я убира́ю посу́ду в шкаф.

(c) Он переда́л мяч с пра́вого крыла́. Я заби́л гол.

(d) Она́ купи́ла ковёр. Он мне не нра́вится.

(e) Он рабо́тает бухга́лтером в ба́нке. Она́ замести́тель дире́ктора.

(2) и . . . и/ни . . . ни

(i) Replace **и . . . и** by **ни . . . ни**, making any other consequential changes.
Example: У него бы́ли и бра́тья, и сёстры.
           У него не́ было ни бра́тьев, ни сестёр.

(a) Де́ти рва́ли в лесу́ **и василькѝ, и колоко́льчики.**

. . . .

(b) Он ест **и ры́бу, и мя́со.**

. . . .

(c) Она́ ста́вит на стол **и таре́лки, и ми́ски.**

. . . .

(ii) **Agreement**. Give the correct forms of the verbs:

(a) Ни он, ни она́ не **голосова́л/голосова́ли** за меня́.
(b) Ни я, ни ты не **зна́ем/зна́ют** отве́та.
(c) Ни вы, ни он не **уча́ствуют/уча́ствуете** в перегово́рах.

221 Disjunctive conjunctions [457]

(1) '**Or**'. Fill the gaps with **и́ли** or **а то (ина́че)**, as appropriate:

(a) Мы встреча́емся . . . . по среда́м, ... по четверга́м.
(b) Дверь мо́жно откры́ть, ... ключо́м, ... да́льним контро́лем.
(c) Возьми́ фона́рик, ... заблу́дишься.
(d) Вы́звать вам такси́? . . . . вы реши́ли оста́ться?
(e) Запиши́сь на экску́рсию как мо́жно скоре́е, ... бу́дет по́здно.

(2) '**Or**' in positive and negative sentences. Translate into Russian, using **и́ли** or **ни . . . ни**, as appropriate:

(a) For lunch I eat an apple **or** a banana.

. . . .

(b) I like flying. I don't like going by bus **or** train.

. . . .

(c) He is not studying physics **or** chemistry, but biology.

. . . .

(d) Should I send her flowers **or** a card on her birthday?

. . . .

(e) I don't want to be a doctor **or** a vet, but a teacher.

. . . .

(3) Agreement. Choose compatible **predicates**:

(a) Йли я йли ты [**бу́ду/бу́дешь/бу́дем**] вести́ маши́ну.

(b) Йли оте́ц йли мать [**до́лжен/должна́/должны́**] отвеча́ть за ребёнка.

(c) Йли А́нглия йли Ита́лия [**пошла́/пошли́**] на компроми́сс.

222 Explanatory conjunctions [458]

(1) Insert **что** or **чтòбы**, as appropriate:

(a) Я сказа́л ей, ... мы опозда́ли на авто́бус.

(b) Я сказа́л ей, ... не подходи́ла к кра́ю перро́на.

(c) Он меня́ предупреди́л, ... он не принёс фòтоаппара́т.

(d) Он предупреди́л меня́, ... я принима́л табле́тки от маляри́и.

(e) Он попроси́л, ... мне вы́дали про́пуск.

(f) Генера́л приказа́л, ... все солда́ты отдыха́ли.

(2) Link with appropriate forms of **то, что**:

в том, что   за то, что   к тому́, что

с тем, что   тем, что   с того́, что

Example: Она́ помогла́ мне. Я поблагодари́л её.

   Я поглагодари́л её **за то, что** она́ помогла́ мне.

(a) Он подвёл свои́х това́рищей по рабо́те. Его́ критикова́ли . . . .

(b) Он укра́л часы́. Он призна́лся . . . .

(c) Он превы́сил ско́рость. Его́ оштрафова́ли . . . .

(d) Она́ вы́играла матч. Я поздра́вил её . . . .

(e) Они́ помогли́ стару́хе. Их похвали́ли . . . .

(f) Его́ уважа́ют. Он привы́к . . . .

(g) Он лени́в. Его́ упрека́ют . . . .

(h) Она́ уча́ствовала в демонстра́ции. Её арестова́ли . . . .

(i) Он попроси́л всех сказа́ть своё и́мя. Он на́чал . . . .

(j) Она́ установи́ла но́вый мирово́й реко́рд. Она́ изве́стна . . . .

(k) Он измени́л ро́дине. Его́ обвини́ли . . . .

223 Conjunctions of purpose [460]

(1) **Чтòбы**. Replace the infinitives by **past tenses**, where appropriate:

(a) Он встал, чтòбы [**откры́ть**] окно́.

. . . .

(b) Он встал, чтòбы она́ [**мочь**] сесть.

. . . .

(c) Она́ включи́ла ра́дио, чтòбы [**послу́шать**] но́вости.

. . . .

(d) Он включи́л ра́дио, чтòбы де́ти [**знать**], когда́ ну́жно идти́ в шко́лу.

....

(e) Он убра́л ко́мнату, чтòбы мать не [**оби́деться**].

....

(f) Он убра́л ко́мнату, чтòбы [**произвести́**] хоро́шее впечатле́ние на мать.

....

(2) Insert appropriate phrases in the gaps:

добива́ться/доби́ться того́   забо́титься о том   за то
наста́ивать/насто́ять на том   прòтив того́   стреми́ться к тому́

(a) Мы ...., чтòбы респу́блики демонти́ровали я́дерное ору́жие.
(b) Мы ...., чтòбы перегово́ры продолжа́лись.
(c) Министе́рство ...., чтòбы де́ти иммунизи́ровались.
(d) Она́ ...., чтòбы мы поста́вили маши́ну под фонарём.
(e) Я ...., чтòбы депута́ты воздержа́лись от голосова́ния.
(f) Мы ...., что они́ подписа́ли контра́кт.
(g) Мы ...., чтòбы сня́ли эмба́рго.

224 Temporal conjunctions. Introductory and those which render 'before', 'after', 'until', 'since' [465–6]

(1) Translate into Russian, using prepositions **or** conjunctions, as appropriate:

(a) **Before** the war he served in the army.

....

(b) He went abroad **before** the war began.

....

(c) **After** the election she became president.

....

(d) She came downstairs **after** changing her dress.

....

(e) I cannot decide **until** I receive all the facts.

....

(f) We want to stay **until** the end of May.

....

(g) I have been working on this project **since** last year.

....

(h) He has been miserable ever **since** his wife left him.

....

(2) **Tense sequence**. Translate into Russian:

(a) We must find the file **before** the director **arrives**.

....

(b) We will tidy the room **after** the children **have gone** to bed.

....

(c) She refuses to leave **until** the minister **receives** her in his office.

....

(d) **If** it **snows** the match will not take place.

....

(3) **До того́ как**, **перед тем как**, **пре́жде чем**. Insert appropriate conjunctions in the gaps:

(a) Он критикова́л рефо́рмы задо́лго .... э́то ста́ло обы́чным.

(b) Он пе́редал ей письмо́ непосре́дственно .... она́ отпра́вилась в путь.

(c) Она́ заперла́ за собо́й дверь .... он по́нял, что случи́лось.

(d) В после́дний моме́нт .... он подписа́лся, она́ разду́мала подпи́сывать докуме́нт.

(e) .... брать в ру́ки ору́жие, на́до уме́ть обраща́ться с ним.

(f) Ещё .... он поступи́л в МГУ́, я предупреди́ла его́, что бу́дет тру́дно.

(g) .... предпринима́ть тако́е де́ло, на́до проду́мать все возмо́жные вариа́нты.

(4) Replace the gerunds by **по̀сле того́ как** + verb:

(a) **Верну́вшись** домо́й из о́тпуска, она́ прове́трила все ко́мнаты.

....

(b) **Пройдя́** мѝмо апте́ки, иди́те сто шаго́в до перекрёстка.

....

(c) Внима́тельно **прочита́в** контра́кт, она́ подписа́ла его́.

....

(d) **Убра́в** со стола́, он принёс посу́ду на ку́хню.

....

225 Other conjunctions of time [467]

(1) In which, if either, of the following could the **когда́**-phrase be replaced by a gerund?

(a) **Когда́** лю́ди до́лго **живу́т** вме́сте, они́ начина́ют понима́ть дру̀г дру́га с полусло́ва.

(c) **Когда́** она́ **вошла́**, лейтена́нт бы́стро встал и пошёл навстре́чу. (Simonov)

(2) Translate into Russian, paying special attention to **tense and aspect**:

(i) **Когда́** and **как то́лько**

(a) **When** you **are** in St Petersburg, visit the Hermitage.

....

(b) **As soon as** the curtain **rises**, the orchestra will start playing.

....

(c) **Every time** the door **opened**, a bell would ring.

....

(d) There have been cases **of people not paying** their rent.

....

(e) **When we parted**, I kissed her for the last time.

....

(ii) **Когда́** and **как**

(a) **When** you are buying the bread, ask if there are any rolls.

....

(b) I was just falling asleep **when** suddenly the telephone bell rang.

....

(c) I had hardly started the engine **when** I realized what was wrong.

....

(d) She didn't have time to warn the driver **when** he suddenly stopped.

....

(e) Not a week had passed **when** he returned with a new problem.

....

(f) **When** you are typing the letter, don't forget to use the dictionary.

....

The Particle

226 'Almost', 'only' [471]

(1) Use of **почти́**, **чуть не/едва́ не** to render 'almost'. Translate into Russian:

(a) It was **almost** dark when they set out.

....

(b) We live on the same street and are **almost** neighbours.

....

(c) He **almost** fell off his bicycle.

....

(d) I was **almost** glad when the concert was over.

....

(e) She **almost** dropped the bouquet.

....

(2) Position of **то́лько**. Translate into Russian:

(a) I **only** arrived on Wednesday.

....

(b) He is the **only one** who can answer your question.

....

(c) He could **only** answer the first question.

....

(d) I can **only** help you after I finish work.

....

(e) He **only** invited me for lunch, not for supper.

....

227 Modal functions of particles [472]

(1) Position of **не**. Translate into Russian:
(a) He's **not** the one who is responsible for the children.

....

(b) She's **not** responsible for the boys, only for the girls.

....

(c) They did **not** get married in church, but in the registry office.

....

(d) He did **not** buy a car, but only a motor-cycle.

....

(2) The use of **ли** in a reported question.
(i) Translate into Russian:
(a) Do you know **if** he is in?

....

(b) I wonder **if** he will forget to come.

....

(c) She asked **if** I knew the way to the Kremlin.

....

(d) Do you remember **if** I locked the door?

....

(e) I am not sure **if** she is Russian or Polish.

....

(ii) **Éсли** and **ли** in rendering 'if'. Translate into Russian:
(a) **If** the weather is fine we will go for a ride.

....

(b) I wonder **if** the weather will be fine tomorrow?

....

(c) Try to find out **if** she is in.

....

(d) I'll help you **if** you like.

....

(e) **If** I knew I would tell you.

....

(f) They asked me **if** I had wound the clock.

....

(g) Do you know **if** he has filled in the form?

....

(h) Ask him **if** he knows what time it is.

....

(3) Position of **ли**. Translate into Russian:
(a) Was it **yesterday** he arrived?

....

(b) Was **she** the one who was late for the concert?

....

(c) Were there **a lot of** mistakes in the translation?

....

(d) Was **that** the town he was born in?

....

(e) Was it **roses** he bought, or carnations?

....

(f) Was it **red** roses he bought, or yellow ones?

....

Word Order

228 'New' and 'given' information [476]

(1) '**A**' and '**the**'. Translate into Russian:

(a) There is **a** dictionary in the cupboard.

....

(b) **The** dictionary is on the shelf.

....

(c) **A** bird was singing in the garden.

....

(d) **The** swallows have not returned this year.

....

(e) I have **a** calculator in my pocket.

....

(f) **The** calculator is in the drawer.

....

(2) Initial position of **adverbial phrases**. Translate into Russian ('new' information in **bold**):

(a) **The miners held a meeting** in Novokuznetsk on 7 July.

....

(b) **The clock stopped** at midnight last Wednesday.

....

(c) **A reception was held** on the candidates' return from the capital.

....

(d) **Two women were sitting** in the boat.

....

(e) **Many people caught colds** in the winter of 1980.

....

(f) Next morning **bread was on sale** in all the shops.

. . . .

(3) '**Given**' preceding '**new**' information. Comment on the position of the sections in **bold** type:

(a) Матрёшка — забáвная игрýшка и традициóнный рýсский сувенúр. **Её знáют во мнóгих стрáнах. Произвóдством матрёшек** занимáется нéсколько артéлей. **Сáмых красúвых матрёшек** дéлает **артéль в Загóрске**, недалекó от Москвы́. **Для матрёшек сýшат** мнóго лет на ветрý и сóлнце **стволы́ лип. Из кускóв сухóй лúпы** мастерá **дéлают на станкáх кýкол**.

(b) Два гóда продолжáлся **ро́зыгрыш кýбка Еврóпы по футбóлу. В нём** прúняли учáстие семнáдцать стран. **В финáл** вы́шли сбóрные Дáнии и Гермáнии.

(c) В срéдней чáсти Росси́и **мнóго лесóв. В них** растýт **соснá, ель и дуб**. Наступáет зимá. На **сóсны и éли** ложúтся снег.

(d) О том, как появи́лся человéческий язы́к, существýет немáло теóрий. **Этому** посвящены́ многочи́сленные исслéдования и нáучные труды́.

(e) Язы́к — э́то **систéма** звуковы́х, словáрных и граммати́ческих средств. Важнéйшее мéсто **в э́той систéме** занимáет **лéксика**.

229 Relative position of subject and verb [477]

(1) Translate the following statements about the **weather**.
Example: It is raining. **Идёт дождь**.

(a) A cool wind is blowing. . . . .
(b) Lightning flashed. . . . .
(c) It is snowing. . . . .
(d) A storm broke. . . . .
(e) The first snow of the winter fell. . . . .

(2) References to **state**, **occurrence**, etc. Translate into Russian.
Example: Summer arrived. **Наступи́ло лéто**.

(a) Many years passed. . . . .
(b) A lesson is in progress. . . . .
(c) Talks begin. . . . .
(d) The decisive minute arrives. . . . .
(e) Silence fell. . . . .
(f) A shot was heard. . . . .
(g) The lime trees blossomed. . . . .
(h) The curtain rises. . . . .

(3) Questions introduced by an **interrogative word**. Translate:
(a) What **do you know** about biology? . . . .
(b) When **did he arrive** in Britain? . . . .
(c) Why **did Olga accept** the offer? . . . .
(d) Where **do the Orlovs live**? . . . .
(e) What language **were they speaking**? . . . .
(f) Whom **did she marry**? . . . .

(4) Translate the following on the basis of the question:

Заплати́л ли он вам за биле́ты?

(i) Repositioning the particle **ли** as required by the shifting emphasis:
(a) Was it **he** who paid you for the tickets?

. . . .

(b) Was it **you** he paid for the tickets?

. . . .

(c) Was it **the tickets** he paid you for?

. . . .

(ii) In reported speech:
(a) She asked **if** he had paid you for the tickets.

. . . .

(b) Do you remember **if** it was he that paid you for the tickets?

. . . .

(c) I am not sure **if** it is you he paid for the tickets.

. . . .

230 Subject, verb, object [478]

(1) Explain why the order subject + verb + object is **mandatory** in the following:
(a) **Мать** лю́бит **дочь**.
(b) **Ле́тний зной** смени́л **весе́нний хо́лод**.
(c) **Грузови́к** везёт на букси́ре **легково́й автомоби́ль**.
(d) **Бытие́** определя́ет **созна́ние**.
(e) **Теплохо́д** на подво́дных кры́льях замени́л **парохо́д** на тра́ссе Петербу́рг-Петродворе́ц.

(2) Underline 'new' information and translate into Russian, using the order **subject + verb + object** or **object + verb + subject**, as appropriate:
(a) The postman brought the mail later than usual.

. . . .

(b) Young girls with flowers welcomed the delegation from Poland.

....

(c) Chekhov created a new genre, the lyrical comedy.

....

(d) Many poets have loved the autumn.

....

(e) The most talented photographers in Moscow took these photographs.

....

(f) Doctors at the local hospital performed a most complex operation.

....

(g) My elder sister noticed the mistake in my essay.

....

(h) They discussed the plan and approved it.

....

(3) **Object + verb + inanimate subject**. Translate into Russian:
Example: **The stupidity** of his reply **surprised the teacher**.
          Учи́теля удиви́ла глу́пость его́ отве́та.
(a) The thought of the forthcoming meeting alarmed me.

....

(b) His ability to work in such conditions amazed everyone.

....

(c) A feeling of joy overcame me.

....

(d) His memory betrayed him again.

....

(e) An earthquake destroyed the city.

....

(f) He was tired of the criticism.

....

231 The position of the adverb [480]

(1) Adverb of time **preceding** verb. Translate into Russian:
(a) He waited for her **for a long time**.

....

(b) She **no longer** lives in that house.

....

(c) He has **not yet** decided.

....

(d) We **often** visited my uncle.

....

(e) They have been married **for a long time**.

....

(f) He moved to a new apartment **recently**.

....

(g) She **never** forgets her friends.

....

(h) He **constantly** reminded his son of his duty.

....

(2) Position of **spatial adverb** or **adverbial phrase**. Translate into Russian:
(a) There are two theatres **in our town**.

....

(b) There was a crisis **on the island of Cuba**.

....

(c) There were pictures hanging **on every wall**.

....

(d) The soldiers returned **to the base** after three days.

....

(e) There used to be a hospital **near the market square**.

....

(f) The Winter Palace is situated **on the shores of the Neva**.

....

(g) Coal is mined **in the north of Russia**.

....

(h) There are many museums **in Moscow**.

....

232 Sentences that contain more than one adverb or adverbial phrase [481]

Translate into Russian:

(a) Talks between Britain and Austria began in Vienna in October of last year.

....

(b) Victory Day is celebrated annually on 9 May.

....

(c) Forty people were arrested at the 16th Jazz Festival.

....

(d) A letter from John Lennon was sold last week at an auction in New York.

....

(e) To the surprise of the fans, Ireland defeated Italy 1:0 in one of the first matches of the World Cup.

....

(f) Boris Yeltsin signed a treaty of cooperation with countries of the European Union in June of that year on the island of Corfu.

....

(g) The price of newspapers fell in London last month.

....

(h) Guests fought with reporters recently at the wedding of a well-known footballer.

....

Key

1 [30–2, 34]

(1) (a) она́ (b) он (c) оно́ (d) оно́ (e) она́ (f) оно́ (g) оно́ (h) он.
(2) (a) слу́шал (b) плати́л (c) чита́л (d) покупа́л (e) понима́л (f) служи́л.
(3) (a) n. (b) m. (c) m. (d) f. (e) n. (f) f. (g) f. (h) f. (i) f. (j) m. (k) m.

2 [33]

(1) (i) (a) -ая (b) -ый.
    (ii) (a) мой (b) мой (c) моя́ (d) мой (e) моя́ (f) моя́ (g) мой.
(2) (a) -ая (b) -ая (c) -ая (d) -ая (e) -ый (f) -ая (g) -ая (h) -ая (i) -ая (j) -ий (k) -ая (l) -ый.
(3) (a) m. (b) m. (c) f. (d) f. (e) f. (f) f. (g) f. (h) f. (i) m. (j) f. (k) m.

3 [35]

слуга́ (m.)

4 [36]

(a) n. (b) n. (c) n. (d) n. (e) m. (f) n. (g) n. (h) n. (i) n. (j) m. (k) f. (l) n. (m) m. (n) n. (o) m./f. (p) n.

5 [43–4]

(1) (a) Англича́нка пое́хала (b) Бегу́нья бежа́ла (c) Конькобе́жка наде́ла (d) Мѐдсестра́ дежу́рила (e) Перево́дчица переводи́ла (f) Америка́нская пловчи́ха получи́ла (g) Учени́ца подняла́ ру́ку (h) Учи́тельница писа́ла.
(2) машини́ст.
(3) (a) рабо́тал (b) води́л (c) счита́ла (d) принима́ла (e) чита́ла.

6 [45]

(i) (a) лев (b) козёл (c) бык (d) медве́дь.
(ii) (a) слони́ха (b) ку́рица (c) овца́ (d) тигри́ца.

7 [47]

(1) (a) отца́ и сы́на (b) му́жа и жену́ (c) бара́на и овцу́ (d) льва и ти́гра (e) офице́ра и солда́та (f) учи́теля и ученика́ (g) кота́ и ко́шку (h) Ива́на и Ма́шу.

(2) (i) (a) бра́тьев и сестёр (b) не́мцев и не́мок (c) отцо́в и дете́й (d) студе́нтов и студе́нток (e) ученико́в и учени́ц.
(ii) (a) ти́гров (b) слоно́в (c) крокоди́лов (d) льво́в (e) осло́в (f) волко́в (g) оле́ней (h) лебеде́й (i) голубе́й (j) лошаде́й (k) обезья́н (l) коз.

8 [49]

(a) но́жницами (b) са́нках (c) очки́ (d) бу́дням (e) су́тки (f) ша́хматы (g) деньга́ми (h) кани́кул.

9 [50–2]

(1) теа́тр, теа́тра, теа́тру, теа́тром, теа́тре. (a) банк: as теа́тр. (b) музе́й, музе́я, музе́ю, музе́ем, музе́е. (c) университе́т: as теа́тр.

(2) теа́тры, теа́тров, теа́трам, теа́трами, теа́трах. (a) ба́нки: oblique case endings as теа́тры. (b) музе́и, музе́ев, музе́ям, музе́ями, музе́ях. (c) университе́ты: as теа́тры.

(3) (a) воробьи́ (b) врачи́ (c) карандаши́ (d) ножи́ (e) това́рищи (f) уро́ки.

(4) (a) карандашо́м (b) му́жем (c) отцо́м (d) ду́шем (e) гаражо́м (f) не́мцем (g) врачо́м (h) ножо́м (i) багажо́м (j) хоро́шим това́рищем.

(5) (a) теа́тров, собо́ров, скве́ров, па́рков, музе́ев, магази́нов, бульва́ров, проспе́ктов, мосто́в. (b) ти́гров, крокоди́лов, слоно́в, медве́дей, оле́ней, волко́в, орло́в, павли́нов. (c) враче́й, санита́ров. (d) кита́йцев, япо́нцев, испа́нцев, бельги́йцев. (e) словаре́й, календаре́й.

(6) (a) близнеца́ (b) ве́тра (c) дня (d) игрока́ (e) ковра́ (f) конца́ (g) па́льца (h) посла́ (i) ры́нка (j) уро́ка (k) япо́нца.

10 [53]

(a) наро́ду (b) са́хару (c) су́пу (d) ча́ю (e) табаку́ (f) сы́ру (g) хле́ба.
NB. (a)–(f): -а/-я are now also possible with nouns in all meanings and styles, as an alternative to partitive gens. in -у/-ю.

11 [54]

(a) берегу́ (b) саду́ (c) мосту́ (d) шкафу́ (e) полу́ (f) Крыму́ (g) бою́ (h) полку́ (i) Дону́ (j) углу́ (k) лесу́.

12 [55]

(1) (a) берега́ (b) вечера́ (c) глаза́ (d) голоса́ (e) города́ (f) дома́ (g) леса́ (h) паспорта́ (i) профессора́ (j) рукава́ (k) сады́ (l) столы́ (m) учителя́.
(2) (a) века́ (b) Луга́ (c) острова́ (d) поезда́ (e) провода́ (f) адреса́; номера́ (g) Учителя́.
(3) цвета́: (a) (c) (e). цветы́: (b) (d).
(4) (a) ли́стья (b) листы́.
(5) (a) бра́тья/бра́тьев (b) друзья́/друзе́й (c) ли́стья/ли́стьев (d) мужья́/ мужье́й (e) сту́лья/сту́льев (f) сыновья́/сынове́й.
(6) (a) датча́не (b) горожа́не (c) израильтя́не (d) египтя́не.
(7) (a) болга́ры (b) господа́ (c) котя́та (d) медвежа́та (e) ребя́та (f) сосе́ди (g) хозя́ева (h) щеня́та/щенки́.

13 [58]

(1) (a) кре́сел (b) о́кон (c) пи́сем (d) пя́тен (e) стёкол (f) чувств (g) яи́ц.
(2) (a) кры́льях (b) дере́вьям (c) пе́рья.
(3) (a) ве́ки (b) коле́ни (c) облака́ (d) око́шки (e) очки́ (f) пле́чи (g) у́ши (h) я́блоки.

14 [59]

(1) (a) мо́ре (b) ружья́ (c) полю (d) пла́тьев (e) белье́ (f) побере́жье.
(2) (a) кла́дбищ (b) море́й (c) пла́тьев (d) поле́й (e) полоте́нец (f) ру́жей.

15 [61]

(1) sing. ка́рту, ка́рты, ка́рте, ка́ртой, ка́рте/pl. ка́рты, карт, ка́ртам, ка́ртами, ка́ртах.
(2) (a) грани́цы (b) да́чи (c) кни́ги (d) кры́ши (e) му́хи (f) таре́лки (g) у́лицы.
(3) (a) госпожо́й (b) грани́цей (c) ды́ней (d) душо́й (e) землёй (f) ко́жей (g) кры́шей (h) са́жей (i) свечо́й (j) семьёй (k) у́лицей.
(4) (a) берёз (б) букв (с) карт (d) кварти́р (e) книг (f) ко́мнат (g) ламп (h) рек (i) рук (j) дынь (k) пусты́нь.
(5) (a) бу́лок (b) ви́лок, таре́лок, ло́жек (c) дереве́нь (d) ма́рок (e) руба́шек (f) со́сен (g) спа́лен (h) тю́рем (i) ло́док (j) чита́лен.
(6) (a) ба́бочек (b) бе́лок (c) ко́шек (d) птиц.

16 [63]

(1) sing. пло́щадь, пло́щади, пло́щади, пло́щадью, пло́щади/pl. пло́-
щади, площаде́й, площадя́м, площадя́ми, площадя́х.

(2) (a) ржи, ро́жью (b) любви́, Любо́вью (c) це́ркви, це́рковью.

17 [64]

(1) (i) (a) вре́мя (b) вре́мя; вре́мени (c) вре́мени (d) вре́менем.
    (ii) (a) и́мени (b) и́мя (c) и́мени.

(2) (a) no pl. (b) времена́/ён (c) знамёна/ён (d) имена́/ён (e) no pl. (but
языки́ пла́мени) (f) племена́-ён (g) семена́-ян.

18 [65]

(a) Фра́нции (b) ста́нции (c) тради́циями (d) биоло́гии (e) фото-
гра́фий (f) Герма́нией (g) зда́ниях.

19 [68]

(1) (a) люде́й (b) лю́дям (c) людьми́ (d) лю́дях.
(2) детьми́.

20 [69–70]

(1) (a): like first-declension noun (b–c): do not decline (d): mixed noun-adj.
declension (e): like adj. (f): does not decline *or* declines like second-
declension noun in -a (g): like second-declension noun (h): as (d) (i): does
not decline.

(2) (a) Дми́трием Ло́севым (b) Па́влом Лысако́вым (c) Ива́ном
Трубачёвым (d) Ната́льей Ло́севой (e) Людми́лой Лысако́вой (f)
Мари́ной Трубачёвой.

(3) (a) Ивано́вых (b) Ивано́вым (c) Ивано́выми (d) Ивано́вых.

21 [72]

(1) (a) «А́нну Каре́нину» (b) «Полта́ву» (c) «Ча́йку» (d) «Ба́рышню-
крестья́нку» (e) «Зи́мнюю доро́гу».

(2) (a) в Сосно́вке (b) по Балха́шу (c) к Но́вой земле́ (d) над Ключе́в-
ской со́пкой (e) в Вирги́нии (f) на Камча́тке.

22 [75]

(a) лежа́ло (b) про́дано (c) эвакуи́рованы (d) голосова́ло (e) протес-
това́ли.

23 [77]

(1) (a) Это была моя сестра́. (b) Э́то была́ моя́ мать. (c) Э́то была́ моя́ дочь. (d) Э́то бы́ли мои́ до́чери.

(2) (a) У неё есть ку́кла. (b) У него́ есть ка́рта. (c) У нас есть карти́на. (d) У них есть да́ча. (e) У меня́ есть кни́га. (f) У тебя́ есть ру́чка.

24 [79]

(1) (a) ры́бу (b) авто́бус (c) пра́вду (d) де́ньги (e) зада́чу (f) учи́теля (g) кни́гу (h) ка́рту.

(2) (i) (a) Всю весну́ (b) Всё ле́то (c) Всю неде́лю (d) Всю ночь (e) Всю о́сень.

(ii) (a) Ка́ждый год (b) Ка́ждую зи́му (c) Ка́ждую неде́лю (d) Ка́ждую сре́ду (e) Ка́ждую суббо́ту.

25 [80–2]

(1) (a) отца́ (b) ма́тери (c) сестёр (d) учи́теля.

(2) (a) рабо́ты, вре́мени (b) мотоци́клов, маши́н (c) мужчи́н, же́нщин, дете́й (d) де́нег (e) вопро́сов (f) о́пыта, зна́ний.

26 [83–4]

(1) All except for есть and пить.

(2) (a) ча́ю (b) де́нег (c) дров (d) коньяку́ (e) су́пу (f) са́хару (g) цвето́в.

(3) (a) На столе́ есть хлеб. (b) Он съел хле́ба. (c) Он попроси́л хле́ба. (d) Он ест хлеб. (e) Он наре́зал хле́ба. (f) Он ре́зал хлеб.

27 [86]

(1) (i) (a) Сестры́ нет до́ма. (b) Друзе́й нет здесь. (c) При до́ме нет гаража́. (d) За́втра нет экза́мена. (e) Сего́дня нет со́лнца. (f) На столе́ нет ла́мпы.

(ii) У них (a) не́ было маши́ны (b) не́ было компью́тера (c) не́ было кре́сла (d) не́ было де́нег.

(2) (i) (a) Нет, у нас нет маши́ны. (b) Нет, у нас нет компью́тера. (c) Нет, у нас нет вре́мени. (d) Нет, у нас нет сы́на.

(ii) (a) кварти́ра бу́дет (b) кни́ги бу́дут (c) телеви́зор бу́дет (d) кре́сло бу́дет.

28 [87]

(1) (a) Я не чита́ю рома́н. (b) Она́ не принима́ет уча́стия. (c) Он не зна́ет мою́ жену́. (d) Она́ не обраща́ет внима́ния. (e) Я не хочу́ смотре́ть

телеви́зор. (f) Я не чита́ю э́ту кни́гу. (g) Я не ви́жу стол ('the table')/ стола́ ('a table'). (h) Я не счита́ю э́тот сове́т поле́зным.

(2) (a) вре́мени (b) ва́ше письмо́ (c) ни одного́ письма́ (d) пи́сем (e) план (f) ва́зу (g) подде́ржки (h) тако́е поведе́ние (i) пра́ва (j) кни́гу (k) газе́ту (l) Э́того.

29 [88]

(1) (i) (a) доро́гу (b) подде́ржки (c) защи́ты (d) кни́гу, ну́жную (e) пра́вду (f) вы́хода.
(ii) (a) авто́бус (b) ва́шего сове́та (c) отве́та (d) свою́ подру́гу (e) слу́чая.
(iii) (a) каранда́ш (b) де́ньги (c) хле́ба (d) до́чку (e) де́нег (f) сове́та.
(iv) (a) на́ши докуме́нты (b) повыше́ния (c) кни́гу.
(v) (a) ча́шку (b) ми́ра (c) внима́ния и понима́ния.

(2) (a) Я ищу́ очки́. (b) Я ищу́ возмо́жности учи́ться за грани́цей. (c) Он бои́тся темноты́. (d) Он ждал свою́ жену́. (e) Хоте́лось бы избежа́ть неприя́тностей, е́сли э́то бу́дет возмо́жно. (f) Я жела́ю вам успе́ха в ва́шей рабо́те. (g) Она́ попроси́ла свою́ сестру́ подписа́ть докуме́нт. (h) Он попроси́л у меня́ сове́т. (i) Она́ попроси́ла официа́нта принести́ воды́. (j) Он дости́г свое́й це́ли. (k) Я хочу́ ещё бу́лку. (l) Мы хоти́м ми́ра во всех стра́нах. (m) Э́то предложе́ние заслу́живает на́шего внима́ния. (n) Населе́ние той страны́ лишено́ прав челове́ка.

30 [89]

(a) секрета́рше (b) продавцу́ (c) де́тям (d) му́жу (e) учи́телю (f) де́вочке (g) жене́ (h) дире́ктору (i) отцу́ (j) до́чке.

31 [90]

(1) (a) аккомпани́ровал (b) измени́л (c) напо́мнил (d) позволя́л (e) помо́г (f) аплоди́ровали (g) посове́товал (h) служи́ли (i) противоре́чили (j) меша́л.
(2) (a) де́тям (b) колле́гам (c) обго́н (d) ма́льчикам (e) врагу́ (f) слова́м (g) бе́женцам (h) тала́нту (i) студе́нтов биоло́гии.

32 [92]

(1) (a) Ма́ше гру́стно. (b) Студе́нту ду́шно. (c) Ма́льчику хо́лодно. (d) Ната́ше ску́чно. (e) Петру́ сты́дно. (f) Отцу́ лу́чше. (g) Спортсме́ну жа́рко.
(2) (a) Мне (b) Бра́ту (c) Отцу́ (d) Ма́тери (e) Актёру.

33 [94]

(1) (a) ножо́м (b) ме́лом (c) лопа́той (d) топоро́м (e) мы́лом (f) карандашо́м.

(2) С should be inserted in (b) (c) (e) only.

34 [96]

(1) (a) Симфо́ния исполня́ется орке́стром. (b) Доли́на освеща́ется со́лнцем. (c) Э́то ме́сто посеща́ется тури́стами. (d) Да́ча стро́ится рабо́чими. (e) Встре́ча устра́ивается студе́нтами.

(2) (a) отцо́м (b) сестро́й (c) судьёй (d) террори́стом (e) ученика́ми.

35 [99]

(1) (a) дирижи́рует (b) кома́ндует (c) пра́вит (d) располага́ет (e) управля́ет (f) заве́дует (g) по́льзуются (h) руководи́т.

(2) (a) детьми́ (b) свобо́дой (c) на́укой (d) мо́рем (e) хле́бом и карто́фелем (f) свои́м тала́нтом (g) велосипе́дным спо́ртом.

36 [101]

О́зеро Байка́л ширино́й 48 киломе́тров, пло́щадью 31 500 квадра́тных киломе́тров, глубино́й 1 620 ме́тров.

37 [102]

(1) (a) ма́льчиком (b) вели́кий поэ́т/вели́ким поэ́том (c) жено́й (d) меха́ником (e) англича́нин (f) актри́сой (g) хи́мик/-ом (h) сержа́нтом (i) чле́ном (j) дире́ктором.

(2) (a) Равнопра́вие явля́ется/бы́ло осно́вой на́шего о́бщества. (b) Переми́рие явля́ется/бы́ло це́лью перегово́ров. (c) Вы́сшим о́рганом вла́сти явля́ется/был парла́мент. (d) Еди́нственным реше́нием явля́ется/был разде́л о́строва. (e) Социали́зм явля́ется/был рабо́чей идеоло́гией. (f) Одно́й из на́ших пробле́м явля́ется/был тра́нспорт. (g) Ключо́м к успе́ху явля́ется/бы́ло вы́сшее образова́ние. (h) Рабо́чим языко́м конфере́нции явля́ется/был ру́сский.

(3) (a) вы́глядит уста́лым (b) оста́лся солда́том (c) роди́лась до́черью музыка́нта (d) ста́ла врачо́м (e) счита́ется геро́ем (f) чу́вствую себя́ тру́сом.

38 [103]

(a) бы́вшей цитаде́ли (b) са́мой дли́нной реки́ (c) сы́ну беломо́рского рыбака́ (d) профе́ссором хи́мии в МГУ́.

Revision exercises. Case usage.

(1) (a) кни́гу ма́льчику (b) письмо́ отцу́ (c) му́жу (d) анекдо́т друзья́м (e) ю́бку до́чке (f) де́вочке ку́клу (g) жениху́ откры́тку (h) продавцу́ ты́сячу рубле́й.

(2) (a) У́тром, ве́чером (b) Всю зи́му (c) Весно́й (d) Ка́ждое ле́то (e) Но́чью (f) Всю ночь (g) Всю доро́гу (h) О́сенью.

(3) (a) ученика́ми (b) жене́ (c) роди́телям (d) награ́ды (e) расска́зами (f) дире́ктору свои́м успе́хом (g) пассажи́ров (h) не́фтью (i) тала́нта (j) всем ра̀диослу́шателям и тѐлезри́телям (k) гостя́м.

(4) (a) ру́чкой (b) отца́ (c) высото́й (d) подру́ги (e) бра́том (f) воды́ (g) роди́телям (h) ножо́м.

(5) (i) (a) воды́ (b) врагу́ (c) дру́гу (d) бра́ту (e) успе́хами (f) неприя́тнос-тей (g) дире́ктору (h) иску́сством (i) спо́ртом (j) весне́ (k) результа́ту (l) спортсме́ну (m) детьми́ (n) её мне́нием (o) приро́дой (p) просту́ды.
(ii) (a) па́хнет (b) вреди́т (c) кома́ндует (d) Жела́ю (e) обменя́лись (f) ограни́чился (g) косну́лся (h) сто́ит.
(iii) (a) стол (b) руко́й (c) ру́ку (d) плеча́ми (e) старика́ (f) голово́й (g) две́рью (h) ма́льчика (i) голово́й (j) ребёнка.

(6) (i) (a) це́ли (b) Старику́ (c) отцу́ (d) ли́фтом (e) сы́на му́зыке (f) ма́тери (g) детьми́ (h) хра́бростью.
(ii) (a) разреши́л (b) лиши́лась (c) изоби́ловало (d) же́ртвовал (e) сле́довал (f) управля́л (g) служи́ли (h) сове́товал.

39 [110]

(1) (a) нас (b) нам (c) на́ми (d) вас (e) вам (f) ва́ми (g) вас (h) их (i) им (j) и́ми.

(2) (a) им (b) ни́ми (c) ей (d) ним (e) его́; него́ (f) ней; неё (g) нём (h) нему́.

40 [113]

(1) (a) «Я была́ занята́, но я прие́хала и гото́ва тебе́ помо́чь.» (b) «Я тебе́ благода́рен. Я написа́л тебе́, так как знал, что ты одна́ мо́жешь мне помо́чь.»

(2) (a) Мы с ва́ми (b) Мы с ним (c) Мы с ней.

41 [115]

(1) (a) одна́ пришла́ (b) забы́л.

(2) (a) гото́вы (b) согла́сны (c) любе́зны (d) голодны́.

(3) Her manner becomes distant and formal as she realizes he has no intention of marrying her.

42 [116]

(1) (a) Он (b) Она́ (c) Оно́ (d) Она́.
(2) Они́: omitted from (a) (c) (d), inserted in (b) and (e).

43 [117]

(1) (a) себя́ (b) себе́ (c) собо́й (d) себе́ (e) себе́.
(2) (a) себя́ (b) собо́й (c) собо́й (d) ни́ми (e) собо́й (f) себя́ (g) собо́й (h) ней (i) собо́й.

44 [118]

(1) (i) (a) моего́ (b) моему́ (c) мои́м (d) моём.
    (ii) (a) мое́й (b) мое́й (c) мое́й (d) мою́ (e) мое́й.
(2) (a) на́шей семье́ (b) на́шей семье́ (c) на́шей семьи́ (d) на́шу семью́ (e) на́шей семьёй.
(3) (a) ва́ших дете́й (b) ва́шим де́тям (c) ва́шими детьми́ (d) ва́ших де́тях.

45 [119]

(1) (a) его́ (b) их (c) её.
(2) (a) него́; его́ (b) неё; её (c) них; их.

46 [120]

(1) (a) свои́х (b) их (c) свою́; её (d) её (e) её (f) свои́ (g) её (h) свои́ми.
(2) (a) своя́ маши́на (b) своё мне́ние (c) своя́ ко́мната (d) своя́ маши́нка.

47 [121–2]

(1) (a) Кого́ (b) Кому́ (c) Кем (d) ком.
(2) (a) бои́тся (b) смею́тся (c) дово́лен (d) ду́мает.
(3) (a) како́м языке́ (b) како́й шко́ле (c) како́м ряду́ (d) цве́та.
(4) (a) Чей (b) Чья (c) Чьё (d) Чьи.

48 [123]

(1) (a) кото́рую (b) кото́рую (c) кото́рым (d) кото́рым (e) кото́ром (f) кото́рой (g) кото́рую (h) кото́рому (i) кото́рых (j) кото́рыми.
(2) (a) кто (b) что (c) кото́рое (d) кто (e) кото́рый (f) кто (g) что (h) кто (i) кото́рая.
(3) (a) Же́нщина, на кото́рой он жени́лся, из Ки́ева. (b) Ве́щи, за кото́рые она́ заплати́ла, она́ кладёт в свою́ корзи́ну. (c) Мы шли через лес, в кото́ром росли́ полевы́е цветы́. (d) Мужчи́на, за

которым она́ за́мужем, из Росси́и. (e) У него́ пять бра́тьев, оди́н из
кото́рых — врач. (f) Вот ма́льчик, к кото́рому она́ была́ добра́. (g)
Он оди́н из ученико́в, кото́рыми я дово́лен. (h) Вот маши́на,
кото́рую я купи́л для своего́ сы́на.

(4) (a) цена́ кото́рого (b) муж кото́рой (c) де́ти кото́рых.
(5) (a) что (b) кото́рый (c) кото́рая (d) что.
(6) (a) тем (b) тому́ (c) того́ (d) том (e) то (f) тем (g) того́.

49 [125–6]

(1) (a) Э́тот; тот (b) Э́то; то (c) э́тими; те́ми (d) э́ту; ту.
(2) (a) Э́то (b) Э́тот (c) э́тих; Э́то (d) э́ту; Э́то (e) Э́ти; э́то (f) э́тот; Э́то.

50 [131]

(1) (a) саму́/самоё (b) самого́, саму́/самоё (c) сами́ми (d) сами́х (e) сама́
(f) самому́ (g) сами́м.
(2) (a) са́мого (b) са́мом (c) самому́ (d) са́мого (e) само́м (f) са́мому (g)
само́й (h) са́мой.

51 [132]

(1) (a) це́лый (b) це́лый; все (c) всему́ (d) всю/це́лую (e) всей (f) весь.
(2) (a) ка́ждые (b) Ка́ждый (c) вся́кие (d) Ка́ждый/Вся́кий.
(3) (a) любо́е (b) вся́кие/любы́е (c) ка́ждой (d) любу́ю (e) вся́кого (f)
вся́кий (g) любо́е.

52 [134]

(1) (i) (a) Она́ нике́м не дово́льна. (b) Я никому́ не помога́ю. (c) Он
никого́ не спроси́л.
(ii) (a) Я ни за кого́ не голосова́л(а). (b) Она́ ни к кому́ не добра́. (c)
Он ни с кем не танцева́л. (d) Он ни на ком не жени́лся. (e) Я ни от
кого́ не получи́л(а) письма́.
(2) (a) Я никому́ не скажу́ об э́том. (b) Э́той кни́ги нет ни у кого́. (c) Она́
ни к кому́ не обрати́лась за по́мощью. (d) Он ни с кем не
разгова́ривал. (e) Никто́ не забы́л об э́том. (f) Он никого́ не
уважа́ет.
(3) (a) Я никогда́ никого́ не встреча́ю, и никому́ не доверя́ю. (b) Она́
никогда́ ни от кого́ не получа́ет пи́сем. (c) Мы никогда́ ни с кем не
разгова́риваем. (d) Мы никогда́ ни о ком не говори́м. (e) Он
никогда́ ни на кого́ не смо́трит.

53 [135]

(1) (a) Ничто́ его́ не интересу́ет. (b) Она́ ничего́ не бои́тся. (c) Она́ ниче́м не дово́льна. (d) Я ничему́ не ве́рю. (e) Он ни о чём не спра́шивал.

(2) (a) Она́ никогда́ ничему́ не удивля́ется. (b) Он никогда́ ниче́м не интересу́ется. (c) Он ни к чему́ не гото́в. (d) Он ничему́ не ве́рит и ни во что не ве́рит. (e) Она́ никогда́ ничего́ не де́лает.

54 [136]

(1) (a) никако́го (b) никаки́х (c) Никаки́ми (d) никако́й.

(2) (a) Никаки́е (b) Никаки́е (c) никаки́х (d) ни для како́й (e) ни на каки́е.

(3) (a) ничье́й (b) ничьи́х (c) ни на чьи.

55 [137]

(1) (i) (a) Мне не́кого бы́ло посла́ть. (b) Ей не́чему смея́ться. (c) Ему́ не́чем горди́ться. (d) Нам не́чего де́лать. (e) Мне не́кого люби́ть. (f) Ей не́кому бы́ло писа́ть.

(ii) (a) Ей не с кем танцева́ть. (b) Нам не́ с кем бы́ло консульти́роваться. (c) Ма́льчику не́ о чем ду́мать. (d) Ему́ не́ в чем признава́ться. (e) Ему́ не́ к кому обраща́ться. (f) Мне не́ на кого смотре́ть.

(2) (a) Не́чему смея́ться. (b) Не́чем писа́ть. (c) Ей не́чего чита́ть. (d) Не́ с кем бы́ло оста́вить дете́й. (e) Нам не́чем бы́ло занима́ться. (f) Нам не́ из чего бы́ло пить. (g) Не́ о чем бу́дет рассказа́ть. (h) Им не́ от кого бу́дет получа́ть пи́сьма.

(3) (a) не́кому смотре́ть за ни́ми (b) не́кому её убира́ть (c) не́кому идти́ за ней (d) не́кому бы́ло вести́ её (e) не́кому бы́ло расплати́ться с ним (f) не́кому мыть её.

56 [138]

(1) (a) кого́-нибудь (b) кому́-нибудь (c) кому́-то (d) ке́м-нибудь (e) кого́-нибудь (f) кого́-нибудь (g) кому́-нибудь (h) кого́-нибудь.

(2) (a) что́-нибудь (b) что́-нибудь (c) что́-нибудь (d) что́-нибудь (e) что́-то (f) что́-нибудь (g) Что́-то.

(3) (a) У вас есть сыр? (b) Вы зна́ете кого́-нибудь из э́тих ма́льчиков? (c) Нет, я никого́ из них не зна́ю. (d) Что́-нибудь случи́лось? (e) У меня́ нет хле́ба. (f) Кого́-нибудь не хвата́ет? (g) Я никого́ не спроси́л.

(4) (a) како́й-нибудь (b) чьё-то (c) каки́м-то (d) чью́-нибудь (e) чье́й-либо (f) како́й-нибудь (g) како́й-то.

57 [141]

(a) нéкоторых/нéскольких (b) нéсколькими (c) нéсколько (d) Нéкоторое (e) нéкоторой (f) нéсколько (g) Нéкоторые (h) нéкоторых (i) нéскольких (j) нéкоторых.

58 [143]

(i) (a) дрýг дрýга (b) дрýг дрýгу (c) дрýг дрýгом (d) дрỳг дрýгу (e) дрỳг дрýга.

(ii) (a) дрỳг к дрýгу (b) дрỳг у дрýга (c) дрỳг над дрýгом (d) дрỳг о дрýге (e) дрỳг на дрýга.

59 [146]

(a) хорóшего рýсского (b) рýсского; англи́йский (c) кита́йскому. (d) всегó хорóшего; большóго (e) горя́чую (f) горя́чей (g) свéжей.

60 [147]

(a) вéрхний (b) вечéрний (c) да́льний (d) за́дний (e) лéтний (f) мéстный (g) послéдний (h) сéверный (i) си́ний (j) ю́жный.

61 [148]

(1) (a) кни́жный шкаф (b) востóчный вéтер (c) речнóй порт (d) тепли́чное растéние (e) ба́льное пла́тье (f) футбóльное пóле (g) ýличный фона́рь.

(2) (a) дéтская (b) жéнское (c) куби́нская (d) человéческое (e) москóвские (f) заводскóе (g) ма́ртовские (h) мужскóй.

(3) (a) абрикóсовый сок (b) берёзовая рóща (c) дубóвый стол (d) кленóвый лист (e) соснóвый лес (f) пи́ковая да́ма (g) полевы́е цветы́ (h) языковóй барьéр.

62 [155]

(1) (i) (a) нóвого дóма (b) нóвому дóму (c) нóвым дóмом (d) нóвом дóме.
(ii) (a) большýю ка́рту (b) большóй ка́рты (c) большóй ка́рте (d) большóй ка́ртой (e) большóй ка́рте.
(iii) (a) свéжих цветóв (b) свéжим цвета́м (c) свéжими цвета́ми (d) свéжих цвета́х.

(2) (a) краси́вого (b) краси́вого (c) краси́вому (d) краси́вым (e) краси́вом.

(3) (a) кра́сным (b) извéстном (c) уста́лых (d) интерéсную (e) тёмном.

63 [156]

(a) уста́лой (b) спя́щей (c) невыноси́мой (d) нетро́нутым (e) откры́той (f) госуда́рственной.

Revision exercises: declension of adjectives

(i) (a) но́ву́ю; но́вом; широ́кой; зелёной; но́вом.
  (b) но́вой; но́вую.
  (c) но́вой; небольша́я; прекра́сным; широ́кую; пи́сьменный; пи́сьменного; пи́сьменным; пи́сьменном; зелёным.
  (d) пи́сьменном; пи́шущую; англи́йского; ру́сский; ма́леньком; ни́зком; кру́глом.
  (e) кни́жный; кни́жного; ру́сской; большо́й; совреме́нному; совреме́нной; кни́жном.
(ii) (a) высо́ком; Моско́вского; госуда́рственного; обши́рной; прекра́сных.
  (b) большо́й; Гла́вным; краси́выми; вели́кому; пе́рвого; ру́сского.
  (c) бро́нзовых; физи́ческого; изве́стных; ру́сских; ка́менных; хими́ческим; изве́стных; ру́сских.
  (d) се́верной; Гла́вным; больша́я.
  (e) центра́льным; высо́ких; кото́рых; мно́гих; междунаро́дных нау́чных; Моско́вском; актуа́льным; совреме́нной; ра́зных.

64 [159]

(a) краси́ва (b) краси́вы (c) здоро́в (d) здоро́вы (e) бога́т (f) бога́та.

65 [161]

(1) (a) бле́ден (b) го́лоден (c) дово́лен (d) ну́жен (e) си́лен (f) слы́шен (g) умён (h) хитёр.
(2) (a) по́лон (b) у́зок (c) смешо́н (d) ни́зок (e) бли́зок (f) зол.

66 [162]

(1) (a) мала́ (b) велики́.
(2) (a) досто́йна (b) ра́да (c) Какова́ (d) велика́.

67 [168]

(1) (a) сыта́ (b) мертва́ (c) неправа́ (d) несча́стен (e) больна́.
(2) (a) больно́й 'chronically ill' (c) живо́й 'lively' (d) плохо́й 'bad' (e) пра́вый 'right-hand, right-wing'.

68 [169]

(a) мала́ (b) велика́ (c) тесны́ (d) дли́нно (e) коротка́ (f) у́зок.

69 [170]

(1) In series (a) the long attributive adjective is in apposition to the first noun ('a man devoid of', 'a bus full of', 'a pupil worthy of'), while in series (b) the short adjectives are predicative ('is devoid of', 'is full of', 'is worthy of').

(2) (a) ве́рен (b) прису́ща (c) подо́бен (d) изве́стен.

(3) (a) Росси́я бога́та не́фтью. (b) Росси́я больша́я страна́, бога́тая приро́дными ресу́рсами. (c) Я обя́зан(а) вам ва́шей по́мощью. (d) Корзи́на полна́ я́блок. (e) На столе́ стоя́ла корзи́на, по́лная я́блок. (f) И́мя А́ллы Пугачёвой изве́стно люби́телям популя́рной му́зыки. (g) А́лла Пугачёва — певи́ца, изве́стная свои́ми популя́рными пе́снями. (h) Э́то прое́кт, досто́йный на́шего внима́ния. (i) Э́тот прое́кт досто́ин на́шего внима́ния.

70 [171]

(1) (a) слепа́ (b) похо́жи (c) сильна́ (d) согла́сен (e) добра́ (f) глуха́.

(2) (a) с (b) на (c) на (d) к (e) для (f) на.

Revision exercises: short-form and long-form adjectives

(1) (i) (a) интере́сен/интере́сный (b) интере́сен (c) интере́сный.
(ii) (a) изве́стен/изве́стный (b) изве́стен (c) изве́стный.
(iii) (a) бога́та (b) бога́та/бога́тая (c) бога́тая.
(iv) (a) умён (b) у́мный (c) умён/у́мный.
(v) (a) ва́жен/ва́жный (b) ва́жный (c) ва́жен.
(vi) (a) добра́ (b) добра́/до́брая (c) до́брая.

(2) (i) (a) чи́стые (b) чисты́. (ii) (a) споко́ен (b) споко́йный. (iii) (a) угрю́мый (b) угрю́м. (iv) (a) весёлая (b) весела́. (v) (a) рассе́ян (b) рассе́янный. (vi) (a) све́тлая (b) светла́. (vii) (a) гру́стный (b) гру́стен. (viii) (a) краси́ва (b) краси́вая.

(3) (i) (a) больша́я (b) велика́. (ii) (a) мала́ (b) ма́ленькая. (iii) (a) у́зкая (b) узка́. (iv) (a) дли́нная (b) длинна́. (v) (a) коро́ткие (b) коротки́. (vi) (a) тяжёл (b) тяжёлый.

71 [177]

(1) (a) бо́лее ва́жными дела́ми (b) бо́лее интере́сную ле́кцию (c) бо́лее краси́вом райо́не (d) бо́лее о́пытному учи́телю (e) бо́лее тёплом кли́мате.

(2) (a) Она́ покупа́ет бо́лее дешёвое ма́сло и бо́лее дороги́е я́йца. (b) Мы реша́ем бо́лее тру́дную зада́чу. (c) Вы когда́-нибудь ви́дели бо́лее гря́зную у́лицу? (d) Нам нужна́ ко́мната с бо́лее высо́ким потолко́м. (e) Она́ пошла́ на ку́хню за бо́лее о́стрым ножо́м. (f) Сейча́с они́ живу́т в бо́лее подходя́щем райо́не.

72 [178]

(a) мла́дшая (b) ме́ньшей (c) ху́дший (d) ста́рший (e) лу́чшем (f) бо́льшей.

73 [179]

(1) (a) тяжеле́е чемода́на (b) трудне́е арифме́тики (c) краси́вее маргари́ток (d) длинне́е Днепра́ (e) (i) сильне́е же́нщины (ii) слабе́е мужчи́ны (f) (i) темне́е утра́ (ii) светле́е но́чи.
(2) (a) Э́то бо́лее гря́зный райо́н. Э́тот райо́н грязне́е. (b) Э́то бо́лее бы́страя маши́на. Э́та маши́на быстре́е. (c) Он на бо́лее интере́сном ку́рсе. Э́тот курс интере́снее. (d) Э́то бо́лее но́вая кни́га. Э́та кни́га нове́е. (e) Э́то бо́лее бе́дная семья́. Э́та семья́ бедне́е. (f) Он чита́ет бо́лее поле́зную кни́гу. Э́та кни́га поле́знее.

74 [180–1]

(1) (a) гро́мче (b) ле́гче (c) кру́че (d) кре́пче (e) ме́льче (f) мя́гче.
(2) (a) ме́ньше (b) ти́ше (c) коро́че (d) деше́вле (e) моло́же её (f) лу́чше (g) у́же.
(3) (a) бо́льше (b) вы́ше (c) коро́че (d) ху́же (e) то́лще (f) чи́ще.
(4) (a) гу́ще (b) про́ще (c) сла́ще (d) стро́же (e) су́ше.

75 [182]

(1) (a) бога́че меня́ (b) бо́льше Ве́нгрии (c) глу́бже мо́ря (d) лу́чше мое́й (e) моло́же своего́ бра́та (f) твёрже грани́та.
Opposites: (a) бедне́е (b) ме́ньше (c) ме́льче (d) ху́же (e) ста́рше (f) мя́гче.
(2) (a) Моя́ зарпла́та в два ра́за бо́льше ва́шей. (b) Чем темне́е ночь, тем бо́льше опа́сность. (c) Приходи́те, пожа́луйста, как мо́жно скоре́е. (d) Гора́ станови́лась всё кру́че и кру́че. (e) По̀сле ремо́нта потоло́к был на по̀лме́тра вы́ше, чем ра́ньше. (f) Мы посеща́ем теа́тр как мо́жно ча́ще. (g) В э́том ме́сте река́ в три ра́за глу́бже. (h) Чем деше́вле вино́, тем лу́чше его́ настрое́ние. (i) Она́ на пять лет моло́же меня́. (j) Его́ рабо́та намно́го лу́чше мое́й.

(3) (a) Э́то бо́лее краси́вая маши́на, чем моя́. (b) Мой муж вы́ше, чем ёе. (c) Её рабо́та лу́чше ва́шей. (d) Аме́рика бога́че хло́пком, чем Узбекиста́н. (e) У неё бо́лее гро́мкий го́лос, чем у меня́. (f) Он получа́ет бо́льше де́нег, чем я. (g) Я легко́ оде́т, и мне холодне́е, чем вам. (h) Она́ намно́го моло́же меня́.

76 [184]

(1) (a) Веселе́е (b) Интере́снее (c) разу́мнее.
(2) (a) подошёл/подошла́ бли́же (b) лети́т вы́ше (c) ти́ше разгова́риваем (d) лу́чше пи́шет (e) ча́ще прихо́дит.
(3) (a) светле́е; темне́е (b) холодне́е; жа́рче (c) тепле́е (d) ве́тренее.

77 [185]

(a) с одни́м из са́мых бога́тых люде́й в ми́ре (b) одно́й из са́мых высо́ких гор в ми́ре (c) в одно́м из са́мых краси́вых городо́в в ми́ре (d) в одно́м из са́мых ста́рых университе́тов в ми́ре (e) в одно́м из лу́чших институ́тов в ми́ре.

78 [186]

(a) вы́сший/ни́зший балл (b) са́мый высо́кий/са́мый ни́зкий дом (c) вы́сшая матема́тика (d) вы́сшая ме́ра наказа́ния (e) вы́сшее образова́ние (f) вы́сший/ни́зший сорт.

79 [190]

(1) два в квадра́те бу́дет четы́ре; три в квадра́те бу́дет де́вять; четы́ре в квадра́те бу́дет шестна́дцать.
(2) (a) де́вять (b) четы́рнадцать (c) се́мьдесят пять; два́дцать шесть; шестьдеся́т пять; со́рок оди́н; шестна́дцать; со́рок семь (d) сто оди́н (e) шестьсо́т со́рок де́вять (f) девятьсо́т (g) две ты́сячи девятьсо́т (h) семь ты́сяч семьсо́т во́семьдесят.
(3) (a) семь (b) четы́ре (неде́ли) (c) оди́ннадцать (d) двена́дцать (e) пятна́дцать (f) два́дцать четы́ре (часа́) (g) два́дцать во́семь/два́дцать де́вять; три́дцать; три́дцать оди́н (день) (h) шестьдеся́т (i) шестьдеся́т (j) три́ста шестьдеся́т пять/шесть.

80 [191]

(i) квадра́тный ко́рень: (a) из четырёх (b) из девяти́ (c) из шестна́дцати (d) из двадцати́ пяти́ (e) из тридцати́ шести́ (f) из сорока́ девяти́.

(ii) (a) тридна́дцати (b) двадцати́ двум (c) тридцати́ пяти́ (d) сорока́ одному́ (e) пяти́десяти трём (f) девяно́ста семи́.

(iii) (a) пятью́десятью тремя́ и двадцатью́ двумя́ (b) девяно́ста семью́ и шестью́десятью четырьмя́ (c) семью́десятью шестью́ и тридцатью́ семью́ (d) двумяста́ми сорока́ двумя́ и ста́ пятна́дцатью.

81 [193]

(i) (a) одна́ карти́на, оди́н стол, одно́ окно́ и одни́ часы́. (b) се́мь-десят оди́н (c) со́рок одна́ (d) три́дцать одно́ (e) два́дцать одни́.

(ii) (a) одну́; одного́ (b) одни́м (c) одно́м (d) одного́ (e) одни́м (f) одно́й (g) два́дцать одного́.

82 [194]

(1) (a) полтора́ (b) полторы́ (c) две (d) два́дцать два (e) О́бе (f) О́ба.

(2) (a) два стола́ (b) две кни́ги (c) две ва́зы (d) два кре́сла (e) два до́ма (f) два сло́ва (g) две ка́рты (h) две сестры́.

(3) (a) угла́ (b) че́тверти (c) солда́та (d) ноги́ (e) неде́ли (f) часа́ (g) матро́са.

(4) (i) (a) два больши́х окна́ и два пи́сьменных стола́ (b) два интере́сных вопро́са (c) две просто́рные аудито́рии (d) сиде́ли две краси́вые ко́шки (e) две но́вые пласти́нки.

(ii) (a) тру́дные (b) за́дних (c) высо́ких (d) иностра́нных (e) молоды́х (f) учени́ческие.

83 [195]

(1) два́дцать сту́льев, шесть столо́в, пять крова́тей, пять ламп, две щётки, де́сять карти́н, шесть кре́сел, три́дцать таре́лок, двена́дцать ча́шек, два́дцать ло́жек, два холоди́льника, два́дцать ви́лок, два́д-цать ноже́й, пять дива́нов, два телеви́зора, три радиоприёмника, сто пятьдеся́т гра̀мпласти́нок, два телефо́на, двена́дцать прос-ты́нь, двена́дцать одея́л.

(2) (a) челове́к (b) люде́й (c) челове́к (d) люде́й/челове́к (e) челове́к (f) люде́й.

84 [196]

(1) (i) (a) полу́тора неде́ль (b) двух часо́в (c) двум часа́м (d) двумя́ часа́ми и тремя́ часа́ми (e) трёх часа́х (f) четырьмя́ (g) обо́ими бра́тьями и обе́ими сёстрами (h) обо́их гнёздах.

(ii) (a) Мои́ бра́тья лю́бят двух сестёр. (b) Я пригласи́л на ве́чер трёх-четырёх друзе́й. (c) Он наказа́л обо́их ма́льчиков и обе́их де́вочек. (d) Мили́ция арестова́ла, не трёх студе́нтов, а два́дцать три студе́нта.

(2) (i) (a) пять (b) десяти́ (c) восьми́ (d) двадцатью́ пятью́ (e) пятна́дцати из двадцати́ (f) двадцати́ (g) девятью́ и оди́ннадцатью.

(ii) (a) пятью́десятью-шестью́десятью (b) шести́десяти-семи́десяти (c) шести́десяти четырёх (d) семью́десятью пятью́; четырёх.

(iii) (a) от девяно́ста отня́ть со́рок, бу́дет пятьдеся́т (b) от ста отня́ть девяно́сто, бу́дет де́сять (c) к сорока́ трём приба́вить пятьдеся́т семь, бу́дет сто (d) извле́чь квадра́тный ко́рень из сорока́ девяти́, бу́дет семь (e) извле́чь квадра́тный ко́рень из ста, бу́дет де́сять.

(iv) (a) восьмисо́т; трёхсо́т (b) двухсо́т (c) трёхста́х (d) четырьмя́ ста́ми-пятьюста́ми; восьмьюста́ми (e) девятиста́х восьми́десяти двух (f) девятиста́м (g) двумста́м.

85 [198]

(a) без двадцати́ пяти́ мину́т шесть (b) из девяно́ста двух стран (c) со ста пятью́десятью двумя́ рубля́ми (d) с двумяста́ми сорока́ иллюстра́циями (e) К трёмста́м тридцати́ шести́ (f) От семисо́т сорока́ двух (g) бо́льше ты́сячи пятисо́т киломе́тров.

86 [200]

(1) (a) дво́е носи́лок (b) тро́е сане́й (c) че́тверо воро́т (d) пя́теро часо́в (e) ше́стеро су́ток (f) се́меро каче́лей.

(2) (a) тро́е; трёх (b) дво́е; четырёх (c) че́тверо; трёх (d) пя́теро; двумя́.

(3) (a) дво́е студе́нтов (b) тро́е дете́й (c) че́тверо ученико́в (d) три де́вушки (e) пя́теро матро́сов (f) се́меро инжене́ров.

(4) (a) У неё тро́е дете́й. Она́ одна́ воспита́ла свои́х трёх/трои́х дете́й. (b) На заво́де че́тверо часо́в. (c) Мы пя́теро бы́ли на собра́нии. (d) Нас бы́ло се́меро. (e) Они́ шли тро́е су́ток.

87 [201]

(1) (i) (a) де́нег (b) лет (c) молока́ (d) очко́в (e) дете́й.

(ii) (a) люде́й (b) челове́к.

(iii) (a) ма́ло (b) немно́го.

(2) (a) Не́которые сочине́ния бы́ли так интере́сны, что учи́тель прочита́л их вслух. (b) В э́той кни́ге есть не́сколько карти́н. Не́которые из них цветны́е. (c) Заво́д постро́или за не́сколько киломе́тров от го́рода. (d) На не́которых страни́цах ру́кописи мо́жно уви́деть примеча́ния а́втора. (e) Не́которые студе́нты на ка́федре лю́бят рисова́ть. (f) Мы хоте́ли бы посади́ть в саду́ не́сколько дере́вьев.

(3) (a) Я собра́л мно́го интере́сных ма́рок. Мно́гие из них ре́дкие. (b) Мно́гие на́ции хотя́т незави́симости. (c) У меня́ мно́го друзе́й. Мно́гие живу́т в Санкт-Петербу́рге. (d) Я жил там мно́го лет.

(4) (i) (a) мно́гих (b) мно́гом (c) мно́гим (d) мно́гому (e) мно́гим
(ii) (a) не́сколькими (b) не́скольких (c) не́скольким.

88 [202]

(a) горе́ло (b) состоя́лось (c) Прошло́ (d) живёт (e) получа́ет (f) испо́лнилось (g) и́здано (h) жени́лись (i) издава́лось (j) вы́шли (k) бы́ло (l) поги́бли.
(ii) (a) верну́лись (b) вы́писались (c) бы́ло.
(iii) (a) новы́ (b) се́ло (c) произошло́ (d) накопи́лось (e) стоя́ло (f) пошли́.

89 [203–4]

(1) (a) пе́рвого; седьмо́й (b) шестна́дцатой; тре́тьем; оди́ннадцатой. (c) пятьдеся́т второ́м; восьмо́й; два́дцать пя́тое (d) пятна́дцатом; четвёртое и пя́тое (e) пе́рвой (f) сто пятьдеся́т второ́й; шесту́ю; деся́той (g) пятьдеся́т второ́го; со́рок четвёртого.

(2) (a) двадца́тых (b) тридца́тых (c) сороковы́х (d) пятидеся́тых (e) шестидеся́тых; девяно́стые (f) восьмидеся́тых.

(3) (a) пе́рвый; семна́дцатого (b) восемна́дцатого (c) двадца́том (d) два́дцать восьмо́м (e) пе́рвому; четвёртому; шесто́му.

(4) (a) по величине́ и глубине́ (b) по длине́ (c) по пло́щади (d) по чи́сленности населе́ния.

90 [206]

(1) (a) че́тверть пе́рвого (b) два́дцать мину́т второ́го (c) два́дцать пять мину́т тре́тьего (d) полови́на четвёртого/полчетвёртого (e) без двадцати́ мину́т четы́ре (f) без че́тверти пять (g) без двадцати́ пяти́ мину́т шесть (h) без десяти́ мину́т семь (i) без че́тверти во́семь (j) без двадцати́ пяти́ мину́т де́вять (k) полови́на оди́ннадцатого/полоди́ннадцатого (l) без десяти́ мину́т оди́ннадцать.

(2) (a) Я встаю́ в полвосьмо́го. (b) Я за́втракаю в во́семь часо́в. (c) Я выхожу́ и́з дому в два́дцать мину́т девя́того. (d) Я сажу́сь на трамва́й без двадцати́ пяти́ мину́т де́вять. (e) Я приезжа́ю в университе́т без пяти́ мину́т де́вять. (f) Заня́тия начина́ются в че́тверть деся́того. (g) Переры́в начина́ется в де́сять мину́т двена́дцатого. (h) Я обе́даю без че́тверти час. (i) Заня́тия конча́ются в полпя́того. (j) Я ухожу́ из университе́та без двадцати́ мину́т пять. (k) Я приезжа́ю домо́й в пять часо́в. (l) Я включа́ю телеви́зор в

чéтверть седьмóго. (m) Я ýжинаю в пòлвосьмóго. (n) Я ложýсь без двадцатú минýт одúннадцать.

(3) (a) двух часóв (b) двум часáм (c) двумя́ часáми (d) двух часáх.

(4) (a) нóчи (b) дня (c) утрá (d) вéчера.

91 [207]

(1) (a) в тысяча семьсóт вóсемьдесят девя́том годý (b) в тысяча двéсти трúдцать седьмóм годý (c) в тысяча семьсóт пятьдеся́т пя́том годý (d) в тысяча восемьсóт двенáдцатом годý (e) в тысяча девятьсóт двáдцать вторóм годý (f) в тысяча шестьсóт тринáдцатом годý (g) в тысяча девятьсóт девянóсто пéрвом годý.

(2) (a) трéтьего сентября́ тысяча девятьсóт трúдцать девя́того гóда; тысяча девятьсóт сóрок пя́того гóда; двáдцать вторóго ию́ня тысяча девятьсóт сóрок пéрвого гóда (b) двенáдцатого апрéля тысяча девятьсóт шестьдеся́т пéрвого гóда (c) четырнадцатого декабря́ тысяча восемьсóт двáдцать пя́того гóда (d) двáдцать вторóго апрéля тысяча восемьсóт семидеся́того гóда; пя́того мáрта тысяча девятьсóт пятьдеся́т трéтьего гóда (e) пéрвого сентября́ (f) пéрвого января́ (g) двáдцать пя́того декабря́; шестóго января́ (h) девя́того мáя; седьмóго ноября́.

92 [211]

(a) двадцатипятимиллиметрóвыми (b) четырёхлéтний (c) пяти-десятилéтие (d) трёхкóмнатной (e) двухмотóрном (f) тысячелéтие; двухсòтпятидесятилéтие. (g) Стотысячному (h) сорокагрáдусный.

93 [215]

(1) (i) (a) решáю (b) рабóтаешь (c) покупáет (d) закрывáет (e) знáем (f) понимáете (g) помогáют.

(ii) (a) гуля́ют (b) кáшляет (c) лáют (d) сéют (e) сия́ют (f) тáет.

(2) (a) даёт (b) передаю́т (c) продаю́т (d) встаём (e) перестаёт (f) при-знаётся.

(3) (a) рисýет (b) здорóваемся (c) голосýют (d) дéйствует (e) комáндует (f) трéбует (g) себя́ чýвствуете (h) завúдует.

(4) (a) вою́ет (b) жуёт (c) застревáют (d) зевáют (e) плюёт (f) Подозре-вáют (g) танцýют (h) успевáю.

(5) (a) имéет (b) умéет (c) краснéет (d) грéют (e) смéем (f) жалéю (g) худéет (h) владéет (i) поёт.

(6) (i) (a) пью (b) льёт (c) шьёт (d) вьёт (e) бью́т.

(ii) (a) Дýет (b) мóю (c) открóю (d) закрóю.

94 [216]

(1) (i) (a) рвёт (b) сосу́т (c) ткут (d) врут (e) жду (f) сто́нет.
(ii) (a) вернётся (b) вздохнёт (c) га́снет (d) завернёт (e) льнёт (f) привы́кнете (g) со́хнет. The verb forms derive from мо́кнуть. The song is about Leningrad (St Petersburg).
(iii) (a) бо́рются (b) по́лет (c) по́рет (d) колю́ (e) ме́лем.

(2) (i) (a) берём (b) зову́т; зову́ (c) живёт (d) плывёт (e) е́дем (f) Шлю.
(ii) Impf. (a) Жму (b) сте́лет (c) мнёт (d) трёт.
Pf. (a) наде́нет (b) сниму́ (c) ста́нет (d) запру́т (e) возьмём (f) поймёте (g) начнём (h) при́мем (i) займёт (j) подни́мется.

95 [217]

(1) (a) дре́млет (b) и́щет (c) ма́шет (d) пи́шет (e) пле́щет (f) поло́щет (g) хлопо́чет (h) че́шет.

(2) (a) шёпчет (b) ли́жет (c) ма́жет (d) пла́чет (e) грохо́чет (f) пря́чет (g) и́щет (h) колы́шется.

(3) (a) вя́жет (b) ка́жется (c) клеве́щет (d) ре́жет (e) ска́жете (f) ска́чет (g) сы́плет (h) то́пчут.

96 [218]

(1) (a) В саду́ расту́т тюльпа́ны. (b) Офице́р ведёт солда́т в бой. (c) Носи́льщик несёт чемода́ны к по́езду. (d) Носи́льщик везёт чемода́ны к такси́. (e) Сире́нь цветёт весно́й. (f) Ма́льчик трясёт де́рево. (g) Дво́рник метёт двор. (h) Змея́ ползёт к дере́вьям.

(2) (i) (a) крадёт (b) грызёт (c) кладу́т (d) ле́зут.
(ii) (a) ся́ду (b) упадёте (c) учтём (d) сочту́.

(3) (i) (a) берегу́т (b) жгут (c) мо́гут (d) пеку́т (e) стерегу́т (f) стригу́т.
(ii) (a) ля́гут (b) напрягу́т (c) пересеку́т.

97 [220-1]

(1) (a) говорю́ (b) говори́шь (c) говори́т (d) говори́т (e) говори́м (f) говори́те (g) говоря́т.

(2) (i) Verbs in -ать: (a) стучи́т (b) слы́шу (c) молчи́т (d) кричи́т (e) де́ржит (f) звуча́т (g) ды́шит (h) дрожи́т.
Verbs in -еть: (a) скрипи́т (b) шуми́т (c) лети́т (d) виси́т (e) сидя́т (f) кипи́т (g) ви́жу (h) смо́трим (i) гори́т.
(ii) (a) бои́мся (b) дрожи́м (c) ды́шим (d) смо́трим (e) смо́трят (f) спим.

(3) (a) боя́тся (b) ви́дят (c) горя́т (d) сидя́т (e) смо́трят (f) стоя́т (g) стуча́т.

98 [222]

(1) (a) рублю́ (b) гла́жу (с) ла́жу (d) кормлю́ (e) плачу́ (f) ста́влю (g) топлю́ (h) кошу́ (i) чи́щу.

(2) (a) гашу́ (b) гремлю́ (с) люблю́ (d) мщу (e) прошу́ (f) свищу́ (g) храплю́ (h) чи́щу.

Revision exercises: conjugation of verbs

Verbs in -ать.

(1) (b) (k) are second conjugation. (a) беру́, берёшь … (b) гоню́, го́нишь … (с) дам, дашь, даст, дади́м, дади́те, даду́т (d) жму, жмёшь … (press); жну, жнёшь … (reap) (e) жду, ждёшь … (f) зову́, зовёшь … (g) зна́ю, зна́ешь … (h) лгу, лжёшь … (i) рву, рвёшь … (j) шлю, шлёшь … (k) сплю, спишь … (l) ста́ну, ста́нешь …

(2) (a) визжи́т (b) де́ржит (с) дрожи́т (d) ды́шит (e) звучи́т (f) кричи́т (g) лежи́т (h) молчи́т (i) начнёт (j) обижа́ет (k) отвеча́ет (l) пищи́т (m) проща́ет (n) слу́шает (о) слы́шит (p) стучи́т.

(3) (a) встаёт (b) голосу́ем (с) даёт (d) здоро́вается (e) зева́ют (f) перестаёт (g) пла́вает (h) продаём (i) рису́ет (j) танцу́ют (k) тре́бует (l) узнаёт (m) успева́ет (n) чу́вствуете.

(4) Бежа́ть is irregular: бегу́, бежи́шь, бежи́т, бежи́м, бежи́те, бегу́т.
(a) и́щет (b) пи́шет (с) вя́жет (d) ше́пчет (e) ска́чет (f) пря́чет (g) Ка́жется (h) ре́жет (i) скажу́.

Verbs in -ять. (а) (i) are not first conjugation.
(a) бою́сь, бои́шься …(d) возьму́, возьмёшь … (с) ка́шляю, ка́шляешь … (d) подниму́, подни́мешь … (e) пойму́, поймёшь … (f) приму́, при́мешь … (g) се́ю, се́ешь … (h) сниму́, сни́мешь … (i) стою́, стои́шь … (j) та́ю, та́ешь …

Verbs in -еть.

(1) All are first conjugation. (a) гре́ю, гре́ешь … (b) де́ну, де́нешь … (с) пою́, поёшь … (d) сме́ю, сме́ешь …

(2) (a) бледне́ю, бледне́ют (b) богате́ю, богате́ют (с) красне́ю, красне́ют (d) молоде́ю, молоде́ют (e) полне́ю, полне́ют (f) свищу́, свистя́т (g) храплю́, храпя́т (h) хриплю́, хрипя́т.

(3) (a) ви́жу (b) гори́т (с) жале́ет (d) име́ем (e) кипи́т (f) лети́т (g) сижу́ (h) смо́трят.

Verbs in -ить.

(1) All are first conjugation. (a) бью, бьёшь … (b) бре́ю, бре́ешь … (с) живу́, живёшь … (d) лью, льёшь … (e) пью, пьёшь … (f) шью, шьёшь …

(2) (i) ошиби́ться is first conjugation: ошибу́сь, ошибёшься …
(ii) (a) гла́жу (b) говори́т (с) ста́вит (d) плачу́ (e) бужу́ (f) у́чит (g) хожу́ (h) люблю́ (i) ку́пит (j) про́сят (k) ошибётесь.

99 [226]

(1) (a) Гла́вным досто́инством э́того челове́ка явля́ется его́ нас-
тойчивость. (b) Демокра́тия явля́ется враго́м догмати́зма. (c)
Одни́м из важне́йших собы́тий . . . явля́ется побе́да над фаши́змом.

(2) (a) Он служи́л в а́рмии два го́да, пото́м учи́лся в университе́те 5
лет. (b) Существова́ла возмо́жность, что она́ при́мет предложе́ние.
(c) Хо́дят слу́хи, что он аресто́ван. (d) По всему́ за́лу послы́шались
гне́вные кри́ки. (e) В ию́ле в Вашингто́не состои́тся встре́ча
президе́нтов. (f) Наступи́ла па́уза.

100 [227–8]

(1) (a) Беги́те! (b) Возьми́те его́! (c) Ищи́те его́! (d) Не лги́те! (e)
Помоги́те ей! (f) Приходи́те! (g) Скажи́те! (h) Смотри́те!

(2) (a) Не бо́йся (b) Не встава́й (c) Не ду́май (d) Закро́й (e) занима́йся (f)
Переда́й (g) Пей (h) Стара́йся.

(3) (a) верь (b) сядь (c) плачь (d) Переста́нь (e) Поста́вь (f) забу́дь (g)
гото́вься (h) Поздра́вь.

Revision exercise: imperative mood

(a) Слу́шайте! (b) Смотри́те! (c) Переста́ньте! (d) Скажи́те! (e)
Помоги́те! (f) Иди́те! (g) ве́рьте! (h) Запиши́те! (i) Подпиши́тесь! (j)
Плати́те! (k) Запо́лните! (l) Попроси́те! (m) Откро́йте! (n) Закро́йте!
(o) Включи́те! (p) Поста́вьте! (q) Пиши́те! (r) Запри́те!(s) Нажми́те!
(t) Войди́те! (u) Повтори́те! (v) Говори́те! (w) Снима́йте! (x)
Сади́тесь! (y) Позвони́те! (z) Голосу́йте!

101 [230–1]

(1) (i) (a) знал (b) реша́л (c) слу́шал (d) чита́л (e) красне́л (f) говори́ла (g)
по́мнила (h) ви́дела (i) сиде́ла.

(ii) (a) брала́ (b) звал (c) писа́ла (d) ре́зала (e) сказа́л (f) закры́ли (g)
мы́ла (h) би́ли (i) пила́ (j) ши́ла (k) встава́л (l) дава́ла.

(iii) (a) корми́л (b) кури́л (c) плати́л (d) проси́л (e) служи́л (f) учи́л (g)
шути́л (h) смотре́л (i) держа́л (j) дыша́л (k) иска́л (l) писа́л (m) тону́л.

(2) (i) (a) (d) (e) (f) (g) (h) (i) lose -ну- in the past tense: (a) вы́сох (b) дёрнул
(c) дви́нул (d) исче́з (e) огло́х (f) окре́п (g) осле́п (h) отвы́к (i) промо́к
(j) пры́гнул.

(ii) (a) поги́б (b) вы́сохло (c) замёрзло (d) привы́к(ла) (e) пога́с.

(3) (i) (b) (d) (e) have -л in the masculine past: (a) вёз (b) вёл (c) грёб (d) шёл
(e) мёл (f) нёс (g) полз (h) рос (i) скрёб (j) спас (k) тряс.

(ii) (a) вёз (b) нёс (c) рос (d) мела́ (e) полз (f) спас (g) трясла́ (h) шли.

(4) (i) Impf: (a) берёг (b) жгла (c) мог (d) стерегла́ (e) стри́гся (f) текла́.
(ii) Pf: (a) дости́гла (b) испекла́ (c) легли́ (d) напрягла́ (e) привлёк.

102 [234]

(1) (a) отопрёт (b) собью́т (c) совьёт (d) сожмёт (e) сожжёт (f) сотрёт.
-о- in imperative: (a) отопри́ (d) сожми́ (e) сожги́ (f) сотри́
(2) (a) обго́нит (b) подберёт (c) подзовёт (d) разберёт (e) разго́нят (f) расстéлется.

103 [235] [239] [242]

(1) (a) уви́деть (b) сдéлать (c) подожда́ть (d) узна́ть (e) спеть (f) написа́ть (g) вы́пить (h) услы́шать (i) посмотрéть (j) вы́учить 'to learn', научи́ть 'to teach' (k) прочита́ть.
(2) (a) заговори́л (b) запла́кала (c) засверка́ла (d) засмéялись (e) заходи́л (f) зашумéл.
(3) (a) пры́гнул (b) кри́кнул (c) плю́нул (d) дви́нул (e) чи́ркнула (f) сви́стнул.
(4) (a) (d) (g) (h) are inceptives. (b) (c) (e) (f) (i) denote actions of short duration.

104 [244]

(a) выи́грывал (b) заду́мывался (c) запи́сывал (d) нака́зывал (e) перечи́тывал (f) поддéлывал (g) подпи́сывала (h) развя́зывал (i) расска́зывал.

105 [246]

(i) (a) заслу́живать 'to deserve' (b) оцéнивать 'to assess' (c) перева́ривать 'to digest' (d) поджа́ривать 'to fry' (e) просу́шивать 'to dry thoroughly' (f) распи́ливать 'to saw up' (g) расхва́ливать 'to shower praise on' (h) увели́чивать 'to increase'.
(ii) (a) дозва́ниваться 'to get through' (b) оспа́ривать 'to dispute' (c) переса́ливать 'to oversalt' (d) пригова́ривать 'to sentence' (e) рассма́тривать 'to discern' (f) угова́ривать 'to persuade'.

106 [247]

(a) приспоса́бливаем (b) ула́вливает (c) переса́живает (d) заморá́живает (e) раста́пливает (f) перекра́шивает (g) выра́щивает (h) опла́чивает.

107 [248]

(i) (a) зажива́ла (b) закрыва́л (c) надева́л (d) одева́ла (e) открыва́л (f) перебива́ла (g) пролива́л (h) развива́ла.

(ii) (a) вытека́ло (b) обжига́ла (c) пересека́л (d) прижима́лся (e) сгреба́л (f) учи́тывал.

(iii) (a) вырыва́ла (b) разрыва́ла (c) собира́ла (d) созыва́л (e) ссыла́ли.

108 [250–2]

(1) (a) броса́ли (b) выключа́л (c) выступа́л (d) доверя́л (e) загора́ла (f) заполня́л (g) конча́ли (h) покупа́ла.

(2) (a) расставля́ть 'to arrange' (b) разряжа́ть 'to unload' (c) присужда́ть 'to award' (d) выража́ть 'to express' (e) скрепля́ть 'to fasten together' (f) приглаша́ть 'to invite' (g) пропуска́ть 'to miss' (h) упроща́ть 'to simplify' (i) встреча́ть 'to meet' (j) прекраща́ть 'to curtail'.

(3) (a) Она́ кладёт/положи́ла ключи́ в карма́н. (b) Она́ ста́вит/поста́вила таре́лки на стол. (c) Она́ кладёт/положи́ла ножи́, ви́лки и ло́жки и ста́вит/поста́вила таре́лки на стол. (d) Она́ сажа́ет/посади́ла докла́дчика ря́дом с собо́й. (e) Он ве́шает/пове́сил пальто́ на пле́чики, боти́нки же ста́вит в шкаф.

(4) (a)–(i), (b)–(k), (c)–(d), (d)–(c), (e)–(f), (f)–(b), (g)–(j), (h)–(e), (i)–(g), (j)–(a), (k)–(h).

109 [253]

-кла́дывать: (a) (b) (c) (g) (i) (j); -лага́ть: (d) (e) (f) (h).

110 [254]

(1) (i) (a) вы́ключила (b) исключи́ли из спи́ска (c) переоце́нивает (d) отодви́нул стул от стола́ (e) откле́ила ма́рку от конве́рта (f) отвы́к от дисципли́ны (g) скла́дывает.

(ii) (a) проигра́л (b) о́тпер (c) отступа́ла (d) разу́лась (e) разде́лся (f) закры́л (g) завяза́ла.

(2) (a) в (b) из (c) до (d) за́ (e) из (f) на (g) от (h) через (i) под (j) к (k) по (l) с (m) со.

(3) (a) вз- (b) вс- (c) из- (d) ис- (e) обес- (f) обез- (g) рас- (h) раз-.

(4) (a) в- (b) вы́- (c) до- (d) от- (e) пере- (f) подо- (g) при- (h) раз- (i) с- (j) со-.

111 [255]

(1) (a) Пока́ я за́втракал(а), Ва́ня одева́лся. (b) Он чита́л кни́гу, а она́ спокойно рисова́ла в углу́. (c) Он учи́л свою́ роль, а она́ слу́шала его́. (d) Пока́ он сдава́л экза́мен, она́ ждала́ свое́й о́череди.

(2) (i) (a) is pf., all other verbs impf. (ii) (iii) All pf.

(3) Темне́ло. Он прошёл к друго́й крова́ти, сел на неё, закури́л, пото́м вы́ключил свет и лёг. У него́ боле́ла голова́, и его́ го́сти всё ещё шуме́ли внизу́. Он засну́л почти́ неме́дленно. В два часа́ но́чи его́ разбуди́л гро́мкий шум. Разрази́лась бу́ря, шёл дождь и дул си́льный ве́тер. Он встал и посмотре́л в окно́. Он сра́зу по́нял, что случи́лось. С кры́ши упа́ла телевизио́нная анте́нна. Мно́гие из его́ госте́й уже́ просну́лись и включи́ли свет у себя́ в ко́мнатах. Пото́м кто́-то постуча́л в дверь. Он откры́л её и перед собо́й уви́дел своего́ ста́рого дру́га, Никола́я Шва́брина. Шва́брин дрожа́л от хо́лода. Он попроси́л его́ пойти́ с ним в сосе́днюю спа́льню, где оди́н из госте́й заболе́л. Шва́брин сказа́л, что позвони́л врачу́, но та ещё не прие́хала.

112 [256]

(1) (a) Я чита́ю кни́гу. (b) По суббо́там он смо́трит футбо́л по телеви́зору. (c) Со́лнце всхо́дит на восто́ке. (d) Не всё то зо́лото, что блести́т.

(2) (a) идём (b) начина́ется (c) отхо́дит (d) уезжа́ем.

(3) (a) живу́ (b) зна́ют (c) изуча́ю (d) рабо́тают.

(4) (a) Он сказа́л, что он бо́лен. (b) Я наде́ялся, что он прав. (c) Я знал, что по среда́м она́ всегда́ до́ма. (d) Я слы́шал, как в сосе́дней ко́мнате танцу́ют/танцева́ли. (e) Мы ви́дели, как де́ти бе́гали по пля́жу. (f) Я ду́мал, что он изуча́ет ру́сский язы́к. (g) Он писа́л, что живёт в гости́нице.

113 [257]

(1) слу́шал, ши́ла, писа́л, одева́ла, смотре́ли, учи́л.

(2) (i) It failed – the subject could not bring herself to leave the damp and rain, the river Neva and the bridges of Leningrad (St Petersburg).
(ii) (a) сдава́л; сдал (b) дока́зывал; доказа́ть (c) реша́л; реши́л (d) доби́лись; добива́лись (e) лови́л; пойма́л (f) угова́ривал; уговори́л.
(iii) (a) Impf. denotes attempt to prove. (b) Impf. denotes attempt, pf. result.

(3) (i) All impfs. denote repeated actions.
Pf. rewrite of (c). В про́шлую суббо́ту и воскресе́нье мы соверши́ли похо́д, ушли́ в го́ры, спусти́лись к мо́рю, переночева́ли под откры́тым не́бом, о́чень хорошо́ отдохну́ли.

(ii) Impfs denote actions repeated at intervals, pfs actions repeated in swift succession.

114 [259]

(1) (a) надева́ла блу́зку (b) брал кни́гу (c) дава́л мне э́ту кни́гу (d) встава́ла (e) включа́л (f) просыпа́лась.
(2) (a) встал (b) выпуска́ли (c) снима́ли (d) за́перли (e) остана́вливался (f) оставля́ли.
(3) (a) denotes raising and replacing hat, (b) raising only.

115 [261]

(a) выступа́л (b) открыва́л (c) начина́лся (d) отходи́л.

116 [262]

(1) (i) (a) Все биле́ты ещё не про́дали. (b) Биле́ты ещё не продава́ли.
(ii) (a) Сего́дня я не реша́л кроссво́рд. (b) Сего́дня я не реши́л кроссво́рд.
(iii) (a) Заво́д всё-таки не стро́или. (b) Заво́д ещё не постро́или.
(iv) (a) Я не чита́л его́ статью́. (b) Я не прочита́л его́ статью́.
(2) (a) звони́л (b) печа́тал (c) присла́ла (d) пришли́ (e) останови́лся (f) посмотре́ли.

117 [263]

(1) (a) бу́дете де́лать; бу́ду занима́ться; бу́ду игра́ть; бу́ду писа́ть; вы́ключу; запру́; ся́ду; пое́ду.
(b) — Вы до́лго бу́дете гото́виться?
— Нет, сниму́ рабо́чую оде́жду, умо́юсь, побре́юсь, причешу́сь, наде́ну лу́чший костю́м и сойду́ вниз.
— Пока́ вы бу́дете гото́виться, уберу́ со стола́, помо́ю посу́ду, поста́влю буты́лки из-под молока́ за дверь и накормлю́ ко́шку.
(2) (a) бу́дут стро́ить; постро́ят (b) бу́ду печа́тать; напеча́таю (c) бу́ду гото́вить; пригото́влю.

118 [264]

(a) вы́ключит (b) придёт (c) бу́дете проходи́ть (d) откро́ете/ отопрёте (e) напи́шете (f) бу́дешь учи́ть.

119 [265]

(1) (a) запрёт дверь за собой (b) поста́вит ча́йник, как то́лько вернётся (c) позвони́т на вокза́л, е́сли успе́ет (d) бу́дет занима́ться в библио-те́ке.

(2) 'Would' denotes a future in (c) (e) (f). In (a) it is a conditional, in (b) an imperfective past, in (d) it denotes resolve.

(3) (a) Он сказа́л, что помо́жет мне распакова́ться. (b) Она́ наде́ялась, что при́мут её предложе́ние. (c) Мы обеща́ли, что зайдём. (d) Он ду́мал, что сдаст экза́мен, е́сли бу́дет бо́льше рабо́тать. (e) Он сказа́л, что встре́тится со мной в клу́бе, е́сли ко́нчит рабо́ту во́время. (f) Я сказа́л, что покра́шу пере́днюю, как то́лько принесу́т кра́ску.

120 [266]

(a) Когда́ я бу́ду рабо́тать по ноча́м, я бу́ду ложи́ться не ра́ньше шести́ часо́в утра́. (b) Бу́дущей зимо́й я бу́ду одева́ться тепле́е. (c) Мне надое́ло ходи́ть домо́й пешко́м. В бу́дущем бу́ду брать такси́. (d) Со сле́дующего понеде́льника врач бу́дет принима́ть больны́х с ча́су до трёх часо́в дня. (e) Отны́не мы бу́дем та́кже продава́ть уче́бники.

121 [270]

(1) (a) бери́те (b) включа́йте (c) дава́йте (d) зажига́йте (e) закрыва́йте (f) запи́сывайте (g) убира́йте (h) стира́йте.

(2) (a) Вы́мой (b) Подпиши́те (c) Застегни́те (d) Накле́йте (e) Скрепи́те (f) Подними́те.

122 [271]

(a) The impf. imper. expresses a wish (b) The impf. impers. denote invitations (c) The pf. impers. relate to a formal context.

123 [273]

(a) Не включа́йте (b) Не выпуска́йте (c) Не забу́дьте (d) Не обожги́тесь (e) Не опозда́йте (f) Не упади́те (g) Не проле́йте (h) Не проспи́те (i) Не поре́жьтесь (j) Не убира́йте.

124 [276]

(a) покра́сить (b) писа́ть; написа́ть (c) покупа́ть (d) проверя́ть (e) разбира́ть (f) реша́ть; реши́ть.

125 [277]

(a) купа́ться (b) служи́ть (c) забо́титься (d) выбира́ть (e) прои́грывать (f) игра́ть (g) води́ть (h) стреля́ть.

126 [278]

(1) (a) начала́ чита́ть (b) продолжа́ет занима́ться спо́ртом (c) переста́л пить (d) ко́нчил учи́ться.

(2) (a) на́чал говори́ть (b) на́чал кури́ть (c) на́чал петь (d) на́чал пла́кать (e) на́чал смея́ться.

127 [279]

(1) (a) покупа́ть (b) входи́ть (c) убира́ть (d) зака́зывать (e) кра́сить (f) заброни́ровать (g) обма́нывать (h) отпра́вить.

(2) (a) Заче́м спра́шивать? Ты уже́ зна́ешь отве́т. (b) Нет смы́сла встава́ть так ра́но. (c) Ещё ра́но реша́ть. (d) Не сле́дует ли нам устро́ить вечери́нку в его́ день рожде́ния? (e) Вам нельзя́ входи́ть в класс. (f) Бы́ло неудо́бно отлага́ть собра́ние, и он реши́л его́ устро́ить.

128 [280]

(1) (a) выходи́ть (b) запи́сываться (c) обраща́ться (d) открыва́ть (e) убира́ть (f) помога́ть (g) уходи́ть.

(2) (a) выступа́ть (b) записа́ться; запи́сываться (c) подпи́сывать (d) пригласи́ть; приглаша́ть.

Revision exercises: aspect

Past tense:

(a) писа́л (b) посеща́ла (c) обсужда́ли (d) откры́л; вы́нул; показа́л (e) разбира́л (f) звони́ла (g) сту́кнул (h) сдава́л; сдал (i) поднима́л (j) отходи́л (k) встреча́л (l) покупа́ла (m) вы́учила (n) расска́зывали; угоща́ли; смея́лись; кури́ли (o) расска́зывал; волнова́лся (p) откры́ла; влете́ла (q) встре́тили (r) постро́или (s) зака́зывал (t) переводи́ла (u) угова́ривала; уговори́ла (v) звони́л (w) прочита́ли (x) запира́л; успе́ла (y) снима́л (z) обгоня́л; обогна́л.

Infinitive:

(a) записа́ться (b) уходи́ть (c) мыть (d) гото́вить (e) стреля́ть (f) ремонти́ровать (g) копа́ть (h) принима́ть (i) встава́ть (j) накрыва́ть (k) звони́ть (l) вбива́ть (m) успоко́ить (n) устро́ить (o) печа́тать (p) проверя́ть (q) стира́ть (r) переодева́ться (s) оби́деть (t) вы́ключить

(u) закрыва́ть (v) покра́сить; кра́сить (w) проезжа́ть (x) помо́чь (y) встава́ть (z) откры́ть.

Imperative:

(a) Закро́йте (b) открыва́йте (c) Убира́йте (d) Сади́тесь; Снима́йте (e) забу́дь (f) Чита́йте (g) Запри́те; запира́йте (h) Повтори́те (i) Возьми́те (j) проле́й (k) пе́йте (l) забыва́йте.

Future:

(a) бу́ду писа́ть (b) напишу́; вы́шлю (c) бу́дем проща́ться (d) бу́ду повторя́ть (e) ко́нчит; бу́дем пить (f) побре́юсь; оде́нусь (g) сту́кну (h) спро́сите (i) бу́ду писа́ть (j) бу́дете убира́ть; помо́ю (k) бу́ду посеща́ть (l) забу́ду.

129 [284–5]

(1) (a) мо́юсь (b) одева́ешься (c) бре́ется (d) переодева́ется (e) купа́емся (f) причёсываетесь (g) гото́вятся.

(2) У́тром я начина́ю гото́виться в 7 часо́в. Умыва́юсь, бре́юсь, причёсываюсь и одева́юсь. В 8 часо́в сажу́сь на авто́бус, пото́м переса́живаюсь на метро́. На рабо́те переодева́юсь в спецо́вку. Ве́чером, в 10 часо́в, поднима́юсь наве́рх, раздева́юсь и ложу́сь.

130 [287]

(1) (a) враща́лся (b) измени́лись (c) ко́нчился (d) останови́лся (e) продолжа́лись (f) слома́лась (g) улу́чшилось (h) успоко́ился.

(2) (a) Война́ начала́сь в 1941 году́ и ко́нчилась в 1945 году́. (b) Промы́шленность бы́стро развива́лась. (c) Они́ верну́лись то́лько в час но́чи. (d) Его́ речь продолжа́лась недо́лго. (e) Её зарпла́та увели́чилась на 10 проце́нтов. (f) Ситуа́ция улу́чшилась, пото́м уху́дшилась.

131 [288]

(1) (a) Во́дка де́лается … (b) … изуча́ется му́зыка (c) Урожа́й убира́ется … (d) Диссерта́ция печа́тается … (e) Э́то сло́во пи́шется … (f) Симфо́ния исполня́ется музыка́нтами. (g) Бюдже́т обсужда́ется депута́тами.

(2) (a) Кни́ги возвраща́ются в библиоте́ку ученика́ми. (b) Пропуска́ выдаю́тся администра́торами. (c) Музе́й посеща́ется тури́стами. (d) Но́вый прое́кт разраба́тывается инжене́рами. (e) Конце́рты устра́иваются студе́нтами.

132 [289]

(1) (a) Я ча́сто встреча́ю свои́х друзе́й. Мы встреча́емся по четверга́м. (b) Они́ ви́дятся то́лько раз в год. (c) Они́ прости́лись, обняли́сь и разошли́сь.

(2) -ся: (d) (e) (f) (h). Дру̀г дру́га: (b) (c) (g). Either: (a).

133 [300–3]

(1) (a) обсужда́лась (b) стро́ятся (c) опла́чиваться (d) издаётся (e) продаю́тся (f) жа́рится.

(2) (a) износи́лись (b) напо́лнились (c) покры́лось (d) испо́ртилось (e) сбыла́сь (f) Созда́ла́сь.

134 [304–5]

(1) Conditional components: past tense + бы/е́сли бы + past tense.
(c) не захоти́ differs formally from the other conditionals.

(2) (a) and (d) are conditional. (a) Е́сли бы я знал, я сказа́л бы вам. (b) Е́сли вы больны́, ложи́тесь в крова́ть. (c) Е́сли он спро́сит, скажи́те ему́. (d) Е́сли бы у меня́ был биле́т, я пошёл/пошла́ бы. (e) Вы не зна́ете, до́ма ли она́?

(3) (a) Е́сли бы пого́да была́ хоро́шая, мы игра́ли бы в те́ннис. (b) Е́сли бы у меня́ была́ маши́на, я мог(ла́) бы отвезти́ тебя́ на вокза́л. (c) Е́сли бы он учи́лся, он сдал бы экза́мен. (d) Е́сли бы у меня́ бы́ли де́ньги, я мог/могла́ бы пойти́ в теа́тр. (e) Он не промо́к бы, е́сли бы он взял зо́нтик. (f) Е́сли бы он верну́л кни́гу в срок, ему́ не пришло́сь бы плати́ть штраф.

(4) (a) Е́сли бы у меня́ была́ соба́ка, я води́л(а) бы её гуля́ть. (b) Е́сли бы вы про́дали свою́ маши́ну, вы могли́ бы купи́ть мотоци́кл. (c) Е́сли вы заблу́дитесь, спроси́те доро́гу у кого́-нибудь. (d) Е́сли бы я знал(а) зара́нее, я не пропусти́л(а) бы ту програ́мму. (e) Е́сли вы больны́, иди́те к врачу́. (f) Е́сли бы он служи́л в а́рмии, он уме́л бы стреля́ть из винто́вки. (g) Е́сли бы вы покупа́ли свою́ со́бственную газе́ту, вам не ну́жно бы́ло бы брать мою́. (h) Е́сли бы Зу́ев заби́л гол, мы вы́играли бы.

(5) 'Would' is rendered by a conditional in (a) and (c).

135 [308]

(1) Я хочу́, (a) чтòбы он то́же вы́ступил ... (b) чтòбы он то́же купи́л биле́т (c) чтòбы он то́же отказа́лся ... (d) чтòбы он то́же подписа́л контра́кт (e) чтòбы он то́же при́нял ме́ры (f) чтòбы он то́же проводи́л госте́й.

(2) (a) что́бы все голосова́ли (b) что́бы все занима́лись спо́ртом (c) что́бы все изуча́ли . . . (d) что́бы все остава́лись до́ма (e) что́бы все принима́ли табле́тки (f) что́бы все уча́ствовали . . . .

(3) (a) Она́ потре́бовала, что́бы я позвони́л в мили́цию. (b) Я сказа́л ему́, что́бы он отошёл от окна́. (c) Я про́тив того́, что́бы поли́тики занима́ли две до́лжности. (d) Мы предупреди́ли его́, что́бы он не подпи́сывал контра́кт. (e) Я за то, что́бы диплома́ты учи́лись ру́сскому языку́. (f) Он настоя́л, что́бы я записа́лся на вече́рние ку́рсы.

136 [309]

(a) де́лаем всё, что́бы он не убежа́л (b) добива́емся того́, что́бы . . . (c) забо́тимся о том, что́бы . . . (d) смо́трим, что́бы Фроло́в не узна́л об э́том (e) следи́м за тем, что́бы де́ти не легли́ сли́шком по́здно (f) стреми́мся к тому́, что́бы . . . .

137 [310]

(1) (a)–(c) (b)–(d) (c)–(a) (d)–(b).
(2) (a) Я вы́нул(а) пальто́ из шка́фа, что́бы приме́рить его́. (b) Я вы́ключил(а) свет, что́бы де́ти могли́ засну́ть. (c) Я откры́л(а) дверь, что́бы вы́пустить ко́шку. (d) Я дал(а́) ей свой зо́нтик, что́бы она́ не промо́кла. (e) Милиционе́р останови́л движе́ние, что́бы я мог(ла́) перейти́ у́лицу. (f) Она́ закры́ла окно́, что́бы больно́й не простуди́лся. (g) Он купи́л маши́ну, что́бы его́ дочь могла́ учи́ться води́ть её.

138 [311]

(1) Не́ было слу́чая, (a) что́бы 15-ле́тний успе́шно ко́нчил университе́т. (b) что́бы урага́н опустоши́л . . . (c) что́бы неви́нных люде́й посади́ли . . . (d) что́бы покупа́тель отказа́лся плати́ть.
(2) (a) что́бы на́ши войска́ наступа́ли (b) что́бы он побледне́л (c) что́бы мать меня́ успока́ивала (d) что́бы э́то меня́ удиви́ло (e) что́бы они́ пе́ли национа́льный гимн.

139 [312]

(1) (a) Как ему́ ни бы́ло тру́дно, . . . (b) Как ни проси́ли его́ оста́ться, . . . (c) Как студе́нт ни стара́лся . . . , . . . (d) Как мы ни спеши́ли, . . . (e) Как она́ ни стуча́ла в окно́, ...
(2) (a) Что бы вы ни де́лали, я вам помогу́. (b) Не пуска́йте его́, кем бы он ни был. (c) Они́ бы́ли про́тив раси́зма, где бы он ни возни́к. (d)

Ско́лько бы я ни зараба́тывал, всегда́ дава́л что́-нибудь свои́м роди́телям. (e) Куда́ бы вы ни пошли́, везде́ найдёте друзе́й. (f) Кака́я бы у вас ни была́ специа́льность, ну́жно научи́ться по́льзоваться компью́тером.

140 [313]

(1) (a) Вы должны́ ... (b) Он до́лжен ... (c) Она́ должна́ ... (d) Они́ должны́ ... (e) Мы должны́ (f) Вы должны́ ....
(2) (a) should have, was supposed to, ought to have; (b) as (a), plus 'was due to'; (c) (d) as (a) plus 'had to'.
(3) Не ну́жно/не на́до (a) включа́ть ра́дио (b) идти́ на компроми́сс (c) принима́ть э́то предложе́ние (d) покупа́ть компью́тер (e) приглаша́ть всех чле́нов. Не ну́жно 'it is not necessary'; не на́до 'one should not'.

141 [314]

(1) (a) уме́ю (b) могу́ (c) уме́ет (d) могу́ (e) уме́ет (f) смогу́.
(2) 'might have': (a) (b) (d). 'could have': (c).
(3) (a) Нам мо́жно говори́ть? (b) Возмо́жно/мо́жно вы́лечить рак. (c) Невозмо́жно/нельзя́ бы́ло разбуди́ть её. (d) Здесь нельзя́ кури́ть. (e) Вам нельзя́ бежа́ть по коридо́ру. (f) Возмо́жно/мо́жно слета́ть на Луну́.

142 [315–16]

(1) (a) бе́гает (b) во́дит (c) во́зят (d) е́здим (e) лета́ет (f) но́сит.
(2) (a) плывёт; пла́вать (b) ползёт; по́лзать (c) бежи́т; бе́гать (d) летя́т; лета́ть (e) ле́зут; ла́зить.

143 [317–18]

(1) (a) Беги́те, ... (b) Вези́те, ... (c) Веди́те, ... (d) Поезжа́йте, ... (e) Неси́те, ...
(2) (a) бежа́ла (b) брёл (c) вёл (d) везли́ (e) гнал (f) е́хали (g) ле́зли (h) лет́ел (i) несла́ (j) плыл (k) полз.

144 [319]

(a) иду́ (b) е́дем (c) е́дем (d) хожу́ (e) е́здит (f) идёт.

145 [320]

(a) ведёт (b) ползёт (c) летит (d) несут/тащат (e) везёт (f) гонятся (g) лезет (h) катит (i) едут (j) несёт (k) бегут (l) плывёт.

Past tense: (a) вела (b) ползла (c) летел (d) несли/тащили (e) вёз (f) гнались (g) лез (h) катил (i) ехали (j) несла (k) бежали (l) плыла.

146 [321]

(a) езжу; еду (b) летаю; летит (c) езжу; идёт (d) водит/возит; ведёт/ везёт (e) вожу; едем (f) бегаем; бежим.

147 [322]

(1) (a) ползают (b) носят (c) бегают (d) лазят (e) летают (f) плавают (g) летают и плавают.
(2) (a) плавать (b) ездить (c) летать (d) лазить.
(3) (a) бегает (b) возит (c) ездим (d) лазит (e) летает.
(4) (a) Он шёл к двери. (b) Он ходил по коридору. (c) Мы ехали в собор. (d) Мы ездили по городу. (e) Самолёт летает над аэропортом. (f) Самолёт летит в Дели. (g) Дети бегут по берегу. (h) Дети бегают в саду. (i) Автобус везёт туристов в их гостиницу. (j) Автобус возит туристов по городу. (k) Она плывёт к берегу. (l) Она плавает около берега.

148 [323/326]

(1) (a) ходили (b) поехали (c) полетела (d) ходили; водила (e) возил (f) отвезла (g) ходил; пошёл.
(2) (a) поедете (b) будете ехать (c) полетите (d) будете лететь (e) будете везти (f) повезём.

149 [324–5]

(1) (a) нёс (b) вёл (c) возил (d) водит (e) носила (f) водить (g) водил (h) везёт.
(2) (i) (a) Маша несёт почту начальнику. Она носит её ему каждый день. (b) Я веду собаку гулять. Вожу её каждое утро. (c) Автобус везёт детей в школу. Он возит их 4 раза в неделю. (d) Если вы ведёте детей в театр, возьмите меня с собой, пожалуйста.
(ii) (a) Он всегда ездит слишком быстро. Он едет слишком быстро сейчас. (b) Он обычно возит своих родителей домой, но сегодня его жена везёт их домой. (c) Я рад, что вы ведёте машину. Я сам не умею водить.

150 [329]

(a) побе́гали; побежа́ли (b) пое́здили; пое́хали (c) поката́лись; пошли́ (d) полета́л; пошёл (e) поплáвали; поплы́ли (f) походи́ли; пошли́.

151 [331]

(1) (i) (a)–(d), (b)–(a), (c)–(f), (d)–(b), (e)–(g), (f)–(e), (g)–(c), (h)–(i), (i)–(j), (j)–(h).
(ii) (a) в (b) до (c) к (d) через (e) из (f) по (g) от (h) ми́мо (i) с.
(iii) (a)–(b), (b)–(d), (c)–(a), (d)–(e), (e)–(c).
(iv) (a) про- (b) взо- (c) со- (d) подо- (e) пере- (f) вы- (g) ото- (h) во- (i) разо- (j) до-.
(2) (a) Он пришёл к нам. (b) Она́ ушла́ от му́жа. (c) Они́ зашли́ за мной. (d) Он ушёл с рабо́ты в 4 часа́ дня. (e) Она́ зашла́ на ста́нцию. (f) Он не пришёл на сва́дьбу. (g) Мы ушли́ и́з дому в 9 часо́в ве́чера. (h) Ученики́ пришли́ в шко́лу. (i) Он прие́хал с Ура́ла. (j) Она́ ушла́ на рабо́ту.

152 [332/334]

(1) (a) въ- (b) про- (c) подъ- (d) съ- (e) съ- (f) отъ- (g) у- (h) при- (i) въ- (j) вы- (k) до- (l) разъ- (m) за- (n) объ- (o) на-.
(2) (a) взлета́ет (b) влеза́ет (c) перелеза́ют; подбега́ют (d) перебега́ют (e) всплыва́ет (f) разлета́ются (g) выбега́ют (h) доплыва́ет.

153 [333]

(1) (a) вс- (b) взо- (c) вз- (d) вс-.
(2) (a) вошёл (b) взошло́ (c) обошёл (d) отошёл (e) подошла́ (f) разошли́сь (g) сошла́ (h) сошли́сь.
(3) (a) съе́хала; отъе́хала; объе́хала; въе́хала; подъе́хала. (b) съезжа́ются; разъезжа́ются.

154 [335]

(a) (i) входи́ла (ii) вошла́ (b) (i) заходи́л (ii) зашёл (c) (i) подошёл (ii) подходи́л (d) (i) приезжа́л (ii) Прие́хал.

155 [336]

(1) (a) во- (b) пере- (c) при- (d) раз- (e) при- (f) вы- (g) при-.
(2) (a) прошёл (b) развела́сь (c) завёл (d) вы́шла (e) подойду́т (f) провёл (g) перенесёт (h) вы́нес.

156 [337]

(1) (a) (i) води́ла (ii) своди́ла (b) (i) съе́здили (ii) е́здил(a) (c) (i) слета́л (ii) лета́ли (d) (i) ходи́ли (ii) сходи́л.
(2) The imperfectives denote movement downwards, the perfectives the performance of an action and its result. (a) сбега́л (b) сбе́гал (c) (d) свози́ли (e) (f) слета́ла (g) сходи́ли (h) сходи́л.
(3) (a) сходи́ть (b) Сходи́ (c) схожу́.

157 [340–1]

(a) бегу́щая (b) веду́щий (c) встаю́щая (d) лю́бящий (e) пеку́щий (f) пи́шущая (g) рису́ющий (h) то́нущая (i) смею́щиеся (j) куря́щий (k) смотря́щие (l) стуча́щий.

158 [342–3]

(i) (a) возвраща́вшаяся (b) лежа́вшие (c) подписа́вшие (d) поднима́вшие (e) прибежа́вший (f) разгружа́вшие (g) рассы́павшиеся (h) собира́вшая.
(ii) (a) дости́гший (b) поги́бшие (c) привёзший (d) происше́дшие (e) спа́сшая (f) уме́рший (g) ше́дшие.

159 [344–7]

(1) (a) издава́емый (b) иссле́дуемая (c) освеща́емое (d) опла́чиваемая (e) производи́мые (f) сжига́емый (g) устра́иваемые.
(2) (a) гони́мые (b) люби́мый (c) охраня́емая (d) переводи́мая (e) пересека́емое (f) проверя́емые (g) публику́емая (h) сдава́емый.

160 [349]

(a) аресто́ван (b) взо́рван (c) запи́сан (d) зарабо́таны (e) и́збран (f) нака́зан (g) напи́сано (h) нарисо́ваны (i) ото́зван (j) прочи́тана (k) со́браны.

161 [351]

(a) аресто́ванный (b) вы́данная (c) забинто́ванная (d) зако́панный (e) зарабо́танные (f) напи́санные (g) при́сланный (h) пропи́санный.

162 [352]

(1) (a) запо́лнен дире́ктором (b) зачи́слена на слу́жбу нача́льником (c) изме́рена врачо́м (d) ограни́чен догово́ром (e) оспо́рено одни́м

коллéгой (f) провéрен механиком (g) провéтрена мáтерью (h) рáнен пýлей.
(2) Ending -ён: (a) (b) (c) (d) (f) (j) (k) (l) (m). Ending -ен: (e) (g) (h) (i) (n).
(3) (a) включенá (b) завершенá (c) затемненá (d) заряженó (e) лишены́ (f) разгруженá (g) разрешены́ (h) смягченó.

163 [353]

(1) (a) срýблена (b) огрáблены (c) достáвлены (d) задáвлен (e) обрáмлен (f) утомленá (g) прикрепленá (h) затóплен (i) заморóжена (j) изображён (k) загруженá (l) взвéшены (m) приглашенá (n) скóшен (o) запýщена.
(2) (i) (a) посáжено (b) разбýжен (c) сооружён. (ii) (a) осаждён (b) освобождён (c) подтверждено́. (iii) (a) захвáчены террорúстами (b) истрáчены (c) оплáчен. (iv) (a) защищён (b) запрещён (c) прекращены́.

164 [354]

(1) Note that the short forms are predicative whether they appear before or after the noun, and are rendered in English using some form of the verb 'to be', e.g. (i) (a) 'the plan has been fulfilled'.
(2) (a) взóрванный террорúстами (b) вы́полненная им (c) напúсанное им (d) пострóенный úми (e) предлóженный им (f) приготóвленный éю.

165 [355]

(i) (a) вы́везена (b) переведены́ (c) прóйден (d) снесены́.
(ii) (a) зажжены́ (b) запряженá (c) привлечены́.
(iii) (a) съéдено (b) учтены́.

166 [356]

The short forms are translated as predicates: 'has been achieved', 'has been baked', etc. The long forms are in apposition to the nouns: 'The children saved by the firemen are grateful to their rescuers' ((iv) (b)), etc.

167 [357]

(a) вы́шита (b) достúгнута (c) зáнят (d) зáперт (e) одéта (f) откры́то (g) пóднят (h) прúняты (i) развитá (j) сбит.

168 [358]

See comment under 164 (1).

169 [359]

(1) (a) Це́ны повы́шены. Они́ повыша́ются ка́ждый год. (b) Дверь была́ заперта́. Она́ всегда́ запира́ется по̀сле у́жина. (c) Э̀та статья́ бу́дет переведена́ неме́дленно. Большинство́ стате́й перево́дится сра́зу. (d) Счёт опла́чен. Счета́ обы́чно опла́чиваются неме́дленно. (e) Бланк запо́лнен. Бла́нки до́лго заполня́ются. (f) Телеви́зор вы́ключен. Он всегда́ выключа́ется в 10 часо́в ве́чера. (g) Контра́кт подпи́сан. Контра́кты обы́чно подпи́сываются по пя́тницам.

170 [360]

(1) (i) (a) бегу́щий (b) вышива́ющая (c) открыва́ющийся (d) пеку́щий (e) стоя́щие.

(ii) (a) призыва́вшие (b) прие́хавшие (c) находи́вшиеся (d) привы́кший (e) происше́дшие.

(2) (a) обсужда́емый (b) организу́емый (c) создава́емый (d) употребля́-емые (e) чита́емый.

(3) (a) запо́лненный (b) запу́щенная (c) при́нятые (d) переведённый (e) приглашённые.

171 [361]

(i) (a) гото́вящему (b) занима́ющихся (c) опла́кивающей (d) пи́шущего (e) чита́ющим.

(ii) (a) гото́вившим (b) забы́вшего (c) собра́вшихся (d) сда́вшим (e) установи́вшую.

(iii) (a) занима́емой вы́ставкой (b) обсужда́емому депута́тами (c) организу́емом студе́нтами (d) люби́мую (e) производи́мыми.

(iv) (a) испра́вленных учи́телем (b) напи́санную её мужем (c) пос-тро́енным (d) организо́ванном студе́нтами (e) превращённых волше́бником (f) приглашённых (g) при́нятых (h) эвакуи́рованным.

172 [339–66]

(a) Pf. passive long form; ditto short form; present active; pf. passive short form; ditto long form. (b) Pf. passive long form; present active; pf. passive short form; ditto long form; ditto short form; present active; pf. passive long form; ditto short form. (c) Pf. passive short form; present active; past active; present active. (d) Pf. passive short form; ditto long form; ditto short form; present active; ditto; past active; pf. passive short form; present active. (e) Pf. passive long form; ditto short form; ditto; ditto long form; present active.

173 [368–71]

(1) (a) зна́я (b) чита́я (c) дава́я (d) перестава́я (e) танцу́я (f) голосу́я (g) пла́ча (h) сочиня́я (i) шепча́ (j) ожида́я (k) посыла́я (l) бу́дучи (m) бу́дучи в состоя́нии (n) гоня́ (o) говоря́ (p) держа́ (q) крича́ (r) стуча́ (s) опла́чивая (t) смотря́ (u) пробега́я (v) жела́я.

(2) (a) дыша́ (b) ожида́я (c) жуя́ (d) куря́ (e) неся́ (f) продава́я (g) стуча́ (h) чита́я.

174 [372–6]

(a) Прочита́в (b) Откры́в (c) Написа́в (d) Побри́вшись и оде́вшись (e) Вы́йдя (f) Подойдя́ (g) Переведя́ (h) Зажёгши.

175 [377]

(i) (a) ведя́ (b) Реша́я (c) Ожида́я (d) Изуча́я (e) Бу́дучи (f) задава́я
(ii) (a) Прочита́в (b) Дописа́в (c) Спра́вившись (d) Отвезя́ (e) купи́в (f) Откры́в.

176 [378]

(1) Gerund appropriate (a) (d), not appropriate (b) (c).

(2) (a) Ка́ждый день, пообе́дав, она́ ложи́тся на по̀лчаса́. (b) Сойдя́ с тротуа́ра, он переходи́л доро́гу, избега́я встре́чных маши́н. (c) Уходя́ с вечери́нки, поблагодари́в хозя́ев, я проща́юсь с детьми́. (d) Ве́чером, придя́ домо́й, я люблю́ принима́ть ва́нну.

177 [382–3]

(1) (a) интере́сно (b) легко́ (c) сро́чно (d) тяжело́ (e) хорошо́ (f) блестя́ще (g) и́скренне.

(2) (a) ме́дленно (b) ни́зко (c) ти́хо (d) неда́вно (e) по́здно (f) пло́хо.

(3) (i) (a) полити́чески (b) крити́чески (c) факти́чески (d) физи́чески.
    (ii) (a) по-англи́йски (b) по-испа́нски (c) по-италья́нски (d) по-неме́цки (e) по-по́льски (f) по-францу́зски.

(4) (a) по-ста́рому (b) по-весе́ннему (c) по-ра́зному (d) по-пре́жнему (e) по-друго́му (f) по-вое́нному (g) по-но́вому.

(5) (i) (a) вдали́ (b) вдаль.
    (ii) (a) вниз (b) внизу́.
    (iii) (a) впереди́ (b) вперёд.

(iv) (a) за грани́цей (b) за грани́цу.

(v) (a) наве́рх (b) наверху́.

(vi) (a) за́муж (b) за́мужем.

178 [386]

(1) (a) сейча́с/тепе́рь (b) сейча́с (c) сейча́с.

(2) (i) (a) Почему́ (b) Заче́м.

(ii) (a) Заче́м (b) Почему́.

(iii) (a) Почему́ (b) Заче́м.

(iv) (a) Почему́ (b) Заче́м.

179 [387]

(i) (a) Где вы рабо́таете? (b) Куда́ идёт э́тот авто́бус?

(ii) (a) Я рабо́таю здесь. (b) Иди́те сюда́!

(iii) (a) Вы зна́ете Ки́ев? Я ча́сто провожу́ свой о́тпуск там. (b) Да, я е́ду туда́ на бу́дущей неде́ле.

(iv) (a) Отку́да вы? Из Сиби́ри? (b) Да, я роди́лся далеко́ отсю́да. (c) Евтуше́нко то́же отту́да.

180 [388]

(1) (a) пото́м (b) тогда́ (c) Тогда́.

(2) (a) Когда́ (b) как (c) как (d) когда́ (e) как (f) как (g) как (h) как (i) когда́ (j) как.

181 [389–90]

(1) (a) Э́та таре́лка гря́зная. Да́йте мне другу́ю. (b) Есть два го́стя, а то́лько одна́ таре́лка. Принеси́те, пожа́луйста, ещё одну́. (c) Э́тот бутербро́д был о́чень вку́сный. Да́йте мне, пожа́луйста, ещё оди́н. (d) Они́ вегетариа́нцы. Придётся воспо́льзоваться друго́й начи́нкой!

(2) (a) Вы ещё здесь? Она́ ещё не пришла́? (b) Она́ уже́ не прихо́дит сюда́.

(3) Ещё раз in (a) denotes a repeated action, сно́ва in (b) resumption. Опя́ть is its synonym, sometimes with emotional overtones, as in (c).

182 [391]

(1) (a) давно́ (b) до́лго (c) до́лго (d) до́лго (e) давно́ (f) давно́.

(2) (a) неда́вно (b) После́днее вре́мя (c) После́днее вре́мя (d) Неда́вно.

183 [394]

(a) то́же (b) то́же (c) та́кже (d) то́же (e) та́кже (f) та́кже.

184 [395]

(i) (a) где́-то (b) где́-нибудь (c) где́-нибудь.
(ii) (a) ка́к-то (b) Ка́к-нибудь (c) ка́к-нибудь.
(iii) (a) когда́-нибудь (b) когда́-то (c) когда́-нибудь.
(iv) (a) куда́-нибудь (b) куда́-то (c) куда́-нибудь.
(v) (a) почему́-нибудь (b) почему́-то (c) почему́-нибудь.

185 [396]

(1) (a) нигде́ не (b) ника́к не (c) никогда́ не (d) никуда́ не (e) ниотку́да не.
(2) Note English reversion to positive after first negative: 'No one ever goes anywhere.'
(3) (a) ни ра́зу не (b) не раз (c) не раз (d) ни ра́зу не.
(4) (a) Вы идёте куда́-нибудь? Нет, я никуда́ не иду́. Никто́ никуда́ не идёт. Никто́ никогда́ никуда́ не хо́дит. (b) Вы когда́-нибудь берёте такси́? Нет, я никогда́ не беру́ такси́. Никто́ никогда́ не берёт такси́. (c) Мо́жно кури́ть где́-нибудь на э́том этаже́? Нет, нельзя́ кури́ть нигде́ в э́том зда́нии. (d) Он почти́ никогда́ не рабо́тает в библиоте́ке.

186 [397]

(1) (a) Нам не́куда бы́ло поста́вить чемода́н. (b) Мне не́зачем обраща́ться к нему́ за по́мощью. (c) Им не́где жить. (d) Мне не́когда гуля́ть. (e) Мое́й сестре́ не́откуда получа́ть пи́сьма.
(2) (a) Ей не́где рабо́тать. (b) Ему́ не́куда идти́. (c) Ей не́когда ходи́ть в теа́тр. (d) Мне не́откуда получа́ть пи́сьма.
(3) (a) Мне не́куда идти́ (b) Им не́где бы́ло жить (c) Нам не́зачем протестова́ть. (d) Ему́ не́когда бу́дет позвони́ть ей.

187 [398]

(1) (a) на (b) в (c) на (d) на (e) в.
(2) (a) вертолёта (b) его́ (c) вина́ (d) моего́/своего́ бра́та.
(3) (a) Он посеща́ет меня́ намно́го ре́же. (b) По́езд идёт в два ра́за быстре́е маши́ны. (c) Он ушёл на де́сять мину́т ра́ньше, чем ну́жно. (d) Чем да́льше мы живём от го́рода, тем лу́чше. (e) Он хо́чет купи́ть дом как мо́жно деше́вле.

188 [400]

(1) (a) всех (b) всего́ (c) всех (d) всего́ (e) всего́.

189 [402]

об: (a) (c) (e) (f) (h). о: (b) (d) (g) (i). обо: (j).

190 [404]

(i) (a) во (b) со (c) обо (d) во (e) от (f) со (g) во (h) ко (i) ко (j) ко (k) со (l) во (m) из (n) со (o) со (p) передо.

(ii) (a) со (b) со (c) в (d) во (e) к (f) со (g) во (h) во (i) во (j) подо.

191 [408]

(1) в/из: (i) (a) в апте́ку (b) в апте́ке (c) из апте́ки.
(ii) (a) в банк (b) в ба́нке (c) из ба́нка.
(iii) (a) в библиоте́ку (b) в библиоте́ке (c) из библиоте́ки.
(iv) (a) в шко́лу (b) в шко́ле (c) из шко́лы.
на/с: (i) (a) на по́лку (b) на по́лке (c) с по́лки.
(ii) (a) на прила́вок (b) на прила́вке (c) с прила́вка.
(iii) (a) на сте́ну (b) на стене́ (c) со стены́.
(2) (a) из магази́на (b) из рестора́на (c) из университе́та (d) с вокза́ла (e) с заво́да (f) с по́чты.
(3) ношу́: (a) джи́нсы (b) очки́ (c) га́лстук (d) бе́лую руба́шку.

192 [409]

(1) (i) (a) В Росси́и; в А́нглии; на Ку́бе. (b) В/на Украи́не; в Белару́си; в Казахста́не. (c) во Фра́нции.
(ii) в степи́; в гора́х; на ни́зменности; на поля́нах; в тайге́; на аркти́ческих острова́х; в ту́ндре; в пусты́не.
(iii) (a) На Кавка́зе. (b) на Ура́ле; в Кавка́зских гора́х; в А́льпах; в А́ндах; на Алта́е; на Пами́ре. (c) В Пиренея́х.
(iv) (a) на Ко́рсике; на о́строве Свята́я Еле́на (b) На Кри́те (c) На Ка́при (d) на Гава́йях.
(v) (a) На Камча́тке; в Крыму́; На Аля́ске.
(vi) (a) на Арба́те (b) В Оста́нкино (c) в Черёмушках (d) на Каза́н-ской у́лице; в Биржево́м переу́лке.
(vii) (a) в парте́ре; на я́русе/галёрке/балко́не (b) в подва́ле; на чердаке́ (c) в Каза́нском университе́те; на филфа́ке; на ка́федре.
(2) (a) Владивосто́к нахо́дится на восто́ке Росси́и, Му́рманск — на да́льнем се́вере, Росто́в-на-Дону́ — на ю́ге, а Смоле́нск — на

за́паде. Магада́н нахо́дится на сѐверо-восто́ке, а Орёл — на ю́го-за́паде. (b) На Да́льнем Восто́ке развива́ется тогро́вля.

(3) (a) в аэропорту́, на вокза́ле, на ста́нции (b) в библиоте́ке (c) на заво́де/предприя́тии/фа́брике (d) в шко́ле (e) на по́чте, на почта́мте (f) на фе́рме (g) в рестора́не (h) в аэропорту́ (i) в апте́ке (j) в ци́рке (k) на скла́де (l) на стро́йке (m) на стадио́не (n) в университе́те (o) в колхо́зе.

193 [410]

(i) (a) в авто́бусе (b) на по́езде; на маши́не (c) на теплохо́де.

(ii) (a) на во́здухе (b) В во́здухе.

(iii) (a) на большо́й высоте́ (b) на глубине́ (c) в глубине́.

(iv) (a) В его́ глаза́х (b) В/на её глаза́х (c) на глаза́х.

(v) (a) на́ гору (b) в го́ру.

(vi) (a) На дворе́ (b) во дворе́.

(vii) (a) в одно́м ме́сте (b) на моём ме́сте (c) На ва́шем ме́сте (d) в тёмном ме́сте (e) На ме́сте (f) на тре́тьем ме́сте (g) в друго́м ме́сте (h) на ро́вном ме́сте.

(viii) (a) на Каспи́йском мо́ре (b) В Каспи́йском мо́ре (c) в откры́том мо́ре.

(ix) (a) В/на не́бе (b) В не́бе.

(x) (a) На овсяно́м по́ле (b) в по́ле.

(xi) (a) В рука́х (b) на рука́х.

(xii) (a) на све́те (b) В све́те.

(xiii) (a) На ша́хте (b) в ша́хте.

194 [411]

(1) (a) (i) в/на авто́бус (ii) на парохо́д. (b) (i) в во́здух (ii) на све́жий во́здух. (c) (i) на глубину́ (ii) в глубину́. (d) (i) в чуде́сное ме́сто (ii) на ме́сто. (e) (i) на́ руки (ii) в ру́ки.

(2) (a) из авто́буса (b) с пяти-метро́вой высоты́ (c) из глаз (d) с ме́ста (e) из мо́ря (f) с мо́ря (g) с парохо́да (h) с по́ля (i) из ша́хты.

(3) (a) В/на Украи́ну/из/с Украи́ны (b) в Сиби́рь/из Сиби́ри (c) во Фра́нцию/из Фра́нции (d) на Кавка́з/с Кавка́за (e) на Ура́л/с Ура́ла (f) в А́льпы/из Альп (g) на Ма́льту/с Ма́льты (h) на Камча́тку/с Камча́тки (i) на Арба́т/с Арба́та (j) на сѐверо-восто́к/с сѐверо-восто́ка (k) на вокза́л/с вокза́ла (l) на стадио́н/со стадио́на (m) в цирк/из ци́рка (n) на по́чту/с по́чты.

195 [412]

(a) на рабо́те/с рабо́ты (b) на сва́дьбе/со сва́дьбы (c) на уро́ке/с уро́ка.

196 [413]

(a) в (b) на (c) в (d) в (e) на (f) в (g) на (h) в.

197 [414]

(1) (a) за бо́ртом (b) За окно́м (c) за угло́м (d) за грани́цей (e) за рулём (f) За две́рью (g) за́ городом (h) за столо́м.

(2) (a) за грани́цей/из-за грани́цы (b) за две́рью/из-за две́ри (c) за реко́й/из-за реки́ (d) за рулём/из-за руля́ (e) за столо́м/из-за стола́.

(3) (a) Они́ пое́хали за́ город. (b) За окно́м, на подоко́ннике, стоя́ли ва́зы с цвета́ми. (c) В про́шлом году́ она́ вы́шла за́муж. Она́ за́мужем уже́ 15 ме́сяцев. (d) Я всегда́ е́зжу в о́тпуск за грани́цу. (e) Со́лнце вы́шло из-за облако́в.

198 [416]

(a) перед на́шим до́мом (b) Впереди́ демонстра́ции (c) впереди́ остальны́х (d) Перед отцо́м (e) перед собо́й.

199 [417]

(1) (a) под Ки́евом (b) под дождём (c) под землёй (d) под водо́й (e) под сне́гом (f) под мы́шкой (g) под потолко́м.

(2) (a) под де́ревом/из-под де́рева (b) под крова́тью/из-под крова́ти (c) под Ряза́нью/из-под Ряза́ни (d) под столо́м/из-под стола́ (e) под стра́жей/из-под стра́жи.

(3) (a) пшени́цей (b) гору (c) Москво́й (d) дождём (e) руко́й.

200 [418]

(1) (a) дверь (b) кни́гу (c) столо́м (d) столо́м.

(2) (a) над го́родом (b) пове́рх пиджака́ (c) над голово́й (d) пове́рх очко́в.

201 [420]

(1) (i) (a) у две́ри/от две́ри (b) у ка́ссы/от ка́ссы (c) у кио́ска/от кио́ска (d) у окна́/от окна́.
(ii) (a) у врача́/от врача́ (b) у дире́ктора/от дире́ктора (c) у роди́-телей/от роди́телей.
(iii) (a) в кварти́ре у Юры (b) на ка́федре у профе́ссора (c) в каби-не́те у врача́ (d) в де́тском саду́/у ба́бушки.

(2) (a) в поликли́нику к врачу́ (b) в дере́вню к роди́телям (c) на ка́федру к профе́ссору (d) в шко́лу к дире́ктору.

202 [424]

(1) (i) (a) по всему́ Не́вскому проспе́кту (b) по тротуа́ру (c) по Во́лге (d) вдòль реки́ (e) по бе́регу реки́ (f) вдòль стены́ (g) Вдòль желе́зной доро́ги (h) Вдòль забо́ра.

(ii) (a) Через ре́ку (b) через мост/по мосту́ (c) через ре́ку, по краси́вому мосту́ (d) по у́лице (e) по́ лесу (f) через лес (g) по подзе́мному перехо́ду.

(iii) (a) Через шоссе́ (b) Через ре́ку (c) Поперёк доро́ги; через кото́рое (d) поперёк посте́ли.

(iv) (a) через доро́гу (b) через забо́р (c) сквòзь куста́рник (d) Сквòзь тума́н (e) через кали́тку (f) Сквòзь кры́шу (g) через го́ры (h) сквòзь ма́товое стекло́.

(2) (a) Я е́здил по всей Сиби́ри. (b) Они́ остана́вливались через ка́ждые не́сколько сот ме́тров. (c) Де́ти бе́гали по са́ду. (d) Джон перевёл стару́ху через доро́гу. (e) По фа́брикам и заво́дам устра́ивались ми́тинги. (f) Они́ разгова́ривали через перево́дчика. (g) Мини́стр е́здил по всем фе́рмам в том райо́не. (h) Мяч перелете́л через се́тку. (i) По́езд идёт в Ки́ев через Го́мель. (j) Через 200 шаго́в они́ обнару́жили труп. (k) Мать прошла́ по коридо́ру на ку́хню. (l) Они́ ходи́ли по ко́мнате.

203 [426]

(1) В во́семь часо́в три́дцать мину́т; в де́вять ноль пять; в де́вять часо́в два́дцать пять мину́т; в де́вять часо́в со́рок мину́т; в трина́дцать ноль пять; в трина́дцать часо́в три́дцать пять мину́т; в пятна́дцать часо́в; в пятна́дцать часо́в три́дцать мину́т; в шестна́дцать часо́в; в восемна́дцать часо́в пятна́дцать мину́т; в восемна́дцать часо́в три́дцать мину́т; в девятна́дцать часо́в де́сять мину́т; в два́дцать часо́в три́дцать мину́т; в два́дцать оди́н час три́дцать мину́т.

(2) (a) В тре́тьем часу́ (b) О̀коло четырёх часо́в (c) В деся́том часу́ (d) О̀коло семи́ часо́в (e) Во второ́м часу́ (f) О̀коло оди́ннадцати часо́в.

204 [427]

(1) (a) В понеде́льник иду́ на конце́рт. (b) Во вто́рник иду́ в клуб. (c) В сре́ду иду́ в кино́. (d) В четве́рг иду́ на вече́рние заня́тия. (e) В пя́тницу иду́ на та́нцы (f) В суббо́ту е́ду в Москву́ (g) В воскресе́нье иду́ на футбо́л.

(2) (b) По вто́рникам хожу́ в клуб. (c) По среда́м хожу́ в кино́. (d) По четверга́м хожу́ на вече́рние заня́тия. (e) По пя́тницам хожу́ на та́нцы. (f) По суббо́там е́зжу в Москву́. (g) По воскресе́ньям хожу́ на футбо́л.

(3) (a) По суббо́там у́тром игра́ю в футбо́л, а по воскресе́ньям ве́чером хожу́ в це́рковь. (b) В про́шлую сре́ду мы ходи́ли на пье́су. В бу́дущую суббо́ту идём на о́перу. В э́тот четве́рг идём на фильм. (c) На тре́тий день войны́ он пошёл на фронт. (d) По пра́здникам мы обы́чно е́здим на бе́рег мо́ря.

205 [428]

(1) у́тром; ве́чером; Но́чью.
(2) утра́; дня; ве́чера; но́чи.
(3) (a) утра́м (b) вечера́м (c) ноча́м.
(4) В пе́рвый день о́тпуска Ми́ша заболе́л, а в ту ночь у него́ была́ высо́кая температу́ра. На сле́дующее у́тро у него́ начался́ грипп, и в после́дний ве́чер на́шего пребыва́ния мы вы́звали врача́. На тре́тий день Ми́ша верну́лся домо́й.

206 [429]

(1) (a) Съезд начался́ на про́шлой неде́ле и ко́нчился на э́той неде́ле; уче́бный год начина́ется на бу́дущей неде́ле. (b) Ука́з пригото́вили в про́шлом ме́сяце. Он бу́дет подпи́сан в э́том ме́сяце и ратифици́рован в бу́дущем ме́сяце. (c) Ю́ноши призыва́лись на вое́нную слу́жбу в ма́рте/апре́ле и в октябре́/ноябре́. (d) Фильм сня́ли в сентябре́ про́шлого го́да, и пока́жут его́ в ма́е бу́дущего го́да. (e) Зи́мний дворе́ц был захва́чен в ночь с 25 на 26 октября́. (f) В про́шлом году́ и в э́том году́ инфля́ция была́ ни́зкая, но в бу́дущем году́ она́ возрастёт. (g) Экономи́ческая рефо́рма начала́сь в 80-е го́ды. (h) В про́шлом ве́ке нау́ка де́лала больши́е успе́хи, а в э́том ве́ке она́ продолжа́ла развива́ться. В бу́дущем ве́ке, в тре́тьем тысячеле́тии, бу́дут дости́гнуты дальне́йшие успе́хи. (i) Он пошёл в а́рмию в пе́рвый год войны́, а на второ́й год был на фро́нте. В сле́дующем году́ он стал офице́ром. (j) Тре́тье тысячеле́тие начина́ется в двухты́сячном году́.

(2) (a) в девятна́дцатом ве́ке, в ты́сяча восемьсо́т два́дцать пя́том году́ (b) в восемна́дцатом ве́ке, в ты́сяча семьсо́т тре́тьем году́ (c) в семна́дцатом ве́ке, в ты́сяча шестьсо́т трина́дцатом году́ (d) в шестна́дцатом ве́ке, в ты́сяча пятьсо́т во́семьдесят четвёртом году́ (e) в пятна́дцатом ве́ке, в ты́сяча четы́реста шестьдеся́т второ́м году́ (f) в четы́рнадцатом ве́ке, в ты́сяча три́ста восьмидеся́том году́ (g) в трина́дцатом ве́ке, в ты́сяча две́сти три́дцать седьмо́м году́ (h) в деся́том ве́ке, в девятьсо́т во́семьдесят восьмо́м году́.

207 [430]

(a) Во вре́мя (b) во вре́мя (c) В тече́ние (d) В тече́ние (e) Во вре́мя (f) В тече́ние.

208 [434]

(1) (a) С (b) со вре́мени (c) Со времён (d) с (e) со дня (f) С (g) С моме́нта (h) С.

(2) (a) с со́рок пе́рвого до со́рок пя́того го́да (b) с сентября́ до ию́ня (c) с двух до пяти́ часо́в (d) со вто́рника до четверга́ (e) с пе́рвого до пятна́дцатого ию́ля (f) с утра́ до ве́чера.

209 [435]

(1) (a) Рабо́та ко́нчится к 15 ма́я. (b) Она́ вернётся к концу́ неде́ли. (c) К 1939 году́ война́ была́ неизбе́жна.

(2) К 'by' or 'for', под 'on the eve of' or 'towards'.

210 [436–7]

(a) Он шёл два часа́. (b) Они́ соверши́ли полёт за 5 часо́в. (c) Она́ пи́шет 1 000 слов в день. (d) Ка́ждое у́тро он реша́ет кроссво́рд за 5 мину́т. (e) Он 3 дня рабо́тал над свое́й диссерта́цией. (f) Строи́тели постро́или дом за полго́да. (g) Я хожу́ к зубно́му врачу́ два ра́за в год. (h) Маши́на е́хала со ско́ростью девяно́сто киломе́тров в час.

211 [439]

(1) (i) (a) до сентября́ (b) перед едо́й (c) До обе́да (d) Перед сном (e) Перед у́жином (f) До призы́ва (g) перед са́мой войно́й (h) Перед несча́стьем.

(ii) (a) По́сле войны́ (b) через три го́да (c) По оконча́нии (d) Через пять лет по́сле войны́ (e) По́сле пяти́ дней (f) По истече́нии (g) через полтора́ дня (h) По получе́нии.
Gerund: in (c) and (h).

(iii) на: (a) (b) (d) (e) (g) (h) only.

(iv) (a) В пе́рвый раз (b) за днём (c) ра́ньше ве́чера (d) За день до отъе́зда (e) Через пра́вильные промежу́тки (f) через ка́ждые четы́ре часа́.

212 [443]

(i) (a) из-за вас (b) Из-за тумана (c) Благодаря родителям (d) Благодаря вашей помощи (e) из-за ремонта пути (f) благодаря операции (g) Из-за эпидемии (h) Из-за дождя.

(ii) (a) Из интереса (b) от стыда (c) от старости (d) от холода (e) от удивления (f) из принципа (g) от слабости (h) из дружбы и великодушия.

(iii) (a) по расчёту, а по любви (b) из любви (c) по ошибке (d) из-за вашей ошибки (e) По недосмотру (f) по разным причинам; по финансовым соображениям (g) по глупости (h) Из-за его глупости.

213 [444]

(a) к Сидорову (b) на сестру (c) к брату (d) перед матерью (e) перед родителями (f) по товарищам (g) к коллегам (h) к своей собаке (i) перед обществом (j) по дедушке (k) к текущим событиям.

214 [445]

(a) на (b) в (c) на (d) на (e) с (f) с (g) в (h) за.

215 [446]

(1) (a) об уходе (b) по своим делам (c) за солью (d) под дом (e) за овощами (f) о деньгах (g) на капитана.

(2) (a) на случай (b) на всякий случай (c) На всякий случай (d) в случае (e) на случай.

216 [448]

(a) по учебнику; по два билета; по пять/пяти марок; по сорок рублей; по несколько/-ку карандашей; по двадцати одному письму. (b) по солдату; по два солдата; по пять/пяти солдат; по несколько/ -ку солдат.

217 [449]

(1) (i) (a) Она заплатила мне за билеты. (b) На телевизоры есть большой спрос. (c) Он обменял свой мопед на машину. (d) Я очень рад за неё. (e) На ужин была рыба. (f) За кого вы голосовали? (g) Он поблагодарил меня за помощь. (h) Я получил рецепт на таблетки.

(ii) (a) Она вела ребёнка за руку. (b) Его поддерживали под руки. (c) Он держал свой велосипед за седло.

(iii) (a) Он постуча́л в дверь. (b) Ки́ев произвёл на неё глубо́кое впечатле́ние. (c) Он тра́тит все свои́ де́ньги на пласти́нки. (d) Мо́жно на меня́ наде́яться.

(iv) (a) Он не обраща́ет на меня́ никако́го внима́ния. (b) Меня́ удиви́ла его́ реа́кция на но́вость. (c) Они́ танцева́ли под фокстро́т.

(2) (a) на (b) в (c) во; в (d) о (e) в (f) в (g) под (h) в.

(3) (a) на вопро́с (b) за дете́й (c) к отъе́зду (d) на всё.

218 [450]

(1) (i) (a) Он о́пытен для своего́ во́зраста. (b) Э́ти табле́тки от головно́й бо́ли.

(ii) (a) Его́ костю́м из сукна́. (b) Парла́мент состои́т из двух пала́т. (c) Врач вы́лечил его́ от бессо́нницы. (d) Оди́н из них заболе́л.

(iii) (a) Она́ спасла́ его́ от сме́рти. (b) Он за́нял у меня́ мно́го де́нег. (c) Вор укра́л у неё часы́. (d) Я получи́л посы́лку от свое́й тёти. (e) Она́ получа́ет алиме́нты с пе́рвого му́жа. (f) Он из рабо́чей семьи́. (g) Э́ту маши́ну я купи́л у дру́га. (h) Она́ узна́ла э́то из достове́рного исто́чника.

(2) (a) с (b) из-под (c) от (d) с (e) с (f) у.

219 [451–3]

(1) (i) (a) Он похло́пал меня́ по плечу́. (b) Они́ стреля́ли по линко́ру. (c) Президе́нт прие́хал с визи́том.

(ii) (a) При таки́х спосо́бностях он дости́гнет успе́ха. (b) Я согла́сен с ва́ми. (c) Она́ говори́т с ру́сским акце́нтом. (d) Он сруби́л де́рево топоро́м.

(iii) (a) Она́ развела́сь с му́жем. (b) Я слежу́ за полётом раке́ты. (c) Она́ наблюда́ет за мои́м поведе́нием. (d) Мы с ва́ми хоро́шие друзья́. (e) Она́ научи́лась игра́ть на скри́пке. (f) Я не сомнева́юсь в его́ спосо́бностях. (g) Де́ло в том, что це́ны поднима́ются. (h) На каки́х языка́х вы говори́те?

(2) (i) (a) по (b) к (c) по (d) по (e) К (f) по (g) к (h) по (i) по (j) по.

(ii) (a) о (b) в (c) во (d) о (e) в (f) о (g) в.

220 [455–6]

(1) (i) (a) и (b) а (c) и (d) и (e) а (f) и (g) а (h) а.

(ii) (a) а (b) но (c) но (d) а (e) но (f) но (g) а (h) но.

(iii) (a) и (b) а (c) и (d) но (e) а.

(2) (i) (a) не рва́ли ни василько́в, ни колоко́льчиков (b) не ест ни ры́бы, ни мя́са (c) не ста́вит на стол ни таре́лок, ни ми́сок.

(ii) (a) голосова́ли (b) зна́ем (c) уча́ствуете.

221 [457]

(1) (a) (b): и́ли … и́ли, (d): И́ли, (c) (e): а то.

(2) (a) На обе́д я съеда́ю и́ли я́блоко, и́ли бана́н. (b) Я люблю́ лета́ть. Не люблю́ е́здить ни авто́бусом, ни по́ездом. (c) Он не изуча́ет ни фи́зики, ни хи́мии, а биоло́гию. (d) Посла́ть ли мне ей цветы́ и́ли ка́рточку ко дню рожде́ния? (e) Я не хочу́ быть ни врачо́м, ни ветврачо́м, а учи́телем.

(3) (a) бу́дем (b) должны́ (c) пошла́.

222 [458]

(1) что (a) (c), что̀бы (b) (d) (e) (f).

(2) (a) за то, что … (b) в том, что … (c) за то, что … (d) с тем, что … (e) за то, что … (f) к тому́, что (g) в том, что … (h) за то, что … (i) с того́, что … (j) тем, что … (k) в том, что …

223 [460]

(1) что̀бы: (a) откры́ть окно́ (b) она́ могла́ сесть (c) послу́шать но́вости (d) де́ти зна́ли (e) мать не оби́делась (f) произвести́ хоро́шее впечатле́ние.

(2) (a) стреми́мся к тому́ (b) добива́емся того́ (c) забо́тится о том (d) за то (e) про̀тив того (f) доби́лись того́ (g) наста́иваем на том.

224 [465–6]

(1) (a) До войны́ он служи́л в а́рмии. (b) Он пое́хал за грани́цу до того́ как война́ начала́сь. (c) По́сле вы́боров она́ ста́ла президе́нтом. (d) Она́ сошла́ вниз по̀сле того́ как переоде́ла пла́тье. (e) Я не могу́ реши́ть, пока́ не получу́ все фа́кты. (f) Мы хоти́м оста́ться до конца́ ма́я. (g) Я рабо́таю над э́тим прое́ктом с про́шлого го́да. (h) Ему́ гру́стно с тех пор как его́ жена́ ушла́ от него́.

(2) (a) На́до найти́ па́пку пре́жде чем/до того́ так дире́ктор придёт. (b) Уберём ко́мнату по̀сле того́ как де́ти ля́гут спать. (c) Она́ отка́зывается уходи́ть, пока́ мини́стр не при́мет её в своём кабине́те. (d) Е́сли пойдёт снег, матч не состои́тся.

(3) (a) до того́ как (b) перед тем как (c) пре́жде чем (d) перед тем как (e) Пре́жде чем (f) до того́ как (g) Пре́жде тем.

(4) (a) По̀сле того́ как она́ верну́лась (b) По̀сле того́ как вы пройдёте (c) По̀сле того́ как она́ прочита́ла (d) По̀сле того́ как он убра́л.

225 [467]

(1) (a) До́лго живя́ вме́сте, лю́ди . . . .

(2) (i) (a) Когда́ вы бу́дете в Петербу́рге, посети́те Эрмита́ж. (b) Как то́лько за́навес подни́мется, заигра́ет орке́стр. (c) Ка́ждый раз, когда́ дверь открыва́лась, звене́л звоно́к. (d) Быва́ли слу́чаи, когда́ лю́ди не плати́ли квартпла́ту. (e) Когда́ мы проща́лись, я поцело-ва́л её в после́дний раз.

(ii) (a) Когда́ вы бу́дете покупа́ть хлеб, спроси́те, есть ли бу́лки. (b) Я то́лько на́чал засыпа́ть, как вдруг зазвене́л телефо́н. (c) Едва́ я завёл/завела́ мото́р, как по́нял(а́), в чём де́ло. (d) Не успе́ла она́ предупреди́ть води́теля, как вдруг он останови́лся. (e) Не прошло́ и неде́ли, как он верну́лся с но́вой пробле́мой. (f) Когда́ вы бу́дете печа́тать письмо́, не забу́дьте по́льзоваться словарём.

226 [471]

(1) (a) Бы́ло почти́ темно́, когда́ они́ отпра́вились в путь. (b) Мы живём на той же са́мой у́лице, и мы почти́ сосе́ди. (c) Он чуть не упа́л с велосипе́да. (d) Я был почти́ рад, когда́ конце́рт ко́нчился. (e) Она́ чуть не урони́ла буке́т.

(2) (a) Я прие́хал то́лько в сре́ду. (b) То́лько он мо́жет отве́тить на ваш вопро́с. (c) Он мог отве́тить то́лько на пе́рвый вопро́с. (d) Я могу́ вам помо́чь то́лько по́сле того́ как ко́нчу рабо́ту. (e) Он пригласи́л меня́ то́лько на обе́д, не на у́жин.

227 [472]

(1) (a) Не он отвеча́ет за дете́й. (b) Она́ отвеча́ет не за ма́льчиков, то́лько за де́вочек. (c) Они́ пожени́лись не в це́ркви, а в за́гсе. (d) Он купи́л не маши́ну, а то́лько мотоци́кл.

(2) (i) (a) Вы не зна́ете, до́ма ли он? (b) Интере́сно, забу́дет ли он прийти́? (c) Она́ спроси́ла, зна́ю ли я, как пройти́ к Кремлю́. (d) Вы не по́мните, за́пер ли я дверь? (e) Я не уве́рен, ру́сская ли она́, и́ли по́лька.

(ii) (a) Е́сли пого́да бу́дет хоро́шая, пое́дем куда́-нибудь. (b) Инте-ре́сно, бу́дет ли хоро́шая пого́да за́втра? (c) Постара́йтесь узна́ть, до́ма ли она́. (d) Я помогу́ вам, е́сли хоти́те. (e) Е́сли бы я знал, я сказа́л бы вам. (f) Меня́ спроси́ли, завёл ли я часы́. (g) Вы не зна́ете, запо́лнил ли он бланк? (h) Спроси́те его́, зна́ет ли он, ско́лько сейча́с вре́мени.

(3) (a) Вчера́ ли он прие́хал? (b) Она́ ли опозда́ла на конце́рт? (c) Мно́го ли бы́ло оши́бок в перево́де? (d) В том ли го́роде он роди́лся? (e) Ро́зы ли он купи́л, и́ли гвозди́ки? (f) Кра́сные ли ро́зы он купи́л, и́ли жёлтые?

228 [476]

(1) (a) В шкафу́ есть слова́рь. (b) Слова́рь на по́лке. (c) В саду́ пе́ла пти́ца. (d) Ла́сточки не верну́лись в э́том году́. (e) У меня́ в карма́не есть калькуля́тор. (f) Калькуля́тор в я́щике.

(2) (a) 7 ию́ля в Новокузне́цке шахтёры провели́ собра́ние. (b) В по́лночь в про́шлую сре́ду часы́ останови́лись. (c) По возвраще́нии кандида́тов из столи́цы состоя́лся приём. (d) В ло́дке сиде́ло/сиде́ли две же́нщины. (e) Зимо́й 1980 го́да мно́гие простуди́лись. (f) На друго́е у́тро во всех магази́нах продава́лся хлеб.

(3) Most sentences end with 'new' information that subsequently acquires the status of 'given' information. It thus appears early on in succeeding sentences.

229 [477]

(1) (a) Ду́ет прохла́дный ве́тер. (b) Сверкну́ла мо́лния. (c) Идёт снег. (d) Разрази́лась бу́ря. (e) Вы́пал пе́рвый зи́мний снег.

(2) (a) Прошло́ мно́го лет. (b) Идёт уро́к. (c) Начина́ются перегово́ры. (d) Наступа́ет реша́ющая мину́та. (e) Наступи́ла тишина́. (f) Разда́лся вы́стрел. (g) Расцвели́ ли́пы. (h) Поднима́ется за́навес.

(3) (a) Что вы зна́ете о биоло́гии? (b) Когда́ он прие́хал в Великобрита́нию? (c) Почему́ О́льга приняла́ предложе́ние? (d) Где живу́т Орло́вы? (e) На како́м языке́ они́ говори́ли? (f) За кого́ она́ вы́шла за́муж?

(4) (i) (a) Он ли заплати́л вам за биле́ты? (b) Вам ли он заплати́л за биле́ты? (c) За биле́ты ли он вам заплати́л?
(ii) (a) Она́ спроси́ла, заплати́л ли он вам за биле́ты. (b) Вы по́мните, он ли вам заплати́л за биле́ты? (c) Я не уве́рен, вам ли он заплати́л за биле́ты.

230 [478]

(1) Since the nominative of each of the nouns is identical with its accusative only strict adherence to the word order 'subject + verb + object' can make the meaning plain.

(2) (a) Почтальо́н принёс по́чту по́зже, чем обы́чно. (b) Делега́цию из По́льши встре́тили де́вочки с цвета́ми. (c) Че́хов со́здал но́вый жанр, лири́ческую коме́дию. (d) О́сень люби́ли мно́гие поэ́ты. (e) Э́ти фотогра́фии сде́лали са́мые тала́нтливые фото́графы в Москве́. (f) Врачи́ в ме́стной больни́це произвели́ сложне́йшую опера́цию. (g) Оши́бку в моём сочине́нии заме́тила моя́ ста́ршая сестра́. (h) План обсуди́ли и одо́брили.

(3) (a) Меня́ встрево́жила мысль о предстоя́щей встре́че. (b) Всех

поразила его способность работать в таких условиях. (c) Меня охватило чувство радости. (d) Опять ему изменила память. (e) Город уничтожило землетрясение. (f) Ему надоела критика.

231 [480]

(1) (a) Он долго ждал её. (b) Она уже не живёт в том доме. (c) Он ещё не решил. (d) Мы часто посещали моего дядю. (e) Они давно женаты. (f) Он недавно переехал в новую квартиру. (g) Она никогда не забывает своих друзей. (h) Он постоянно напоминал своему сыну о его долге.

(2) (a) В нашем городе два театра. (b) На острове Куба был кризис. (c) На каждой стене висели картины. (d) Через 3 дня солдаты вернулись на базу. (e) Около рыночной площади раньше находилась больница. (f) Зимний дворец расположен на берегу Невы. (g) Уголь добывается на севере России. (h) В Москве много музеев.

232 [481]

(a) В октябре прошлого года в Вене начались переговоры между Великобританией и Австрией. (b) День Победы отмечается ежегодно 9 мая. (c) На шестнадцатом Фестивале джаза было арестовано 40 человек. (d) На прошлой неделе на аукционе в Нью-Йорке было продано письмо Джона Леннона. (e) В одном из первых матчей мирового кубка, к удивлению зрителей, Ирландия победила Италию со счётом 1:0. (f) В июне того года на острове Корфу Борис Ельцин подписал договор о сотрудничестве со странами-участницами Европейского союза. (g) В прошлом году в Лондоне пали цены газет. (h) Недавно на свадьбе известного футболиста гости дрались с репортёрами.